LIDERAZGO

DALE CARNEGIE TRAINING

LIDERAZGO
Cómo convencer a los demás y convertirse en líder

elipse

Consulte nuestra página web: www.edhasa.es
En ella encontrará el catálogo completo de Edhasa comentado.

Título original: *Leadership Mastery*

Diseño de la cubierta: Edhasa basada en un diseño de Jordi Salvany

Ilustración de cubierta: istockphoto

Primera edición: marzo de 2014

Avda. Diagonal, 519-521
08029 Barcelona
Tel. 93 494 97 20
España
E-mail: info@edhasa.es

Avda. Córdoba 744, 2° piso, unidad C
C1054AAT Capital Federal, Buenos Aires
Tel. (11) 43 933 432
Argentina
E-mail: info@edhasa.com.ar

ISBN: 978-84-938565-1-9

Impreso en Liberdúplex

Depósito legal: B. 3446-2014

Impreso en España

Contenidos

Prefacio

¿Dónde están los líderes? Hay un vacío de liderazgo en el mundo, en todas nuestras instituciones más importantes: gobierno, educación, negocios, religión y arte. La crisis se debe, en parte, a que muchas de esas instituciones han sido reinventadas. Por lo tanto, la vida es más incierta y el liderazgo mucho más arriesgado. Sin embargo, la actual crisis de liderazgo se debe, sobre todo, a la increíble revolución tecnológica que estamos experimentando. Se nos dice que el método científico puede resolver todos nuestros problemas más rápidamente y con más eficacia que antes. Está naciendo una sociedad global conectada vía Internet, y no obstante jamás hubo tanta gente que se sintiera aislada de los demás como hay ahora. Individuos de todo el mundo se encuentran desconectados de sus raíces y sienten incertidumbre ante el futuro. Esto se debe a que, en un mundo cada vez más virtual, la capacidad de mantener relaciones humanas se pierde rápidamente. Sin embargo, y tal vez por eso mismo, la capacidad de mantener relaciones humanas nunca ha sido tan valiosa ni tan buscada como ahora.

Casi todo el que es «alguien» en este nuevo mundo tiene su página Web y su dirección de correo electrónico. La única manera de diferenciarse y diferenciar a su empresa será, por lo tanto, contar con una capacidad excepcional para liderar y persuadir a otros. Piénselo un poco: en la anterior etapa de organizaciones jerárquicas, grandes gobiernos y familias tradicionales, la necesidad de liderazgo era harto evidente. Todos sabíamos perfectamente cuáles eran las reglas. Y necesitábamos líderes que nos hicieran cumplir esas reglas. Sin embargo, en esta etapa de organizaciones horizontalizadas, creciente irrelevancia de los gobiernos y familias multiplicadas ya no contamos con un conjunto de reglas claras que seguir.

Más aún: los líderes fieles al estilo «mandar y controlar» que intentan hacernos cumplir reglas aparentemente irrelevantes y arbitrarias ya no tienen éxito. Lo que necesitamos es un nuevo tipo de líder: un líder que pueda inspirar y motivar a otros dentro de este mundo virtual sin perder de vista los principios inmutables del liderazgo. Por consiguiente, en este libro innovador le presentaremos un nuevo tipo de líder: el líder flexible y adaptable. Le presentaremos a un individuo que es sirviente, pero no esclavo, de sus socios; un distribuidor de poder; un individuo digno de confianza, frontal y decidido.

La filosofía central de este libro proviene de alguien cuyo nombre es sinónimo de influencia y relaciones humanas: Dale Carnegie.

En palabras del propio Dale Carnegie:

> *Y ahora sólo me queda tiempo para comentarles un par de pruebas muy simples que pueden realizar por su propia cuenta para comprobar cuán fácil es hacer que los otros simpaticen con ustedes; aquí van. Prueba número uno: desde mañana por la mañana, sonrían a las cinco primeras personas que vean al llegar al trabajo durante una semana seguida. Hablo de una sonrisa ancha, buena y sincera y un caluroso «buenos días». Prueba número dos: elijan a una sola persona durante una semana, una persona que nunca haya significado mucho para ustedes, y muestren genuino interés por ella. Y demuestren su interés con sonrisas y comentarios amistosos oca-*

sionales. Pero permítanme dos palabras a modo de advertencia: sean siempre sinceros, expresa y eternamente sinceros. Perderían el tiempo si fingieran estar interesados en otros para obtener algo de ellos. Eso sería una estupidez y un craso error, porque tarde o temprano sus verdaderas intenciones quedarían al descubierto. Entonces, ¿por qué no realizar estas pruebas simples y registrar los resultados por escrito? Recuerden que, si quieren que los demás simpaticen con ustedes de inmediato, tendrán que hacer como los perritos: tendrán que interesarse genuinamente por los demás y demostrarlo.

Estos principios, que rigen las relaciones humanas, han hecho de Dale Carnegie una marca registrada durante más de cincuenta años. A lo largo de este libro, usted podrá leer los famosos principios de liderazgo de Dale Carnegie tal como él mismo los expresó en algunas de sus obras clásicas. Sabido es que esos principios nunca cambian. Lo que cambia es la manera de aplicarlos. En el pasado, quizá bastaba una orden del jefe para motivar al empleado. Sin embargo, los líderes de hoy deben motivar a sus subordinados comprometiéndolos a cumplir las mismas metas, aunque a través de procesos diferentes.

Más aún: con la lectura de este libro usted aprenderá que el mundo virtual no tiene por qué volverse impersonal. En su papel de líder, usted puede utilizar herramientas *hi-tech* para estar a la altura de los tiempos. Sí: el liderazgo, como cualquier otra capacidad, no es algo con lo que nacemos. Es algo que debemos aprender. Cuando usted haya leído este libro y completado todos los pasos que seguir, incluidos al final de cada capítulo, será poseedor de la capacidad más dinámica y vital para triunfar en esta nueva economía: la capacidad de liderazgo. Y no debemos olvidar que la necesidad de esta capacidad aumentará exponencialmente de valor a medida que nuestro mundo virtual se expanda.

Por último, cuando haya concluido la lectura, ya no tendrá que preguntarse: «¿Dónde están los líderes?». Comprenderá que el liderazgo ya no es territorio exclusivo del ejecutivo jerárquico, el presidente, el general, el jefe o la mamá y el papá. El liderazgo está al alcance de todos y cada uno de nosotros en todos los niveles y ámbitos de la organización pertinente: la sociedad, la empresa, el gobierno o la familia. Lea este libro hasta el final y descubra su verdadero y pleno potencial. Le ayudará a convertirse en un maestro del liderazgo.

Mantenga su mente abierta al cambio todo el tiempo.
Dispóngase a darle la bienvenida y a cortejarlo.
Dale Carnegie

CAPÍTULO 1
Lo que hacen los líderes

En los capítulos siguientes nos entregaremos a una tarea muy ambiciosa y extremadamente importante. Será muy beneficiosa para usted y también para todos aquellos que compartan su vida, tanto personal como profesionalmente.

Exploraremos un principio fundamental de la conducta humana. Es la base de todas las empresas boyantes, e incluso de naciones y culturas enteras. Nos referimos al concepto de liderazgo. Más específicamente, nos ocuparemos del significado y el sentido del liderazgo en el contexto de los negocios y el éxito empresarial. Veremos cómo los líderes aprovechan al máximo los momentos prósperos y cómo sobreviven incluso a los reveses más graves en el ciclo de los negocios.

¿Quiénes son los líderes? ¿De qué están hechos los líderes? ¿Quiénes son esos hombres y mujeres que «lo hacen posible», tanto para sí mismos como para quienes los rodean? ¿Cómo superan los obstáculos? ¿Dónde descubren las oportunidades? Ésta es una información de importancia crucial para todo aquel que aspire al éxito financiero, la satisfacción personal y la sensación de «haberlo logrado» que experimentamos cuando lo potencial se vuelve real.

La capacidad de liderazgo es respetada y admirada en el mundo actual, pero también está sutilmente devaluada. Celebramos los cumpleaños de Washington y Lincoln, grandes líderes del pasado, pero albergamos profundos recelos hacia aquellos que ocupan posiciones de liderazgo en el presente. Quizá se deba a que sabemos demasiado de ellos en nuestro hábitat dominado por los medios de comunicación. Nadie sabía qué hacían Washington o Lincoln cada día, mucho menos cada minuto del día. Por increíble que ahora nos parezca, Franklin Roosevelt fue tres veces presidente de la nación y la mayoría de la gente ni siquiera estaba enterada de que no podía caminar.

El primer paso para captar el verdadero significado y sentido del liderazgo –y, lo que es más importante, el primer paso para llegar a ser un líder eficiente– es comprender que, probablemente, su actual idea de liderazgo deba ser reconsiderada y reinventada y que incluso deba renacer de sus cenizas. En este libro encontrará las herramientas necesarias para lograrlo. Si utiliza del modo más adecuado esas herramientas, dará un gran paso hacia la concreción de todas sus metas profesionales y personales.

Esto nos lleva a un punto muy importante, que debemos subrayar desde un comienzo. Nuestro objetivo general abarca mucho más que la comprensión teórica o intelectual del liderazgo. En este libro usted aprenderá qué hicieron los líderes para luego aplicarlo, de inmediato, en su propia vida y en su propia carrera. Eso se llama dominio del liderazgo. Es decir: poner en práctica lo que uno aprende.

Es una tarea extremadamente ambiciosa, y contamos con herramientas poderosas para llevarla a cabo con éxito. En otras palabras, los cimientos que nos permitirán trabajar en pos del dominio del liderazgo son las percepciones, los escritos y los ejemplos de vida de Dale Carnegie. Reconocido en todo el mundo como una de las voces más influyentes en la historia del desarrollo personal, sus lecciones son hoy más relevantes que nunca.

Analizaremos todos los temas que surgen minuto a minuto en el cambiante y vertiginoso ámbito laboral actual. Conoceremos a las personas, estudiaremos las empresas e identificaremos los desafíos que todos ellos deben afrontar, y que usted mismo afronta, en el camino hacia el éxito profesional y la plenitud personal.

LA LONGEVIDAD DE LEVI STRAUSS

Levi Strauss & Co. está en el mundo de los negocios desde hace más de 150 años. Durante esas quince décadas conoció innumerables cumbres y valles, como el gran terremoto de San Francisco en 1906, que destruyó el local de exhibición de la empresa y muchas tiendas más.

A pesar de los contratiempos y rigores obvios, la compañía no dejó de pagarles a sus empleados mientras se construían los nuevos edificios y extendió además el crédito a sus proveedores mayoristas, cuyos locales también habían sido destruidos por el terremoto. El liderazgo ético siempre ha sido un valor central para Levis Strauss, con independencia de que el desafío sea el terremoto de San Francisco o la competencia con Calvin Klein. Según una «declaración de objetivos» emitida por la compañía en 1987, los gerentes de Levi Strauss saben que son evaluados en muchas otras áreas además de la que atañe al desarrollo financiero.

El 40 por ciento de los bonos otorgados a la gerencia de Levi Strauss están basados en mediciones del liderazgo demostrado en campos tales como la ética, las relaciones humanas y la comunicación eficaz.

IBM: NEGOCIOS Y CREENCIAS

Más de veinte años antes de que Levi Strauss redactara su declaración de objetivos, Thomas J. Watson Jr., por entonces director de IBM, escribió un libro llamado *A Business and Its Beliefs*. Watson sabía que una de sus responsabilidades más importantes como líder era evidenciar los valores centrales de IBM. Los valores que propugnó Watson convirtieron a IBM en una de las empresas líderes de los Estados Unidos durante los años 50, 60 y 70.

Resulta interesante comprobar cómo, muchos años antes de escribir ese libro, Watson ya había anticipado los problemas que casi provocaron el derrumbe de IBM en los albores de la revolución tecnológica. Treinta años antes, nadie sabía lo que era un blog o un website o un correo electrónico. Watson le confesó a un periodista: «Me preocupa que IBM llegue a convertirse en una gran empresa inflexible que sea incapaz de cambiar cuando el negocio de la computación esté en otra etapa de desarrollo». De hecho, eso fue precisamente lo que ocurrió tras el retiro de Watson. IBM no se recuperó del todo sino hasta que otro maestro del liderazgo, Louis V. Gerstner Jr., ocupó el cargo de director y CEO (presidente ejecutivo) en 1993. En los capítulos siguientes tendremos mucho más que decir acerca de Gerstner.

JOHNSON & JOHNSON: GRANDE PERO PEQUEÑA

Levi Strauss e IBM son grandes corporaciones. Johnson & Johnson también lo es, pero Ralph Larsen –otrora líder, director y presidente ejecutivo de la compañía– dijo: «No nos consideramos una compañía dedicada al cuidado de la salud con un patrimonio total de 20 billones de dólares; nos vemos como 170 compañías pequeñas». Ésta es una manera de llevar a la práctica uno de los principios básicos del dominio del liderazgo. Larsen sentía una profunda aversión por los edictos y las directivas que «bajaban desde arriba». «Contamos con un sólido historial de descentralización», le dijo a un periodista. «La gente es muy independiente en Johnson & Johnson. Uno tiene que convencerlos de que su causa es justa. De lo contrario, no pasa nada.»

Larsen podría haber agregado que, una vez evidenciada la justicia de la causa, ocurren un montón de cosas buenas. Prácticamente desde sus comienzos, Johnson & Johnson ha sido una de las empresas más admiradas de los Estados Unidos y también una de las más rentables. Gracias a las atemporales lecciones de Dale Carnegie –que constituyen el núcleo de nuestra estrategia– y gracias a las tácticas derivadas del ejemplo que nos brindan los actuales maestros del liderazgo estamos listos para avanzar en la exploración de este tema, de vital importancia.

GATES Y JOBS

Los nombres de estos dos individuos siempre estarán vinculados a las innovaciones tecnológicas que transformaron nuestras vidas a finales del siglo XX. Es difícil creer que Steve Jobs en su momento y Bill Gates ahora accedieran a la condición de «ciudadanos de la tercera edad» de la época de los ordenadores, pero no por increíble deja de ser cierto. Las contribuciones de ambos eran muy diferentes al principio, y, en cierto modo, aún siguen siéndolo tras la desaparición de Steve Jobs. Gates se retiró del aspecto operativo de Microsoft para concentrarse en emprendimientos de cariz filantrópico en todo el mundo. Steve Jobs, por su parte, fue un gerente con mucha presencia en Apple

Computer. De hecho, estuvo tan comprometido que los accionistas se ponían sumamente nerviosos ante la menor señal de que pudiera retirarse.

Más adelante hablaremos de nuevo sobre estos dos líderes fuertes, que también fueron rivales fuertes. Queda por ver cuál de los legados –si el de Jobs o el de Gates– será más duradero. Sorprendentemente quizás una buena manera de comprobarlo sería establecer cuál de ambos podría ser olvidado con mayor facilidad. Generalmente evaluamos a los líderes por lo que hacen y no por lo que dejen de hacer o hagan de menos. Es una lección que tener en cuenta: lo que los líderes significan para nosotros cambia con el correr del tiempo, tal como los propios líderes cambian.

APLICAR LA SABIDURIA DE JAMES GLEICK

James Gleick, un autor de divulgación científica cuyos libros introdujeron a los lectores en las maravillas de la teorías del caos y las supercuerdas, publicó un volumen titulado *Faster* (Más rápido). Allí analiza la aparentemente imparable aceleración de todos los aspectos de nuestras vidas, desde la aparición del correo electrónico y los teléfonos móviles hasta el aumento de los límites de velocidad en las autopistas. En estos días contamos con las herramientas necesarias para hacer cosas con suma rapidez, y hemos llegado a esperar resultados casi instantáneos. Sin embargo, mientras nos abrimos paso a la velocidad de la luz en este nuevo hábitat, debemos comprender que nuestros enfoques, nuestras ideas y hasta nuestro léxico deben ser, también, nuevos.

La palabra *líder*, por ejemplo, ya no puede tener ninguna semejanza con la palabra *jefe*. Los jefes tienen subordinados, súbditos o seguidores. Los verdaderos líderes de hoy no tienen seguidores en el sentido convencional de la palabra. Los maestros del liderazgo incluso van un paso más allá y transforman a sus seguidores en líderes. Para un verdadero maestro del liderazgo, este proceso no sólo incluye a todos los miembros de la empresa o institución, sino literalmente a todo aquel que se cruza en su camino. ¿Cómo es posible este cambio?

Para empezar, requiere cualidades personales que exceden las tradicionales virtudes del liderazgo: cualidades como la firmeza y la capacidad de tomar decisiones, la flexibilidad, la innovación y la facultad de adaptarse a los cambios repentinos. Estos rasgos son ahora absolutamente esenciales. La imagen del líder como domador de leones provisto de silla y látigo ya no puede funcionar en los sucesivo, si es que alguna vez funcionó. Por lo tanto, el propósito de este libro no es enseñarle a dar órdenes a otras personas o mostrarle cómo manipularlas a través del miedo al fracaso o la promesa de una recompensa. El propósito de este libro no es otro que el de darle las herramientas adecuadas para que usted pueda realizar lo que mejor sabe hacer.

Tradicionalmente se dice que algunas personas nacen líderes, así como ciertos lobos o babuinos asumen de forma natural posiciones de dominio en sus grupos. Existe la idea de que ciertos seres humanos están destinados, por su herencia genética, a tomar responsabilidades y señalar el camino a otros. Es una manera de enfocar la cuestión.

Pero otros dicen que los líderes no nacen, sino que se hacen. El liderazgo no está en los genes. Está en la experiencia y en la capacitación. Esto sugiere que cualquiera puede ser líder si recibe el entrenamiento y la preparación necesarios. Alguien puede estar hoy en la última fila, pero con la actitud correcta, el conocimiento, las habilidades y la experiencia precisos esa misma persona puede estar al frente del grupo el día de mañana.

¿Cuál de las dos teorías es cierta? Por suerte no tenemos que responder esa pregunta, ya que ambas posibilidades tienen sus defectos. Cada una describe el liderazgo como una etapa del desarrollo a la que se llega, ya sea por herencia o por entrenamiento. Sin embargo, el gran desafío que presenta hoy el liderazgo no es llegar a un estado de pericia superior al de los demás saliendo de un punto de partida determinado. El líder de hoy debe hallar, por el contrario, una manera de conservar esa mentalidad de «punto de partida» sin importar cuánto haya avanzado en el camino.

Dominar el liderazgo es ver a las personas, los ámbitos y las circunstancias con nuevos ojos, como por primera vez. Lo cierto es que en realidad estamos viendo todo por vez primera porque, como señala James Gleick, las cosas cambian constantemente a una velocidad vertiginosa. De hecho, los maestros del liderazgo están tan libres de preconceptos que incluso cuestionan la validez del liderazgo propiamente dicho (por lo menos en el sentido tradicional de la palabra). Los grandes líderes del pasado eran considerados indispensables para el éxito del grupo al que pertenecían. Pero los grandes líderes de hoy saben que nadie es indispensable, ni siquiera ellos.

No siempre ha sido así. Hace muchos siglos, cuando Alejandro Magno dirigía a sus ejércitos en la conquista de gran parte del mundo conocido, estaba a punto de librarse una gran batalla entre los griegos y las fuerzas del imperio persa. Los persas habían reunido un ejército enorme, que superaba en número a los griegos a razón de diez a uno. Sin embargo, la noche anterior a la batalla, Alejandro reunió a sus tropas y proclamó tener confianza absoluta en que la victoria sería suya, independientemente del número de soldados. Ofreció tres razones básicas para el triunfo de los griegos.

Primera: «Grecia es un medioambiente más exigente que Persia». Segunda: a causa de las exigencias de la supervivencia propiamente dicha, por no mencionar el hecho de haber creado una civilización, los soldados griegos serían mucho más rudos en la lucha cuerpo a cuerpo que los persas, con independencia de su número. Pero la tercera razón que sustentaba la confianza de Alejandro era la más importante, la única que realmente buscó transmitir a sus tropas, y la única que las motivó a ganar una de las conflagraciones militares más decisivas en la historia del mundo. «La verdadera diferencia entre nuestro ejército y el de los persas –dijo Alejandro– es que ellos tienen como líder al emperador y vosotros me tenéis.»

No caben dudas de que esta expresión de confianza absoluta en el destino por parte del líder era una estrategia eficaz en el mundo antiguo. De hecho, continuó siendo eficaz hasta las décadas de 1960 y 1970, aunque los beneficios del enfoque menguaban claramente. Consideremos lo siguiente: cuando George Steinbrenner ocupó por primera vez la presidencia de los New York Yankees, su estilo autoritario de liderazgo se hizo evidente desde el principio. Los medios cubrían constantemente sus peleas con jugadores y entrenadores como Reggie Jackson, Billy Martin y hasta Yogi Berra del Hall of Fame (a quien Steinbrenner despidió con cajas destempladas de su puesto de entrenador de los Yankees sólo dieciséis partidos después de iniciada la temporada).

En aquellos tiempos, el equipo de Steinbrenner seguía ganando campeonatos a pesar de su opresivo liderazgo. Pero luego se produjo un interesante cambio en la conciencia nacional. La gente dejó de responder a ese modelo de rígida dirección militar, basado en la amenaza y la intimidación. En el caso de los New York Yankees, la corriente de triunfos ininterrumpidos cesó finalmente hasta que –y esto hay que concédercelo– Steinbrenner creó un nuevo tipo de relación con los jugadores y el equipo técnico. Otorgó mucho más control y poder a los jugadores en la cancha. Se mostró mucho más dispuesto a perdonar sus fallos en el juego y en la vida personal. Cuando los jugadores experimentaron estos cambios, el equipo de los Yankees de fines de los noventa fue favorablemente comparado con las grandes dinastías del béisbol de todos los tiempos.

En vez de ser criticado por su despotismo tiránico, George Steinbrenner fue alabado por su inspirado liderazgo. El mensaje es claro: en el mundo actual, el estilo de liderazgo altamente personalizado, centrado en el individuo y crudamente agresivo casi nunca es eficaz, y no da resultado durante un período prolongado. Por supuesto que aún hoy existen personas en puestos de dirección que no aceptan este cambio de paradigma. En todos los campos hay líderes autoritarios que todavía se ven a sí mismos como generales o *cowboys*. Algunos de esos líderes pueden mostrar buenos resultados durante un año, o durante dos o tres años a lo sumo.

Sin embargo, resulta casi imposible que un estilo de liderazgo puramente autoritario continúe triunfando a largo plazo en el mundo actual. La gente, sencillamente, no lo tolera. Y la sociedad ha cambiado tanto que no tiene por qué tolerarlo.

LOS LÍDERES A LA VIEJA USANZA NO PUEDEN SOBREVIVIR EN EL MUNDO ACTUAL

En la cumbre de su liderazgo, John D. Rockefeller dijo:

> *La capacidad de tratar con la gente es un bien tan adquirible como el azúcar o el café, y yo estoy dispuesto a pagar más por esa capacidad que por cualquier otra que exista bajo el sol.*

Y bien, ¿exactamente por qué clase de liderazgo estaba dispuesto a pagar Rockefeller? Acabamos de decir que la gente ya no está dispuesta a aceptar un ámbito laboral donde la presión y el estrés sean excesivos. Pero existe otra razón por la cual los líderes a la vieja usanza no pueden sobrevivir, y no tiene nada que ver con la presión que ejercen sobre sus subordinados. En cambio, tiene que ver, y mucho, con la presión que ejercen sobre sí mismos en un mundo velozmente cambiante, complejo e incluso caótico. No ganamos nada proclamando tener todas las respuestas, aunque consigamos engañar a otros. Es imposible engañarse a uno mismo, y vivir una mentira puede ser muy dañino.

El trato con las personas quizá sea el problema más grande que usted debe afrontar, sobre todo si pertenece al mundo corporativo. Pero también se aplica si usted es ama de casa, arquitecto o ingeniera. Las investigaciones realizadas bajo el auspicio de la Carnegie Foundation for the Advancement of Teaching revelaron un hecho importante y significativo.

Estas investigaciones pusieron de manifiesto que, incluso en campos tan técnicos como la ingeniería, aproximadamente el 15 por ciento del éxito financiero individual se debe al conocimiento técnico y un 85 por ciento se debe a las capacidades de ingeniería humana: la personalidad y la habilidad para liderar a las personas. El individuo que sume a su conocimiento técnico la capacidad de expresar ideas, asumir el liderazgo y despertar entusiamo en los demás es el que más dinero ganará. Ésa es una de las piezas fundamentales del rompecabezas del liderazgo. A continuación, incluimos algunas otras piezas imprescindibles para los líderes de hoy:

• *Autoridad legítima.* Los líderes pueden ser elegidos, nombrados o bien ser reconocidos espontáneamente por los miembros del grupo. De una u otra manera, todos los seres humanos nacemos con el chip del liderazgo. Podemos querer liderar o querer que nos lideren... pero el instinto de autoridad está presente en todos nosotros.

Buscamos una persona que tenga visión, que sepa cómo transmitirla, y que pueda convencernos de adoptarla como propia. Casi siempre la comunicación se realiza a través del medio forzoso con que contamos –el lenguaje–, pero la comunicación mediante la acción es todavía más eficaz. Los líderes saben reconocer el momento en que el grupo está listo para recibir un mensaje, y lo aprovechan.

Durante la Guerra de Secesión, cuando el ejército de la Unión emprendía la retirada después de otra fallida incursión en el Sur, los soldados súbitamente vieron que su nuevo comandante –el general Ulysses S. Grant– hacía girar la columna para entrar de nuevo en territorio enemigo. Grant no anunció sus planes. Simplemente lo hizo, y esa táctica resultó mucho más elocuente y eficaz. Y además cambió el curso de la guerra.

La identidad del líder es mucho más amplia que su identidad como individuo. El líder encarna la identidad del grupo. Es la persona en quien otros buscan consejo y consuelo. Y cuando lo reciben, literalmente sienten que surgió de ellos mismos.

Una vez más, la elocuencia del líder suele ser parte importante de este proceso. Pero lo verdaderamente decisivo es la visión interior. El líder ha de comunicar esa visión sin dificultades, ya sea con la palabra o con los actos. Cuando eso ocurre, conquista al grupo y hasta los más suspicaces lo secundan. La autoridad legítima ha sido conferida.

• *Creer de verdad en uno mismo*. Los líderes creen genuinamente en sí mismos. Eso es absolutamente esencial para que otros también crean en ellos. Los líderes piensan, sienten y saben que tienen el poder de superar desafíos y ofrecer resultados positivos.

Con frecuencia, esta fe de los líderes en sí mismos está basada en su pericia técnica. Por ejemplo, un gran cirujano se siente capaz de enseñarles a los estudiantes de medicina porque en el transcurso de su carrera ha practicado numerosas intervenciones quirúrgicas. Pero no siempre es así. Grandes entrenadores de fútbol jamás jugaron al fútbol. Alguien puede enseñarle a un concertista de piano aunque no pueda tocar profesionalmente ese instrumento. Los líderes más eficientes pueden no tener muchas capacidades intrínsecas o carecer de talento, pero saben cómo reconocer e inspirar a aquellos que sí las tienen o poseen las cualidades de genio.

Por lo general, los líderes están familiarizados con todos los aspectos de su tarea y comprenden cómo funcionan las cosas. Son conscientes de cuanto ocurre, desde las bases hasta el nivel ejecutivo. Esta amplitud de perspectiva, combinada con una meticulosa atención a los detalles, les permite reconocer problemas y oportunidades que otros pasan por alto.

• *Confianza con flexibilidad*. Los líderes fuertes deben tener plena confianza en su posición acerca de temas claves. Poseen convicciones, no sólo opiniones, sobre todo en lo atinente a cuestiones de integridad. Sin embargo, no son tercos. Los líderes tienen la habilidad de saber escuchar, esencial para dirigir en medios de grandes cambios.

Las estrategias de negocios que funcionan bien hoy podrían no funcionar mañana, y un líder debe poder reconocerlo con rapidez. Dado que la empresa u organización tendrá que adaptarse a los cambios, el líder tendrá que aprender y explorar nuevos enfoques incluso antes de que surja la necesidad de implementarlos.

Un líder no debe perder de vista su objetivo o el objetivo de aquellos que están a su cargo; si lo hace, corre el riesgo de quedar desplazado y de arrastrar a los demás consigo. Los líderes necesitan poder anticiparse a los acontecimientos para provocar el cambio y orientar a otros en esa dirección. También necesitan estar alerta ante las curvas inesperadas que puedan surgir en el camino. El mensaje es claro: sea consciente del paisaje que lo rodea y sepa cómo adaptarse.

• *Aceptación del riesgo.* El miedo al fracaso hace que muchas personas eviten correr riesgos. La aversión al riesgo no es necesariamente mala en sí misma. Pero si los beneficios del éxito superan las probabilidades de fracaso, el líder tendrá que correr el riesgo. Cuando vale la pena correr un riesgo, los líderes deben aceptarlo.

Una vez tomada la decisión riesgo/beneficio, los líderes deben dar el ejemplo al resto del grupo. Si usted ha analizado debidamente el riesgo y ha decidido que vale la pena correrlo, tendrá que superar todas las barreras mentales que puedan impedirle ser un modelo que seguir para el resto del grupo. En un espectro más amplio, es cuestión de prepararse. Cuanto más preparado esté usted, menos arriesgadas serán las situaciones que afronte.

• *Decisión.* Los líderes jamás se retiran sin presentar batalla. El éxito no siempre resulta fácil, pero los líderes jamás se rinden hasta que su grupo triunfa. Al mismo tiempo, los líderes son conscientes de que no todas las batallas se ganan a fuerza de pura perserverancia. Algunas personas sencillamente no tienen la capacidad necesaria para jugar al básquet en la NBA. La inmensa mayoría de los mortales no podremos ser cantantes profesionales de ópera, por mucho que practiquemos. Estas situaciones tan definidas, sin embargo, son relativamente pocas. Los líderes saben que la inmensa mayoría de las metas son alcanzables para el común de los mortales si el deseo de alcanzarlas es lo bastante intenso y si actúan en consecuencia.

En su papel de líder, se esperará de usted que tome las decisiones difíciles cuando los demás vacilen o retrocedan ante la sola posibilidad. Ya se trate de aceptar la renuncia de un colaborador o de implementar cambios drásticos que afecten a la empresa, usted es el único capacitado para hacerlo. Los líderes débiles de carácter rara vez logran hacer las cosas y tienen tendencia a permitir que las personas que están a su cargo se aprovechen de ellos. Sea despiadado cuando la situación así lo requiera y aténgase a sus decisiones.

PASOS QUE SEGUIR

1. Escriba los nombres de las primeras tres figuras que vengan a su mente cuando piense en la palabra *líder*. Pueden ser hombres o mujeres del ámbito político, las artes o los negocios. Pueden pertenecer al presente o al pasado.
   A.
   B.
   C.
2. Revise la lista de nombres y especifique por escrito los atributos de liderazgo eficaz que a su entender posee cada uno.
3. Repase la lista de atributos de líderes eficientes que acaba de redactar en el n.º 2. Tilde aquellos que usted ya posee y marque con una X aquellos que le agradaría cultivar en su persona. Luego redacte un plan de acción para desarrollar esas capacidades. Es probable que, a medida que continúe la lectura de los capítulos siguientes, quiera agregar otros.

CAPÍTULO 2
Comunicación y expectativas

La comunicación se construye con relaciones de confianza.
Dale Carnegie

Los líderes poderosos pueden ejercer una gran influencia sobre miles y hasta millones de individuos. Más allá de que un líder dirija a un solo individuo o a muchos, su poder de cambiar el mundo jamás debe ser subestimado. Consideremos, por ejemplo, a Annie Sullivan, la asombrosa maestra de Hellen Keller. Su liderazgo estuvo enfocado en una sola niña pero, sin que ella se diera cuenta, el trabajo que hizo con Hellen ha afectado a millones de personas.

La capacidad de liderazgo no viene automáticamente determinada por el título de gerente, supervisor o líder de equipo. Puede ser un proceso de aprendizaje continuo. Haga preguntas, observe atentamente y reevalúe el uso de sus recursos con regularidad. Utilice sus facultades, talentos y sentido común.

A continuación incluimos algunas especificaciones.

• *Concéntrese en el panorama general.* Trate de comprender cómo encaja el trabajo que realiza su equipo en el esquema de productividad, imagen y éxito general de la empresa. Planee estrategias de largo alcance para su departamento y comuníquelas a los superiores y a los miembros del equipo. Establezca objetivos individuales y grupales que sean realistas y mensurables, y transmita sus expectativas en el contexto del panorama general.

• *Sea ambicioso.* Ser ambicioso no significa necesariamente ser agresivo y despiadado. Desarrolle su ambición con inteligencia. No trepe por la escalera corporativa debaratando los planes de sus compañeros. Decida hacia dónde quiere dirigir su carrera, y acepte oportunidades y desafíos. Dé la bienvenida a sus sucesores en potencia. No olvide que, si lo consideran irremplazable en su puesto actual, jamás obtendrá un ascenso.

• *Conózcase a sí mismo.* Reconozca sus puntos fuertes y trabaje sobre sus puntos débiles. No tenga miedo de hacer preguntas ni de realizar evaluaciones extra. Usted no tiene por qué saberlo todo ni tampoco debe ser el mejor. Si su punto débil es el trabajo minucioso y detallado, asegúrese de que en su equipo haya personas que destaquen en ese aspecto. Rodéese de colaboradores que den una buena imagen de la empresa, no de «complacientes profesionales» que sólo dicen lo que creen que usted desea escuchar.

• *Sea decidido.* Haga planes para lo inesperado y nada lo tomará por sorpresa. Si ha pensado en todo aquello que podría salir mal en un proyecto, podrá tomar decisiones razonables para implementar acciones correctivas cuando sea necesario.

• *Controle el estrés.* Si siente que debe controlar algo, que sea su nivel de estrés. Como sabiamente aconseja el buen y viejo refrán: «Que nunca lo vean sudar la gota gorda». Si tiene confianza en sí mismo, tarde o temprano los otros tendrán confianza en usted.

• *Acepte las críticas.* Demuestre que confía en sí mismo aceptando los comentarios negativos de los demás sin ponerse a la defensiva ni mostrarse arrogante o sumiso. Busque los aspectos útiles y constructivos de las críticas y agradezca a quienes las hayan expresado. Muestre profesionalidad y madurez.

• *Escuche.* Muéstrese siempre interesado en escuchar las opiniones ajenas. Así se enterará de cuáles son las políticas o los problemas que impiden que su equipo haga el trabajo encomendado con eficacia y entusiasmo. Escuche atentamente para poder comprender mejor los temas relacionados con el necesario equilibrio entre calidad de vida y vida laboral y luego proponga soluciones que tengan en cuenta los intereses de los empleados.

• *Sea flexible.* Un líder fuerte no siempre quiere o necesita tener razón. Muéstrese abierto a las opiniones disidentes, a otras ideas y a las nuevas iniciativas. Si los miembros de su equipo se sienten cómodos haciendo sugerencias y se comprometen a implementar y desarrollar algunas de ellas, buscarán activamente oportunidades de mejorar la empresa.

• *Brinde apoyo.* Sea paciente y supere las frustraciones que le provocan las personas menos dedicadas y entusiastas que usted. Trate a sus colegas de trabajo y al personal bajo su mando con amabilidad y respeto, y muestre interés hacia ellos. Recuerde: su manera de interactuar con las personas impactará directamente sobre la percepción que tendrán de usted como líder.

• *Estimule a los demás.* Un líder fuerte tiene la capacidad de inspirar y transmitir energía a otros. Aprenda a ser mentor. Concéntrese en sacar lo mejor de la gente, en desarrollar sus talentos, y ayúdelos a tomar la iniciativa y razonar por cuenta propia.

• *Celebre el éxito*. Sea pródigo en elogios. Una nota manuscrita –en un papel decente, no en un autoadhesivo– de felicitación y agradecimiento a un empleado por el trabajo bien hecho es, casi siempre, garantía de lealtad futura. Si las cosas van mal, jamás critique en público a un empleado. Hágalo de manera confidencial y constructiva, y, a menos que piense justificar un caso de despido, señale también algún aspecto positivo. Si, a pesar de las largas horas de trabajo y las ideas imaginativas, el proyecto de su grupo no fuese el ganador, analice los hechos conjuntamente con sus colaboradores y decidan juntos qué cosas consideran necesario cambiar la próxima vez. Luego repasen todo lo que aprendieron juntos.

• *Respalde a su equipo*. Ser líder no significa que la gente lo seguirá automáticamente. Primero tendrá que mostrarles que los respalda. Comprenda las necesidades de su equipo. Ya se trate de recibir más capacitación, actualizar las herramientas, implementar nueva tecnología o intercambiar responsabilidades, muéstrese dispuesto a luchar por ellos. No siempre triunfará, pero es importante que usted defienda los intereses de los suyos.

• *Ayude*. Hágase presente cada vez que pueda, aunque sea unos minutos. Muéstreles que comprende los desafíos que deben afrontar, aunque no tenga experiencia personal en esas áreas de trabajo. Estará en mejores condiciones de aclarar expectativas y evaluar significativamente la función laboral de sus empleados si tiene un conocimiento actualizado y compenetrado de sus deberes y responsabilidades.

• *Acepte la responsabilidad.* Recuerde que usted es el último eslabón en la cadena de responsabilidades. Si un envío se retrasa o la información sobre un proyecto es incorrecta, muéstrese dispuesto a aceptar la responsabilidad por los errores de su equipo, pida disculpas e implemente acciones correctivas. Llegados a este punto, poco importa de quién es la culpa. Dirima luego el asunto con el empleado responsable.

• *Resuelva problemas.* En su papel de líder, tendrá que tomar decisiones difíciles y muchas veces impopulares. Tendrá que manejar conflictos y ayudar a la gente a aceptar los cambios. La clave radica en la comunicación. Si usted está comprometido con su carrera, sus deberes y su trabajo en equipo, encontrará maneras innovadoras de resolver problemas.

• *Lidere con el ejemplo.* Muestre siempre su capacidad de trabajar bien con otros, sin tener en cuenta diferencias de opiniones y enfoques. Sea justo y no manifieste favoritismos. Guárdese los comentarios negativos y las frustraciones. Mantenga una actitud positiva contra viento y marea.

• *Haga lo correcto.* Cuando deba afrontar una decisión que va contra sus principios, dígalo. Si le piden que haga algo ilegal o antiético, niéguese a hacerlo. Defienda sus derechos y los derechos de sus empleados o su grupo de trabajo.

• *Sea honesto.* Si no puede cumplir una promesa, en primer lugar no la haga. Cuando cometa un error, admítalo y pida disculpas. Con el énfasis que hoy se pone en el control de los daños, siendo honesto impresionará a sus superiores, sus clientes y los miembros de su equipo.

• *Evite los chismes.* No propague rumores maliciosos ni repita historias aparentemente inofensivas acerca de otras personas. Hay que ser fuerte para decir «No me gusta hablar de alguien cuando no está presente», es signo inequívoco de integridad. Demuestre e inspire respeto; de ese modo evitará propiciar oportunidades para que otros hagan circular rumores sobre su persona.

• *Dé siempre lo mejor de usted.* Parece sencillo, ¿no? Mantenga la confidencialidad, respete a los demás y sea coherente. Dedique siempre sus mejores facultades a los proyectos, y obtendrá admiración y respeto por su inclaudicable compromiso y su integridad.

• *Haga críticas constructivas.* El liderazgo eficaz, sobre todo en lo que atañe a la sensación de integridad y orgullo de otras personas, requiere sutileza, empatía y tacto. Ya los practique un famoso líder mundial o un maestro prolífico e inspirador, los principios y las prácticas que conducen a un liderazgo sobresaliente son siempre los mismos. Comience por los elogios y la valoración sincera. Llame la atención sobre los errores, pero hágalo de manera indirecta. Hable de sus propios errores antes de criticar los ajenos. Formule preguntas en lugar de dar órdenes directas.

Permita que el otro salga bien parado. Destaque las mejoras por ínfimas que sean y elogie todos los progresos. Sea énfatico en la aprobación y generoso en el elogio. Otórguele al otro una buena reputación que cuidar. Use el estímulo. Haga que el error parezca fácil de corregir. Haga que el otro se sienta feliz de hacer aquello que usted sugiere.

Cuando la comunicación es buena, dirigir a otros hacia el progreso personal o profesional es una capacidad incalculable.

EL PODER DE UNA BUENA COMUNICACIÓN

El dominio del liderazgo supone una combinación de numerosas capacidades. Hay algo que todo líder ha de hacer hábil y articuladamente. En palabras muy simples: los líderes deben ser capaces de comunicar. Es vital que, desde el comienzo de este libro, tengamos en cuenta lo que implica una comunicación eficaz, y sepamos qué lo es y qué no lo es.

La comunicación ha tomado, desde siempre, diversas formas. Sólo en los últimos años han surgido importantes nuevos medios de comunicación. Por consiguiente, cuando aludimos a la comunicación no nos limitamos al discurso hablado. También nos referimos al correo electrónico y al correo común. A los teléfonos móviles y las videoconferencias. Pero aun cuando surjan nuevas vías de comunicación, ciertas verdades básicas continúan vigentes. De hecho, muchos de estos principios fueron identificados y explicados por Dale Carnegie en persona. Y cabe recordar que Carnegie era especialmente perceptivo en el área de comunicación del liderazgo.

El señor Carnegie descubrió, por ejemplo, que los líderes eficientes inician muchas conversaciones con elogios sinceros y valoraciones honestas. Por favor, tome nota de las palabras *elogio sincero* y *valoración honesta*. Si un gerente llama a alguien a su oficina, recita envaradamente unas pocas palabras elogiosas y luego arremete con furia o recriminaciones... no logrará mucho. En su papel de líder a punto de iniciar una conversación difícil en el ámbito laboral o de negocios, piense algo que pueda decirle a su interlocutor y que exprese respeto y valoración. No tiene que estar necesariamente relacionado con el tema que van a tratar. Si un gerente ha de hablar con un empleado sobre cumplimiento de plazos o metas trimestrales, puede iniciar la conversación elogiando un comentario inteligente que ese mismo empleado hizo en una reunión reciente. El contenido del mensaje positivo tiene relativamente poca importancia comparado con su sinceridad y honestidad.

Dale Carnegie también comprendió que, a veces, los líderes tienen que hacer críticas constructivas. Cuando esto se hace necesario, es mejor llamar la atención sobre los errores de una manera indirecta. A veces, la mejor manera de hacerlo es aludiendo a un error propio. Si usted anuncia, sin poner paños fríos, que alguien ha hecho algo mal y que será mejor que no vuelva a hacerlo, esa persona reaccionará a su tono amenazante y no al contenido de lo que usted dijo.

Sin embargo, si usted logra identificarse con la persona a la que se dirige y muestra que también fracasó alguna vez en una situación similar, reducirá el nivel de resistencia al importante mensaje que desea transmitir. Si permite que los demás salgan bien parados y conserven la dignidad y la autoestima, el líder anulará los sentimientos negativos que conducen al disenso y al pobre desarrollo laboral.

CÓMO Y CUÁNDO HACER ELOGIOS

Así como todo líder debe ser cuidadoso a la hora de hacer críticas, puede derramar generosamente elogios casi en todas partes y en todo momento. De hecho, hasta los progresos más ínfimos en cuanto a la actitud o el desarrollo laboral deberían concitar atención positiva inmediata. Éste es uno de los consejos más valiosos que nos dejó Dale Carnegie. Si intentamos estimular complejas formas de desarrollo laboral (y es cierto que muchos trabajos actuales son complejos y exigentes), no deberíamos esperar a que la tarea haya sido perfectamente cumplida para prodigar elogios y estímulo. El solo hecho de que aparezcan pequeñas señales de mejoría o de mayor esfuerzo es razón suficiente para que un líder eficaz lo tenga en cuenta.

A veces, de hecho, hacer elogios puede ser enormemente beneficioso incluso antes de que aparezcan señales tangibles de progreso. En palabras de Dale Carnegie: «Darle a alguien una buena reputación que cuidar puede ser la mejor manera de inspirar un desarrollo laboral de máximo rendimiento». Suele ocurrir que las personas que alcanzan puestos de liderazgo caigan en la tentación de devaluar las capacidades del prójimo. Después de todo, si uno es el líder... debe ser porque tiene capacidades superiores y quizás únicas, ¿no es verdad? No olvide jamás que esta línea de pensamiento puede llevarlo a subestimar los logros de sus empleados.

UN BUEN LÍDER DELEGA

Muchos líderes simplemente esperan demasiado para delegar poder. Esto no sólo reduce la eficacia de las empresas sino que también obstaculiza las oportunidades de crecimiento para aquellas personas que ya están en condiciones de hacer una mayor aportación. Una de las paradojas de las empresas es su relación con la estabilidad y el cambio. Por un lado, todos los sistemas complejos tienden a logar el equilibrio. Si el termómetro marca cuarenta grados, la gente suele transpirar. De esa manera el cuerpo enfría la superficie de la piel para equilibrar los efectos de la elevada temperatura ambiente.

De manera similar, las empresas u organizaciones que se encuentran bajo estrés adoptan respuestas conservadoras y defensivas, como si la mejor manera de afrontar el cambio externo fuera minimizar el cambio internamente. Los impulsos en esta dirección pueden hacer que los líderes consoliden excesivo poder en sus manos o se mantengan demasiado tiempo en el poder. Para conseguir superar esta mentalidad limitada es importante comprender que la tendencia al equilibrio sólo es natural hasta que se alcanza el equilibrio. Una vez alcanzado, la naturaleza empieza a moverse en la dirección contraria: hacia la innovación y el cambio. Son numerosas las empresas y personas que logran ocupar posiciones de liderazgo gracias a su creatividad y originalidad. Sin embargo, instaladas en la cumbre, tienden a olvidar las mismas cualidades que las proyectaron a la cima.

Empiezan a pensar y actuar a la defensiva. Cuando eso sucede, ya no se trata de perder la posición de liderazgo. Sólo se trata de cuándo.

Para resumir el enfoque que los maestros del liderazgo tienen de la comunicación debemos poner énfasis en la importancia de colocarlo todo, incluso las críticas, dentro de un marco proactivo y positivo: un marco que reconoce la necesidad humana universal de reconocimiento y valoración. El líder debe comprender la verdadera importancia de la idea según la cual el éxito es un viaje, antes que un destino final. El éxito requiere innovación continua y pensamiento creativo. Esto es verdad, sobre todo, cuando uno ya ha alcanzado cierto éxito y siente la tentación de mantener una actitud conservadora y actuar a la defensiva.

DAR LA BIENVENIDA A LAS IDEAS NUEVAS

Akio Morita transformó Sony en una de las empresas más innovadoras y más rentables del mundo. En referencia a la tendencia de un líder hacia el conservadurismo, Morita dijo: «Si uno va por la vida convencido de que su manera de hacer las cosas es siempre la mejor, todas las nuevas ideas del mundo lo pasarán de largo». Por cierto, las nuevas ideas no pasaron de largo la empresa Sony durante el liderazgo de Morita. Su compañía introdujo la primera radio comercial a transistores en Japón, el disquete de 3,5 pulgadas y el Walkman. Morita tuvo la idea del Walkman en 1978, porque deseaba escuchar ópera durante sus largos viajes en avión. Ese aparato inició la revolución del entretenimiento portátil y hoy ha sido reemplazado por el MP3 y el iPod. El Walkman, un impactante ejemplo de liderazgo creativo, fue desarrollado con un mínimo de investigación de mercado y testeo. «No creo que ningún grado de investigación previo pudiera haber pronosticado semejante éxito», dijo Morita en una entrevista. «El público no siempre sabe lo que es posible hacer.»

Sócrates solía decir a sus discípulos en Atenas: «Sólo sé que no sé nada». No podemos esperar ser más inteligentes o sagaces que Sócrates, de modo que deberíamos abandonar la fea costumbre de decirle al prójimo que está equivocado. En última instancia, saldremos beneficiados. Si una persona hace un comentario que usted considera errado, es mejor empezar diciendo: «Bueno, mire, yo pienso de otro modo pero puedo estar equivocado. Muchas veces me equivoco, y si en este caso he incurrido en un error me gustaría poder corregirlo. Analicemos los hechos». Hay magia, magia positiva, en frases iguales o parecidas a ésta: «Puedo estar equivocado; muchas veces me equivoco; analicemos los hechos».

Muchas veces las personas ocupan puestos laborales que están muy lejos de lo que realmente ambicionan y esperan. Muchos se sienten ajenos a su trabajo, pero continúan en él porque en realidad no ven otra alternativa. Hasta que alguien les ofrece la posibilidad de desarrollar su talento como realmente lo desean.

Algunas veces es un maestro del liderazgo el que les brinda esa oportunidad; otras, tienen que encontrarla ellos mismos.

Dale Carnegie pertenece a la segunda categoría. Había estudiado para ser docente de enseñanza pública en Missouri; sin embargo, cuando joven, tuvo que dedicarse a vender camiones en la ciudad de Nueva York. Si eso le parece un improbable giro de los acontecimientos, tenga en cuenta que no es más improbable que los aspirantes a novelistas se conviertan en abogados corporativos o los cocineros de gama alta acaben sus días de contables. Un buen día el señor Carnegie comprendió que estaba viviendo una vida totalmente distinta a la que había soñado. Fue un descubrimiento muy perturbador, pero, a diferencia de muchas personas, Dale Carnegie decidió hacer algo al respecto.

El primer paso fue renunciar al empleo de vendedor de camiones. La decisión requirió cierta fortaleza de ánimo, pero era algo que Carnegie deseaba hacer desde hacía ya mucho tiempo. El segundo paso fue un poco más complicado. Carnegie sabía que no quería vender camiones y que había estudiado para ser docente. Pero vio claro que su deseo más vivo era el de escribir. Mientras consideraba sus estudios y sus aspiraciones, un plan comenzó a formarse en su mente. Tal vez podría encontrar trabajo como instructor en una escuela nocturna para adultos. Así tendría los días libres para escribir novelas y cuentos cortos. Era una buena idea, pero no tan simple como parecía.

Carnegie se presentó primero en las instituciones educativas más prestigiosas del área de Manhattan, incluyendo la Universidad de Columbia y la Universidad de Nueva York (NYU). Ambas instituciones, recordaría luego, «de algún modo decidieron que estaban muy bien sin mí». Finalmente comezó a dar clases de ventas y oratoria para adultos en la escuela nocturna de la YMCA.

MOTIVACIÓN

Todos anhelamos que nos valoren y nos reconozcan, y haríamos casi cualquier cosa para lograrlo. Sin embargo, todos rechazamos la falta de sinceridad. Nadie quiere ser adulado. Estos principios sólo funcionan cuando brotan del corazón. No estamos proponiendo aquí una sarta de trucos, estamos hablando de un nuevo estilo de vida. Hablamos de cambiar a las personas. Si usted puede instar a las personas con quienes está en contacto a descubrir los tesoros ocultos que poseen, hará mucho más que cambiarlas. Literalmente, podrá transformarlas. ¿Le parece exagerado? Entonces escuche las sabias palabras de William James, uno de los más notables filósofos y psicólogos que han producido los Estados Unidos. «Comparado con lo que debería ser, sólo estamos despiertos a medias. Sólo desarrollamos una pequeña parte de nuestros recursos físicos y mentales. En otras palabras y a grosso modo, el individuo humano vive dentro de límites muy estrechos. Posee poderes de diversas clases que no suele utilizar.» Sí, usted, querido lector, posee poderes de diversas clases que no desarrolla; y uno de esos poderes, que probablemente no despliega al máximo, es su habilidad mágica para elogiar al prójimo e inspirarlo a concretar sus posibilidades latentes. Las habilidades se marchitan con la crítica. Florecen con el estímulo.

PASOS QUE SEGUIR

1. A continuación incluimos la lista de los nueve principios del liderazgo eficaz. Lea la lista y tilde aquellos que a su entender ya domina y marque con una X aquellos que desearía desarrollar más. Luego diseñe un plan de acción para integrarlos en sus comunicaciones de liderazgo.

- Principio Uno: comience por el elogio y la valoración honesta.
- Principio Dos: llame la atención sobre los errores de manera indirecta.
- Principio Tres: aluda a sus propios errores antes de criticar los errores del prójimo.
- Principio Cuatro: haga preguntas en vez de dar órdenes directas.
- Principio Cinco: permita que su interlocutor salga bien parado.
- Principio Seis: elogie los progresos más ínfimos y elogie todos los progresos y mejoras. Sea enfático en la valoración y generoso en el elogio.
- Principio Siete: otorgue a su interlocutor una buena reputación que mantener.
- Principio Ocho: use el estímulo; haga que el error parezca fácil de corregir.
- Principio Nueve: haga que su interlocutor se sienta contento al hacer aquello que usted le sugiere.

2. Los comienzos de Dale Carnegie son realmente apasionantes. Un buen día se dio cuenta de que vender camiones no era lo suyo ni satisfacía sus deseos. Decidió centrarse en su deseo y dio los pasos necesarios para cumplir ese sueño. ¿Usted siente que su trabajo actual satisface sus deseos y expectativas? ¿Hasta qué punto?
3. ¿Desarrolla su habilidad mágica de elogiar a los demás hasta el punto de concretar sus posibilidades latentes? Escriba tres cosas «mágicas» que usted puede hacer para inspirar, día tras día, a las personas que lo rodean.

CAPÍTULO 3
Motivación poderosa

El verdadero entusiasmo está hecho de dos cosas:
convicción y ahínco.
Dale Carnegie

En los capítulos anteriores dijimos que la comunicación es el primer elemento esencial para el dominio del liderazgo. En este capítulo veremos más de cerca los objetivos que toda buena comunicación ambiciona alcanzar. En el nivel más simple, por supuesto, nos encontramos con el intercambio de información directo, sin intermediarios. Todos los líderes deben aportar las herramientas prácticas necesarias para cumplir este objetivo. Deben decir qué hay que hacer, y especificar cuándo y cómo hacerlo. Es sorprendente lo difícil que resulta esto para muchas personas. Sin embargo, más allá de la comunicación que caracteriza al verdadero dominio del liderazgo subyace un propósito más profundo. Hablamos, por supuesto, de la motivación.

EL MOTIVADOR VERSUS EL ORADOR

Hace ya varios años, una empresa, Fortune 500, organizó un retiro de trabajo para sus altos directivos. Durante el primer día del retiro hubo dos presentaciones breves: la primera a cargo del presidente ejecutivo y la segunda a cargo del COO (director de operaciones de la empresa). En el intervalo inmediatamente posterior a la presentación del presidente ejecutivo, los oyentes expresaron su admiración por lo que éste había dicho y por cómo lo había dicho. No cabían dudas de que había sido una charla elocuente e informativa. Luego le llegó el turno de hablar al director de operaciones. Cuando terminó, se produjo otro intervalo. Esta vez nadie comentó la elocuencia o la información brindada durante la charla. En cambio, todos los oyentes tuvieron la misma reacción. No paraban de decir: «Tenemos mucho que hacer. Pongamos manos a la obra».

La diferencia entre las dos presentaciones es la diferencia que existe entre la oratoria y la retórica (o el arte de hablar en público con elocuencia) y la motivación genuina. La respuesta al «arte de hablar en público con elocuencia» es: «Qué hermoso discurso»; mientras que la respuesta a un discurso que motive con eficacia es: «Pongamos manos a la obra». Los maestros del liderazgo necesitan suscitar la segunda respuesta, por supuesto, ya sea a través de sus discursos o en el resto de las acciones que emprendan. Louis B. Mayer, director de MGM Pictures durante la edad dorada de Hollywood, solía aparecer sin aviso previo en los sets de filmación. Fiel a esa costumbre, en cierta ocasión se presentó de improviso en un set y encontró al director, el camarógrafo y los actores reunidos en círculo con cara de preocupación.

«¿Qué ocurre?» preguntó Mayer. «Señor», dijo el director, «tenemos problemas para filmar esta escena. No sabemos bien qué hacer». Mayer, airado, estalló: «Está bien, pero, hagan algo. Si hacen algo bueno lo usaremos, y si hacen algo malo lo corregiremos. Pero hagan algo y hagánlo ahora mismo». El mensaje de Mayer era: encuentren una motivación. Y el primer paso para encontrarla era ponerse en acción. Sin embargo los maestros del liderazgo saben que es mucho más que eso. El movimiento por el movimiento mismo puede equivaler a rodar en el vacío a menos que vaya acompañado por algunos otros elementos sumamente importantes.

COMPROMETER EL CUERPO, EL CORAZÓN Y LA MENTE

A falta de otros dos componentes fundamentales, la acción puede ser energía desperdiciada o incluso autodestructiva. Debemos ser muy claros al respecto. La motivación real requiere acción, más emoción y más inteligencia. En otras palabras, la motivación debe comprometer el cuerpo, el corazón y la mente. Los maestros del liderazgo siempre saben cómo tocar las fibras de estos tres elementos. Son capaces de hacer que nos comprometamos en todos los ámbitos de nuestra vida. En términos puramente técnicos, la motivación puede expresarse en tres formas básicas: motivación negativa; motivación positiva para motivar a otros; y las técnicas únicas y altamente individualizadas que cada uno de nosotros emplea para automotivarse. Es muy importante que el maestro del liderazgo comprenda estas tres categorías. Por consiguiente, a continuación las analizaremos una por una.

Los riesgos de la motivación negativa

Si bien todas las formas de motivación son aplicables, la motivación negativa es la más limitada de las tres, lo cual no deja de ser sorprendente dado que es el enfoque que adoptan numerosos líderes. Es más: confían muchísimo, a veces exclusivamente, en este enfoque. Y cometen un gran error. Cierto es que la crítica o la amenaza de castigo pueden ser, hasta cierto punto, eficaces. La posibilidad de despedir o bajar de categoría a un empleado pueden hacerlo reaccionar, pero las investigaciones al respecto han demostrado que los motivadores negativos tienen limitaciones muy serias, sobre todo en el largo plazo.

En el pasado, hablar gritando solía ser sinónimo de dureza y tenacidad. La obstinación equivalía a un conocimiento superior. La predisposición a discutir era sinónimo de honestidad. Todos deberíamos sentirnos agradecidos porque esos tiempos están tocando a su fin. En su papel de líder, usted debería asegurarse de que no regresen jamás y bajo ningún aspecto. Un personaje de una empresa aseguradora del Medio Oeste, EE UU., al que llamaremos Fred, nos ayudará a ilustrar los problemas de la anticuada motivación negativa. El título oficial de Fred es gerente regional de ventas, pero a sus espaldas lo apodan «el gerente que grita "ahí viene el lobo"» (como en el cuento del pastorcito mentiroso). Cuatro veces al año, con la puntualidad de un reloj, Fred mira los resultados de las ventas trimestrales y de inmediato amenaza con despedir a todo el mundo.

Rojo de ira, clava la vista en el cielo raso y estrella el puño contra el escritorio. Por desgracia para él, los empleados de la empresa consideran que sus manifestaciones son puro teatro. De hecho, miden jocosamente sus estallidos según una improvisada escala de Richter. Con el correr de los años, más de un vendedor se cansó de tanto drama y simplemente cambió de barco. Lo cual le ha costado varios buenos empleados a la empresa de Fred. Si el estilo negativo de Fred alguna vez resultó eficaz… fue hace muchísimo tiempo. Ése es, en líneas generales, el problema de las técnicas motivacionales negativas.

Si usted se atiene a ellas, tarde o temprano minará la moral hasta destruirla y se creará enemigos dentro de la empresa. Por el contrario, si no se atiene a ellas, sus empleados pronto comenzarán a cumplir los objetivos deseados. Dale Carnegie lo expresó con claridad meridiana. En cierta ocasión dijo que sólo existía una manera bajo el cielo de hacer que alguien hiciera una cosa: y era conseguir que quisiera hacerlo. Por supuesto que Carnegie aludía a la suprema importancia de la motivación positiva. Y prosiguió diciendo que cualquiera podía lograr que alguien quisiera darle su reloj clavándole un revólver en las costillas. Del mismo modo, usted conseguirá que sus empleados cooperen durante un tiempo si los amenaza con el despido. Pero estos métodos tan crudos tienen repercusiones sumamente contraproducentes.

CONSEJOS ÚTILES PARA EL DESARROLLO DEL LIDERAZGO

En lo atinente al liderazgo, el comportamiento es lo primero y las capacidades ocupan el segundo lugar. La gente responde a los líderes que inspiran confianza y respeto, no a las capacidades que esos líderes poseen. En este sentido, el liderazgo es diferente de la simple gerencia, que se basa más en las capacidades de planificación, organización y comunicación. El liderazgo también comprende cualidades para la gerencia, pero sus cimientos están hechos de cualidades como la integridad, la honestidad, la humildad, el coraje, el compromiso, la sinceridad, la pasión, la confianza, la sabiduría, la determinación, la compasión, la sensibilidad y el carisma personal.

Hay distintos estilos de liderazgo. El estilo personal de un líder puede ser adecuado para ciertas situaciones e inadecuado para otras. Algunos líderes tienen la capacidad de adaptarse y aplicar estilos de liderazgo de acuerdo con cada situación.

Un líder novato en su papel puede sentirse presionado a liderar de una manera particularmente dominante. Sin embargo, casi nunca es apropiado adoptar un liderazgo dominante, y mucho menos en las empresas bien consolidadas. Malinterpretar esta situación puede causarle muchos problemas a un líder novato. La resistencia de los empleados puede ser un grave problema y puede dar comienzo a un ciclo de descontento y desarrollo laboral reducido.

El liderazgo presenta numerosos aspectos paradójicos. Con frecuencia, se trata más de servir que de liderar. Los equipos responden mejor a la gratitud, el estímulo, el reconocimiento y la inclusión. Los líderes duros y dominantes hacen que la gente luche contra ellos y se resista. También bloquean cualquier sensación de propiedad y poder que pudiera surgir entre los liderados. Sí, los líderes muchas veces deben tomar decisiones duras, pero en el mundo del día a día el líder debe concentrarse más en posibilitar que su equipo crezca y prospere. El papel de líder es una función de servicio, y no debe reflejar el estilo dominante que usualmente asociamos con la autoridad.

En nuestros días el liderazgo ético es más importante que nunca, y por una razón muy práctica: el mundo es más transparente y está más conectado que nunca. Las acciones y las filosofías de las empresas son observadas y analizadas pormenorizadamente. Al mismo tiempo, existe mucha más conciencia de –e interés en– la responsabilidad corporativa: en las finanzas, en la diversidad y en los temas relacionados con el medio ambiente. El líder moderno necesita comprender todas estas áreas para poder liderarlas.

LA FILOSOFÍA DEL LIDERAZGO

La así llamada filosofía del líder está constituida, simplemente, por los propósitos y los principios fundamentales con los cuales cada líder se identifica. Constituye los cimientos de la estrategia, la dirección y las actividades operativas, y abarca prácticamente todo cuanto sucede en la empresa u organización. Con independencia del tamaño de la empresa, todo lo que ocurre bajo la dirección del líder debe ser coherente con una filosofía bien definida.

Ejecutivos, gerentes, empleados, clientes... todos necesitan principios filosóficos sólidos sobre los cuales basar sus expectativas, decisiones y acciones. En una organización compleja el liderazgo será todo un desafío en el mejor de los casos, debido al tamaño, la diversidad u otros temas candentes. Una filosofía conflictiva aumentará de forma dramática las dificultades para todos, y sobre todo para el líder porque el marco de referencia se volverá confuso.

Para que el liderazgo funcione adecuadamente los miembros del equipo deben vincular sus expectativas, aspiraciones y actividades al propósito o la filosofía básicos de la organización o empresa. Esta filosofía puede aportar puntos de referencia y fundamento para justificar las acciones y decisiones de los empleados: un factor cada vez más significativo en las organizaciones modernas realmente importantes y poderosas. Contemplar una filosofía y un objetivo claros también resulta esencial para los empleados, los clientes y las personas ajenas a la empresa en el momento de evaluar características empresariales cruciales como la integridad, la ética, el juego limpio, la calidad y el desarrollo. Tener una filosofía clara es vital para el contrato psicológico –casi siempre tácito–, según el cual los empleados, los gerentes y los clientes emprenden sus decisiones y acciones.

Son demasiadas las empresas, grandes y pequeñas, que tienen objetivos fundamentales conflictivos y confusos. La lección que debemos aprender aquí es que la filosofía y el propósito son los cimientos del liderazgo. Si los cimientos no son sólidos, todo cuanto se construya sobre ellos será susceptible de requebrajarse e incluso podría desmoronarse por completo.

Su responsabilidad de líder va mucho más allá del acto de liderar. El verdadero liderazgo también incluye la responsabilidad de proteger y precisar el propósito fundamental y la filosofía de la empresa. Si usted tiene una buena filosofía, y sus acciones están en armonía con ella, los cimientos serán fuertes.

Los distintos líderes cultivan ideas distintas acerca del liderazgo. Sin embargo, cualquiera que estudie la experiencia de los negocios contemporáneos y los líderes empresariales observará ciertos puntos en común. El liderazgo mantiene algunos principios clave:

- Cuando los líderes dicen que la gente no los sigue, son los líderes quienes están perdidos, no la gente.
- Los líderes se pierden debido al aislamiento, la arrogancia y el mal juicio. Pero sobre todo se pierden porque les preocupa más imponer su autoridad que liderar en el verdadero sentido de la palabra.
- Liderazgo es ayudar a otros a alcanzar un objetivo compartido, no decirles qué deben hacer.
- La lealtad al liderazgo depende de la capacidad de conexión y comprensión del líder respecto de las necesidades, deseos y posibilidades de los liderados. Las soluciones a los desafíos que presenta el liderazgo no deben responder a las necesidades y los deseos del líder. Las soluciones del liderazgo deben responder a las necesidades y los deseos de los liderados.
- La lealtad no se construye pidiéndola, ni mucho menos obligando a los otros a ser leales.

• En lugar de esperar a que lo sigan, el líder debe mostrar primero una visión y unos valores que merezcan la adhesión de los demás.

• Un tipo específico de liderazgo inevitablemente atraerá seguidores del mismo tipo. En otras palabras, para que la gente adopte y siga principios modernos compasivos, honestos, éticos, pacíficos y justos, primero tendrá que ver y comprobar esas mismas cualidades en sus líderes.

• La gente es mucho más perceptiva de lo que piensa la mayoría de los líderes. La gente posee un sentido de la verdad mucho más agudo de lo que piensa la mayoría de los líderes. La gente pierde rápidamente la fe en los líderes que ignoran estos dos hechos.

• Casi siempre la gente tiene respuestas que los líderes pasan inadvertidamente por alto. Por consiguiente, un buen líder debe solicitar ideas, opiniones y sugerencias para ganar perspectiva y cultivar la lealtad de los liderados.

• Si un líder comete errores debe dar la cara y admitirlo. Por lo general, la gente perdona los errores pero no aprecia a los líderes que no están dispuestos a responsabilizarse de sus actos.

• Un líder debe tener la valentía necesaria para negociar cuando otros en posiciones menos jerárquicas quieran pelear. Cualquiera puede recurrir a amenazas y agresiones, pero ser agresivo no es sinónimo de liderar.

LA NECESIDAD DE SENTIRSE IMPORTANTE

Entonces… ¿qué quiere la gente en realidad? En realidad no quiere tantas cosas, según Dale Carnegie. Y enumera varias: salud y conservar la vida, alimento y refugio, cierta cantidad de dinero y de cosas que el dinero puede comprar, bienestar para sus hijos, y una sensación fundamental de su propia importancia. Todos estos requisitos son relativamente fáciles de satisfacer, prosigue Dale Carnegie, excepto el último. Este anhelo es casi tan profundo e insistente como el deseo de agua y comida. John Dewey lo llamó «el deseo de ser importante». Freud fue un poco más allá y lo denominó «el deseo de ser grande». La motivación positiva implica darle a la gente un sentido real a su propósito, la sensación de que están trabajando en pos de una meta valiosa, factible e importante para todos. El concepto no tiene nada de nuevo. Los maestros del liderazgo siempre lo han comprendido así.

Durante su primer mandato presidencial, le preguntaron a Dwight Eisenhower cuál era su secreto para entenderse con un Congreso renuente e ingobernable. ¿El otrora general mencionó acaso la férrea disciplina militar o el antiguo lema que define al poder presidencial como «el que manda siempre tiene razón»? No. Por el contrario, Eisenhower habló de la motivación positiva. «No se lidera a la gente a base de látigazo», afirmó. «Eso es abuso de poder, no liderazgo. Yo prefiero persuadir positivamente a alguien para que me acompañe porque, una vez que ese alguien haya tomado la decisión de hacerlo, se atendrá a ella. Si lo asusto, se quedará mientras esté asustado y luego se marchará.»

La teoría de las necesidades motivacionales

David McClelland (1917-1998), un profesor de Harvard, fue el pionero del pensamiento motivador en el ámbito laboral. En su libro *The Achieving Society*, publicado en 1961, McClelland describió tres tipos de necesidad motivacional, a los que identificó como: motivación hacia los fines, motivación hacia la autoridad y el poder, y filiación.

Estas tres necesidades están presentes, en distinto grado, en todos los trabajadores y gerentes. La mezcla de necesidades motivacionales define el estilo y la conducta de cada individuo, tanto en términos de su motivación personal como en lo que atañe a la dirección y capacidad de motivar a otros.

- *La necesidad de logros.* La persona orientada hacia los logros es motivada por los resultados y por lo tanto busca alcanzar objetivos, conseguir alcanzar metas realistas que impliquen un desafío, y progresar en su trabajo. Siente una fuerte necesidad de recibir comentarios sobre los logros y los progresos alcanzados, y necesita tener la sensación del deber cumplido.

- *La necesidad de autoridad y poder.* Es la necesidad de ser influyente y eficaz y de causar impacto. Conlleva la intención de liderar y de hacer prevalecer las propias ideas. También hay motivación hacia –y necesidad de– el aumento del estatus y el prestigio personales.

- *La necesidad de filiación.* La persona motivada hacia la filiación necesita relaciones afables y se siente motivada a interactuar con otros. Quien tiende a la filiación produce motivación y necesidad de agradar a otros y gozar de la estima general. Estas personas juegan en equipo.

McClelland dijo que la mayoría de la gente presenta una combinación de estas tres características. Algunas personas muestran una fuerte tendencia hacia una necesidad motivacional particular, y esa mezcla motivacional o de necesidades afecta en consecuencia su conducta y su estilo laboral o de dirección. McClelland sugirió que una fuerte motivación hacia la filiación tiende a socavar la objetividad de los gerentes, porque la necesidad de agradar afecta su capacidad de tomar decisiones.

Una fuerte motivación hacia la autoridad producirá una determinada ética laboral y un determinado compromiso con la empresa. Si bien el papel de líder ejerce atracción sobre estos individuos, es probable que no posean la flexibilidad o la capacidad de relacionarse con la gente que requiere esa función.

Por último, McClelland aduce que las personas fuertemente motivadas hacia los logros suelen ser los mejores líderes, aunque quizás exijan mucho de sus liderados por estar convencidas de que todos están motivados de modo semejante en alcanzar un *alto nivel* de logros y resultados… cosa que por supuesto no es así en la inmensa mayoría de los casos.

Queda claro, entonces, que McClelland sentía una particular fascinación por la motivación hacia los logros. Un conocido experimento de laboratorio ilustra un aspecto de su teoría sobre el efecto de los logros en la motivación de las personas. A través de este experimento McClelland sugirió que, si bien la mayoría de las personas no poseen motivaciones fuertemente basadas en los logros, aquellas que sí las poseen muestran una conducta coherente al fijar sus metas.

Se le pidió a un grupo de voluntarios que intentaran embocar una serie de anillas en unos cilindros distribuidos en el suelo, como en el juego infantil. No se determinó ninguna distancia y la mayoría de los voluntarios arrojó las anillas desde distancias azarosas y arbitrarias: a veces desde cerca, otras veces desde muy lejos. Sin embargo, un pequeño grupo de voluntarios –que según McClelland estaban fuertemente motivados hacia los logros– se ocupó de medir y probar distintas distancias para producir una situación ideal: no demasiado fácil, pero tampoco imposible. En biología existe un concepto similar, conocido como el principio de sobrecarga. Por lo general, este principio se aplica a los ejercicios físicos y la gimnasia; es decir que, para desarrollar un buen físico y/o fuerza, el ejercicio debe ser lo suficientemente exigente como para aumentar los niveles ya existentes, pero no tan vigoroso como para causar daño o fatiga. McClelland identificó la misma necesidad de desafío equilibrado en el enfoque de las personas motivadas hacia los logros.

McClelland contrastó las personas motivadas hacia los logros con jugadores y temerarios; de ese modo, desmanteló el difundido prejuicio de que las personas motivadas hacia los logros son muy propensas a correr riesgos. Por el contrario, los individuos motivados hacia los logros establecen metas sobre las cuales sus esfuerzos y su capacidad puedan influir: por lo tanto, metas que consideran asumibles. Cabe señalar que la mentalidad determinada y orientada hacia los resultados casi siempre forma parte esencial del carácter de los emprendedores y hombres de negocios exitosos.

McClelland identificó, además, otras características y actitudes de las personas motivadas hacia los logros:

• El logro en sí mismo es más importante que la recompensa material o financiera.

• Alcanzar la meta o cumplir la tarea provoca mayor satisfacción personal que recibir elogios o reconocimiento.

• La recompensa financiera se considera una medida del éxito, no un fin en sí misma.

• La seguridad no una causa primordial; tampoco el estatus.

• El *feedback* resulta esencial porque permite medir el éxito, no por razones de elogio o reconocimiento (queda implícito que en este caso el *feedback* debe inspirar confianza y ser cuantificable y fáctico).

• Las personas motivadas hacia los logros constantemente buscan mejorar e intentan encontrar maneras de perfeccionar las cosas.

• Las personas motivadas hacia los logros prefieren aquellos trabajos y responsabilidades que satisfacen naturalmente sus necesidades; es decir, que ofrecen flexibilidad y oportunidad de establecer y alcanzar metas: por ejemplo, la gerencia de ventas y de negocios y los papeles emprendedores.

McClelland estaba convencido de que las personas motivadas hacia los logros son, por lo general, las que mueven las cosas y obtienen resultados. Y esto se extiende a obtener resultados a través de la organización de otras personas y recursos; aunque, como hemos dicho antes, a menudo exigen demasiado de sus empleados porque priorizan el hecho de alcanzar la meta sobre los numerosos y variados intereses y necesidades del grupo que lideran.

TRES CONCEPTOS DE CONDUCTA HUMANA

Cuando el líder haya captado la importancia básica de la motivación positiva, le resultará relativamente fácil crear aplicaciones específicas del principio. Pero habría que incluir en todas ellas tres importantes conceptos de la conducta humana. Primero, todos los participantes deben ser incluidos e informados en todas las fases de un emprendimiento: a cada paso del camino. El trabajo en equipo es la clave, no la jerarquía o la cadena de mandos. Segundo, las personas deben ser tratadas como individuos. Sus ideas y sugerencias deben ser consideradas y tratadas con respeto. Tercero, es menester esperar, estimular, reconocer y recompensar el desarrollo superior a la media. Y las recompensas deben llegar rápido, no al finalizar el año o durante la fiesta en honor a los que se jubilan.

Con frecuencia un mensaje escrito o una llamada telefónica del líder significará tanto ser considerado un miembro del equipo con alto desarrollo como un premio en efectivo, aunque lo más seguro es que el mensaje y el premio juntos conciten su atención inmediata. En cualquier caso, el objetivo es crear una sensación de inclusión y reaseguro positivo. Durante muchos años, en las grandes empresas organizadas tradicionalmente imperó una sensación básica de desconexión. Los empleados se sentían meros números, uno entre miles, engranajes humanos en una máquina gigantesca e impersonal. No es para sorprenderse que los empleados de esas empresas estuvieran dispuestos a pedir licencia por enfermedad ante el menor síntoma, o a pasar más tiempo de la jornada laboral descansando que en sus escritorios. Si los empleados de cualquier empresa actual tuvieran esa misma sensación, la conclusión sería obvia: la empresa está mal liderada. Las metas de la empresa no han llegado a ser las metas de sus empleados, y ningún negocio puede alcanzar el éxito en esa situación.

EL TRABAJO EN EQUIPO ES CRUCIAL

Los actuales maestros del liderazgo involucran a los miembros del equipo en todos los aspectos del negocio. Ya no se trata de dar órdenes desde arriba. Los líderes eficaces saben que los miembros del equipo son absolutamente capaces de tomar decisiones importantes por cuenta propia y que autorizarlos para que tomen esas decisiones es una forma vital de motivación positiva.

Como explicara un ejecutivo de una empresa publicitaria de mediano rango: «Si les digo a mis empleados cómo mejorar, se lo pueden tomar a pecho o no. Si no me expreso de la manera correcta, incluso pueden llegar a sentirse insultados. Pero si primero les pregunto cómo puedo mejorar yo, se sienten halagados. Si hago caso a sus sugerencias, se sienten realmente orgullosos; y si después de eso vuelvo a preguntarles qué puedo hacer para mejorar todavía más, entonces sí que concito toda su atención. Ése es el momento en que puedo, yo también, sugerirles ciertas cosas que pueden hacer. Sólo después de haber logrado que todos y cada uno de ellos se sientan líderes puedo actuar más eficazmente como líder». Entonces... recorra la oficina, salude a sus empleados y ocúpese de conocer a cada integrante del equipo. Sobre todo, reconozca el trabajo bien hecho. No se comporte como esos padres o maestros estrictos de labios apretados cuyos embates muchas personas lamentablemente tuvieron que soportar. Esa clase de persona provoca dolor a los niños, y también a los adultos.

Nadie quiere que le digan que no está haciendo las cosas bien; pero todos necesitamos que nos digan cuándo las hacemos bien. Todos necesitamos que nos elogien. Necesitamos que nos tengan en cuenta. Existen literalmente docenas de técnicas para celebrar el trabajo perseverante y el éxito. Un ejecutivo de una compañía de cable de Nueva Orleans ha hecho el esfuerzo consciente de emplear la mayor cantidad posible de esas técnicas. De acuerdo con sus palabras: «Hacemos *sketch* durante nuestras reuniones mensuales para reforzar nuestro mensaje y mantener nuestras metas bien visibles. También festejamos. Incluso hemos lanzado fuegos artificiales. Tenemos oradores y recompensas para ejemplificar la excelencia que buscamos. Damos dinero en las reuniones de empleados... cualquier cosa que haga que la gente se involucre y se entusiasme».

Las diez preguntas que todo líder debería hacerle a su equipo

1. ¿Cuál es la aspiración principal de nuestra empresa?

Los miembros de su equipo se sentirán mucho más motivados si comprenden la aspiración primordial de la empresa. Haga preguntas para comprobar hasta qué punto tienen claros los principios, las prioridades y la misión de la empresa. Estos conceptos pertenecen a un orden más elevado que las simples metas. Como bien lo señalara Marshall Goldsmith, cuando las metas a corto plazo se transforman en una obsesión pueden hacer más daño que otra cosa. La misión de una empresa es su filosofía básica y su razón de ser; no son sólo los objetivos financieros del próximo cuatrimestre.

2. ¿Qué obstáculos impiden un mejor o más excelso desarrollo de los miembros de su equipo?

Incluya preguntas acerca de los obstáculos a la motivación que deben tolerar los miembros de su equipo en su trabajo diario. La empresa puede eliminar aquellas prácticas que afectan negativamente la motivación.

3. ¿Qué es lo que motiva realmente a su equipo?

Casi siempre suponemos que todas las personas se sienten motivadas por las mismas cosas. En realidad, nos motiva un amplio espectro de factores. Formule preguntas que le permitan averiguar qué es lo que realmente motiva a los miembros de su equipo, incluyendo las recompensas financieras, el estatus, el reconocimiento, la competencia, la seguridad laboral... y hasta el miedo.

4. ¿Los miembros del equipo se sienten poderosos?

¿Los miembros de su equipo sienten que la descripción del trabajo que deben realizar los autoriza para encontrar sus propias soluciones? ¿O reciben una lista de tareas que cumplir donde simplemente se les dice lo que deben hacer?

5. ¿Hubo cambios recientes en la empresa que puedan haber afectado la motivación?

¿Su empresa ha despedido gente, congelado las contrataciones o perdido cierta cantidad de empleados clave? Tenga en cuenta que eso tendrá efectos sobre la motivación. Reúna información entre los miembros de su equipo respecto de los miedos, pensamientos y preocupaciones que puedan haberle suscitado estos acontecimientos. Aunque sean infundados, considérelos con respeto y honestidad.

6. ¿Cuáles son los patrones de motivación en su empresa?

¿Quién es el más motivado, y por qué? ¿Qué lecciones puede usted aprender de los ejemplos de alta y baja motivación en su empresa?

7. ¿Las metas de los empleados y las metas de la empresa convergen en un mismo punto?

Primero, la empresa debe establecer cómo quiere que los individuos ocupen más productivamente su tiempo. Segundo, debe comparar esto con la manera en que los individuos ocupan realmente su tiempo. Tal vez descubra que los miembros del equipo están muy motivados… pero en la dirección equivocada.

8. ¿Cómo se sienten los miembros del equipo en relación con la empresa?

¿Se sienten seguros, leales, valorados y cuidados? ¿O se sienten usados, descartables e invisibles? Pregúnteles qué contribuiría a incrementar su lealtad y su compromiso hacia la empresa.

9. ¿Cuán involucrados están los miembros del equipo con el desarrollo de la empresa?

¿Sienten que se les presta la debida atención y se los escucha? ¿Se los consulta? Y si se los consulta, ¿sus opiniones son tenidas en cuenta? ¿Tienen oportunidades de ofrecer su *feedback* con regularidad?

10. ¿La imagen externa de la compañía es coherente con su imagen interna?

Su empresa puede presentarse al mundo como «la aerolínea que cuida a sus pasajeros», «la compañía con tecnología avanzada» o «la cadena hotelera familiar». Pero si esta imagen no tiene un correlato dentro de la empresa en su manera de tratar a los empleados, pronto advertirá en ellos problemas de motivación. Averigüe cuál es la disparidad entre la imagen proyectada hacia fuera y la imagen interna que advierten los miembros del equipo.

EL RESPETO Y LA VALORACIÓN PAGAN CON CRECES

Como líder, una de sus responsabilidades primordiales es hacerle saber a los miembros de su equipo que usted los respeta, los valora y quiere ayudarles a desarrollar su potencial plenamente. La motivación positiva es sencillamente la mejor manera de transmitir estos mensajes. Los pasos que seguir que detallamos a continuación le permitirán redactar una lista de técnicas motivacionales positivas que usted podrá implementar en su papel de líder. Asegúrese de completar todos los pasos. Una vez que lo haya hecho, empiece a poner en práctica sus ideas inmediatamente.

PASOS QUE SEGUIR

1. Suponga que debe hablar ante un grupo de personas acerca de un gran desafío físico que han de sobrellevar. Podría ser una maratón o una carrera de diez kilómetros, escalar una montaña o incluso construir una casa. ¿Cómo se expresaría para mo-

tivarlos a realizar esa actividad? Escriba los desafíos específicos que sus oyentes podrían tener que afrontar. Luego redacte un breve mensaje destinado a maximizar la motivación para la tarea en ciernes.

2. Reflexione sobre su pasado y recuerde una circunstancia en la que haya podido cumplir su «deseo de ser grande» a través de la motivación positiva. ¿Cuál fue la forma exacta de la motivación? ¿Cómo hizo que se sintiera en aquel momento? Trate de describir sus sentimientos de la forma más vívida posible.
3. Basándose en las enseñanzas de este libro hasta el presente capítulo, haga una lista de todas las técnicas motivacionales positivas que pueda comenzar a implementar en su papel de líder. Tome nota de aquellas que ya practica regularmente y de aquellas que no. Luego diseñe un plan de acción para incorporar *todas* las herramientas a su rutina diaria.

CAPÍTULO 4
Cuando la enseñanza marca la diferencia

Es mejor afrontar la mayoría de los grandes desafíos con una serie de metas interinas.
Dale Carnegie

Hasta el momento hemos hablado de motivar a otros, de las limitaciones de la motivación negativa y de los numerosos beneficios de los enfoques más positivos. Nos hemos concentrado exclusivamente en cómo un líder puede usar estos principios para motivar a otros. Sin embargo, debería quedar claro que el dominio del liderazgo también incluye la capacidad de automotivarse.

METAS BIEN DEFINIDAS

Dale Carnegie tenía mucho que decir sobre el proceso de automotivación, y además identificó muy claramente la herramienta más importante para llevarlo a cabo. Esa herramienta es la creación de metas claras, realistas y encomiables. No es exagerado decir que el establecimiento de las metas es la fórmula mágica para una óptima automotivación. Con metas bien definidas, el pleno potencial de cada individuo es puesto en juego y casi todos los objetivos basados en la realidad pueden alcanzarse y de hecho son alcanzados. Sin embargo, a falta de metas bien definidas es muy poco lo que puede lograrse… y casi siempre se reduce a nada.

Las metas nos proporcionan algo a lo que aspirar. Focalizan nuestros pensamientos y esfuerzos. También nos permiten registrar nuestros progresos y medir nuestros éxitos. Por consiguiente, en su papel de líder usted hará que el establecimiento de las metas sea una de sus máximas prioridades. Establezca metas que impliquen un desafío pero que al mismo tiempo sean factibles, además de ser claras y mensurables. Estas metas deben tomar la forma de planes a corto plazo y objetivos a largo plazo. Cuando un maestro del liderazgo llega a la meta, se toma un tiempo para disfrutar de lo que ha logrado; pero dado que también domina el arte de pasar rápidamente al siguiente objetivo, así lo hace: fortalecido y energizado por los logros ya obtenidos.

Eugene Lang: un ejemplo de cómo establecer metas poderosas

Uno de los ejemplos más cruciales sobre el establecimiento de metas proviene de un filántropo neoyorquino llamado Eugene Lang. Como muchas otras personas, el señor Lang no estaba satisfecho con el estado de la educación pública en su comunidad. A diferencia de muchas otras personas, el señor Lang transformó su deseo de hacer algo respecto de ese problema en una importante meta personal. Su plan para alcanzar la meta deseada incluía crear objetivos para los estudiantes a quienes pretendía beneficiar. Eugene Lang anunció su plan en un discurso de graduación dirigido a unos alumnos de sexto grado en la ciudad de Nueva York. Estadísticamente, los alumnos de ese grupo tenían pocas probabilidades de graduarse en la escuela secundaria y muchas menos de ir a la universidad.

Sin embargo, hacia el final de su discurso el señor Lang hizo un anuncio sorprendente: «Me aseguraré de que todos los estudiantes de esta clase de sexto grado que se gradúen en la escuela secundaria tengan el dinero necesario para asistir a la universidad: sin dudas y sin peros». Éste es un ejemplo de establecimiento de metas y de lo mejor del liderazgo. Eugene Lang tenía una meta y de esa meta surgieron otras para todo un grupo de jóvenes. Las metas eran claras y potentes... ¿pero acaso eran también factibles dentro de un sistema de enseñanza pública plagado de errores? El tiempo sería el único que podría decirlo. Y resultó que, de los 54 estudiantes que mantuvieron el contacto, más del 90 por ciento tienen su diploma de secundaria o su certificado GED, y el 60 por ciento ha asistido a la universidad. Por supuesto que este asombroso porcentaje de éxito no fue exclusivamente producto del incentivo financiero.

Eugene Lang se aseguró de que todos los estudiantes fueran debidamente aconsejados y respaldados a lo largo del camino. Gracias a esa meta desafiante que se autoimpuso el señor Lang, y a los obejtivos que esa meta creó para los estudiantes, docenas de vidas humanas fueron transformadas. Los sueños imposibles se hicieron realidad tangible. Por cierto, como bien lo expresara el autor de best-sellers Napoleon Hill: «Una meta es un sueño con un plazo establecido». Las personas que establecen metas desafiantes pero perfectamente factibles tienen el futuro en sus manos. Logran cosas extraordinarias. Se convierten en maestros del liderazgo.

En los pasos que seguir incluidos al final de este capítulo los lectores encontrarán ejercicios que los ayudarán a identificar sus metas a corto, medio y largo plazo y los ayudarán a medir sus progresos en el transcurso del camino. Asegúrese de comenzar a usarlos lo más pronto posible.

CUÁNTO LLEVA CONSEGUIR UN MENTOR

Hemos enfatizado la importancia de motivar a otros y hemos visto que el establecimiento de metas realistas resulta esencial para que los líderes puedan automotivarse. En este capítulo, para equilibrar un poco la balanza, analizaremos otra estrategia motivacional que merece con creces nuestra atención. Es el proceso de tutoría, que conlleva dos instancias: primero encontrar un mentor y luego transformarse en mentor.

Como bien dice el antiguo dicho: «Cuando el alumno esté preparado, el maestro aparecerá». Eso puede muy bien ser verdad, pero existe otro proverbio que puede ser incluso más viejo y que dice: «El cielo ayuda a los que se ayudan a sí mismos». Encontrar un mentor y ser mentor son dos cosas que pueden hasta cierto punto ocurrir naturalmente en el transcurso de la carrera del líder, pero el proceso será enormemente acelerado por la conciencia, el enfoque y un poco de trabajo preliminar.

Al principio quizá le llevará algo de tiempo, pero es tiempo bien empleado e incluso puede llegar a ser muy divertido. Ahora veremos cuáles son los requisitos para encontrar un mentor o, en otras palabras, dejaremos en claro cuáles son las cosas de las que ese proceso no se debería ocupar. Encontrar un mentor no significa identificar a una persona muy exitosa e intentar imitarla. Como lo expresara el presidente ejecutivo de una importantísima empresa de software: «Cada ser humano es como un copo de nieve o una huella digital o una cadena de ADN: todos somos únicos. Nunca encontraremos a nadie que sea exactamente igual a nosotros». Encontrar un mentor no es sinónimo de querer imitar a alguien. Encontrar un mentor comienza por contemplar la verdad esencial y comprender quiénes son las personas más allá de las apariencias.

Sólo cuando la impresión es clara en ese nivel básico puede iniciarse la verdadera experiencia de tutoría. Bill Gates es una de las personas más ricas del mundo. Pero analicemos por un momento lo que podría implicar el mero hecho de imitar la vida de Bill Gates. Bill Gates abandonó la universidad. Por lo tanto, siendo una persona que todavía cursa la escuela secundaria y empieza a cansarse de permanecer levantada hasta tarde para redactar informes de investigación, usted bien podría radicarse en Silicon Valley para hacer fortuna. Después de todo, eso fue lo que hizo Bill Gates y usted lo ha elegido como su mentor y modelo.

Pero en realidad no es tan simple. Bill Gates se matriculó en la Universidad de Harvard para especializarse en matemáticas. Si bien tenía un indudable talento para las matemáticas, no tardó mucho en darse cuenta de algo muy importante: otros alumnos de Harvard eran muchísimo más ingeniosos que él. Gates no abandonó Harvard porque tuviera prisa por dedicarse a hacer fortuna. Abandonó Harvard porque tenía una personalidad muy agresiva y competitiva. Comprendió que no podría ser el mejor en su campo y empezó a cansarse de jugar contra los futuros Michael Jordan del mundo de las matemáticas.

De modo que recuperó su pelota y volvió a casa. Eso fue lo que hizo Bill Gates, casi al mismo tiempo que miles de personas de las que probablemente usted jamás oyó hablar, individuos que con toda seguridad jamás llegarían a ser las personas más ricas del mundo. Probablemente hicieron lo mismo que Gates: retirarse. Si usted decide retirarse en mitad de algo porque, después de todo, eso fue lo que hizo Bill Gates, también debería recordar que Bill Jones hizo lo mismo y ahora fríe hamburguesas. Bill Smith también hizo otro tanto y hoy se dedica a embalar verduras.

Por consiguiente tendrá que prestar muchísima atención a la hora de elegir mentor. Una vez decidido eso, tendrá que preguntarse a sí mismo: «¿Realmente soy esto? ¿Es esto lo que realmente quiero ser?».

Investigar al buen mentor es esencial

Cuando seleccione un posible mentor, no se limite a las personas que aparecen en los periódicos. Investigue un poco. Detecte a las personas que, en el marco de su industria, comparten sus preocupaciones e intereses y han debido afrontar los mismos temas que usted debe afrontar ahora. La buena noticia es que la revolucion tecnológica hace que todo esto ahora sea mucho más fácil que antes.

La World Wide Web (WWW) es el instrumento de investigación más grande que se inventó jamás, y el correo electrónico es ideal para contactar a los mentores en potencia que usted vaya seleccionando. No sea tímido. Los correos electrónicos son mucho menos intrusivos que las llamadas telefónicas. Y cabe señalar que la mayoría de las personas exitosas, si son encaradas con respeto y amabilidad, valoran la oportunidad de compartir lo que han aprendido. No lo olvide: cuando el alumno esté preparado, aparecerá el maestro. Así pues... prepárese.

Si bien encontrar un mentor es esencial para el dominio del liderazgo, sobre todo en los comienzos de la carrera, ser mentor se transformará en una experiencia inmensamente gratificante y benéfica con el paso del tiempo. Por lo tanto, ofrézcase como voluntario para dar una clase en un campo que domine. Involúcrese con los establecimientos educativos a los que asista. Haga que el mundo entero conozca su nombre escribiendo artículos o dando charlas. Si hace cuanto le decimos, le facilitará la tarea a cualquiera que necesite un mentor. Más temprano que tarde, lo encontrará en usted. También existen empresas dedicadas a reunir mentores y aprendices en potencia. Una vez más, la WWW es el arma perfecta para investigar al respecto.

Muestre interés por los demás

Hay infinidad de maneras de decir «Me importa la comunidad y la gente que vive en ella, y quiero consagrar mi tiempo a ayudar». Esto no es solamente altruismo. Como líder y mentor, tendrá mucho para investigar allí. Dale Carnegie lo comprendió muy bien. Escribió: «Si quieres que otros disfruten de ti, si quieres ayudar a otros, si quieres que tengan éxito tanto como deseas el éxito para ti mismo, ten presente el siguiente principio. Muestra auténtico interés por los demás». Y no cabe la menor duda de que Dale Carnegie practicaba cuanto predicaba.

Cuando J. Oliver Crom, fallecido presidente de Dale Carnegie & Associates, conoció a Dale Carnegie, no sabía muy bien qué esperar. «Encantado de conocerlo, señor Carnegie», dijo el señor Crom. «¡Oh... llámeme Dale, por favor» fue la respuesta. «Señor Carnegie suena demasiado formal. Según entiendo usted nació en Alliance, Nebraska. ¿Es así?». «Bueno, sí», dijo Crom, un tanto sorprendido. «Entonces dígame una cosa», inquirió Dale Carnegie: «¿sigue viviendo en Alliance esa misma gente maravillosa que vivía allí hace tantos años, cuando ésa era mi área de ventas? Por favor, hábleme un poco más de las personas que viven allí y un poco más de sí mismo. Eso me ayudará, y es muy probable que a usted también le sirva de gran ayuda.»

Como era dado esperar, esto significó mucho para el joven oriundo de Nebraska. Es una simple verdad de la naturaleza humana que la gente se comporta mejor en el plano personal y profesional cuando sabe que una persona de buena voluntad la está observando, cuando sabe que esa persona se preocupa por ella, y cuando sabe que esa persona correrá a ayudarla en caso de que sea necesario. Inversamente, si usted siente que sólo recibe los ecos de sí mismo no se sentirá motivado para optimizar su vida. Si el torneo Super Bowl se jugara en un estadio vacío el juego podría igualmente llevarse a cabo, pero los niveles de intensidad y desarrollo serían muy diferentes.

La tutoría es una buena manera de sacar del estadio vacío los desafíos cotidianos y ponerlos a jugar en grande. En el caso de los líderes, encontrar un mentor y serlo no sólo es una opción o un enfoque colateral: es un componente esencial del máximo dinamismo.

ADMIRACIÓN Y SIMPATÍA: ¿PUEDE USTED SER UN MENTOR?

Si bien una persona admirada no siempre nos resulta simpática o agradable, en el ámbito empresarial las personas respetan y valoran al noble ejecutivo que asume la responsabilidad por las decisiones difíciles y sus espinosas consecuencias. Los gerentes que corren tras la fama y sólo quieren gloria suelen ser detectados pronto y, tarde o temprano, terminan siendo expulsados de un certero puntapié.

Si bien las personas que buscan agradar pueden tener miedo de compartir lo que piensan realmente y de ser pensadores activos dentro del grupo, los líderes natos comparten sus pensamientos y son honestos acerca de los pros y los contras de un tema. La gente no sólo admira a los líderes por su capacidad de liderar concienzudamente sino también por su rigor y equilibrio.

Debemos comprender que la gente admira a los líderes valientes que no se limitan a tratar de cumplir su cometido y piensan en los beneficios reales de sus decisiones para la empresa. Los gerentes corporativos egoístas que intentan anteponer su carrera y su beneficio personal a los objetivos de la empresa son excluidos y erradicados con el paso del tiempo.

Algunos ejecutivos se muestran más dispuestos que otros a asumir la responsabilidad de los errores y dar los pasos necesarios, por difíciles que sean, para aliviar la situación. Algunos simplemente se escabullen y culpan a otro. Los primeros son buenos mentores. Los segundos, probablemente, necesitan un mentor.

Optimizar los problemas

Muy de vez en cuando, el presidente ejecutivo de una empresa tendrá que hacerse cargo de ciertas acciones de algún subordinado acerca de las cuales no estaba al tanto. Éste ha sido el caso en varios escándalos corporativos de los últimos años. Aunque el líder de la compañía no esté involucrado personalmente, tendrá que asumir la responsabilidad e implementar los cambios que considere necesarios. Esta mentalidad de «capitán de barco» le permitirá granjearse la estima y el respeto de sus colegas y empleados. Esto es lo que realmente significa ganarse la admiración de otros en el ámbito laboral.

¿Usted puede agradarle realmente a alguien? ¿Alguien puede realmente aprender de usted? ¿Las dos cosas van siempre juntas o pueden darse por separado?

Yo realmente le agrado, ¿no es verdad?

La decisión de despedir colegas y asumir la responsabilidad del fracaso ajeno es difícil. Mas la voluntad de mejorar la situación y poner el propio cuello en la guillotina es una decisión noble que muchos ejecutivos simplemente prefieren evitar. La mayoría tenderá a arrojar la toalla, desaparecer y reaparecer unos años más tarde... justo a tiempo para otro escándalo de marras.

La moraleja es que la gente busca mentores (y líderes) que sean honestos y audaces y aspiren a niveles de integridad más elevados. A los accionistas y los empleados les resultará más fácil digerir una sorpresa desagradable si el portavoz es un gerente amigable y elocuente. Los proyectos complejos, bien explicados y defendidos por ejecutivos admirados, obtienen la aprobación entusiasta de los accionistas que aquellos presentados casi a la fuerza por directivos arrogantes y prepotentes.

Los tipos desagradables acaban mal

Olvidemos la errada creencia popular sobre los «tipos agradables». Los tipos malos son los que acaban mal y pronto.

Recordemos el escándalo *dot bomb* (burbuja.com) –el colapso de Enron– y la crisis más reciente de la hipoteca y el crédito. La vida es un búmeran y las personas que disfrutan siendo despiadadas y haciendo sentir insignificantes a los tipos comunes y silvestres terminan probando su propia medicina tarde o temprano.

¿Recuerdan a Al Chainsaw Dunlap de Sunbeam? Tal vez no lo recuerden. De ser así, eso ya les está diciendo algo. Cuando los accionistas se dieron cuenta de que prometía mercancías que jamás serían entregadas, lo pusieron de patitas en la calle. El siguiente texto apareció en la revista *Time* en 1998: «La caída en el precio de las acciones de Sunbeam y los problemas que la suscitaron hicieron que la junta directiva expulsara al hombre cuyo nombre significa despido». ¡Vaya ironía! ¿Y qué decir de los ejecutivos de Bear Stearns, Lehman, AIG y demás?

Con esto no le estamos aconsejando que permita que la gente le pisotee. Simplemente, evite ser cruel e insensible ante las consecuencias personales de las decisiones empresariales. Vivimos en un mundo pequeño; por lo tanto, asegúrese de poder dormir por las noches con la conciencia tranquila, sin que lo atormente la culpa.

Otra cosa segura: la amabilidad es, definitivamente, un factor de éxito. Los líderes empresariales que deben transmitir decisiones comprometidas (mientras enfrentan rachas de dificultad económica) harían bien en recordar que sus más grandes aliados son las personas que tendrán que transmitir los resultados previstos y aquellos que se harán cargo de las decisiones tomadas en la sala de reuniones.

El éxito será consecuencia de la buena motivación y la enseñanza que haya logrado transmitir un líder de carácter audaz y compasivo respecto de aquellos que sufrirán el impacto de las decisiones ejecutivas. No lo olvide nunca.

UNA ÚLTIMA OBSERVACIÓN SOBRE LA TUTORÍA

Esta última observación merece toda su atención. Créalo o no, usted no está obligado a elegir a sus mentores entre aquellas personas que suele frecuentar o puede contactar, y ni siquiera entre personas vivas. En su papel de líder tendrá que aprender a imaginar y subjetivar la sabiduría de los individuos que admira, independientemente de cuándo hayan vivido o del idioma que hablaban. Si ha de afrontar cuestiones financieras que lo agobian, lea una biografía de Andrew Carnegie o Henry Ford.

Descubra cuáles fueron las estrategias y las tácticas que, a pesar de sus orígenes humildes, les ayudaron a alcanzar la cima del éxito financiero. Cuando conozca los hechos relacionados con sus mentores históricos, imagine qué le dirían si les pidiera consejo sobre su situación. Esto puede transformarse literalmente en una forma de meditación: bastará con que cierre los ojos e imagine que tiene una entrevista cara a cara con un mentor del pasado.

Los pasos que seguir que incluimos al final del capítulo contienen más información al respecto. Sin embargo, el primer paso consiste en comprender que cualquiera puede ser –literalmente– su mentor, siempre y cuando usted se tome el trabajo de conocer los hechos de su vida y las herramientas que utilizó para alcanzar el éxito.

PASOS QUE SEGUIR

1. A la hora de crear metas, lo más útil es darse tiempo. En otras palabras, comience con objetivos a muy largo plazo. Redacte una lista de cinco metas como mínimo que le gustaría haber alcanzado al final de su vida. Trate de que sean lo más precisas posible. Por ejemplo, no escriba solamente que quiere viajar. Haga una lista de los destinos específicos. Luego tómese tiempo para identificar por lo menos cinco metas a medio plazo (que alcanzarlas suponga entre dos y diez años) y otras cinco a corto plazo (que requieran menos de dos años para cumplirse). Una vez hecho esto, establezca un plazo límite para cada una y comience a actuar en consecuencia. No olvide que el éxito tiene lugar una sola ocasión cada vez.
2. Haga una revisión de su vida y registre cuáles fueron los mentores que le influyeron positivamente. Escriba sus nombres y

adjunte los logros obtenidos gracias a su estímulo. Luego –si todavía no lo ha hecho– dedique tiempo a llamarlos o escribirles: hágales saber cuánto han influido en su vida. Expresar gratitud es una poderosa manera de atraer acontecimientos todavía más grandes a su vida.

3. Dedique tiempo a meditar sobre un mentor. Encuentre un lugar cómodo donde pueda permanecer sentado durante quince minutos al menos y sin ser molestado. Quizá desee escuchar una música suave y tranquilizadora; quizás prefiera permanecer en silencio. Para empezar, redacte una lista de los rasgos que busca en un mentor. Luego afirme su intención de conectarse con ese mentor ideal. Respire hondo varias veces seguidas y calme su mente. Permanezca sentado inmóvil hasta que acudan a la mente nombres, caras, imágenes o ideas. Si no le viene nada a la mente, repase su lista de rasgos y vuelva a calmarse. No se preocupe si no evoca una imagen de inmediato. En el transcurso de la semana alguien le vendrá a la mente. Una vez más: si no es así, tal vez le convenga investigar un poco en la Web o leer biografías y autobiografías. Confíe en que su compromiso de hallar un mentor bastará para orientarlo en la dirección correcta.
4. Piense en las personas con quienes se siente conectado y de quienes se sentiría honrado de ser mentor. Registre sus nombres y escriba distintas maneras de llegar a ellas e iniciar el proceso.

CAPÍTULO 5
La impronta del talento para el liderazgo

No limite sus manifestaciones de interés a las personas aparentemente importantes en su vida. Es muy probable que ya les esté prestando suficiente atención.
Dale Carnegie

¿Alguna vez se ha parado a pensar que el perro es uno de los pocos animales que no debe trabajar para ganarse la vida? La gallina tiene que poner huevos, la vaca tiene que dar leche, y el canario tiene que cantar. Pero el perro se gana la vida dando amor. Los perros son la luz y la alegría de la vida de muchísimas personas. Como compañeros, siempre están muy interesados en su dueño y lo aman incondicionalmente. Más allá de su estado de ánimo, o de cómo enfoque usted la vida, su perro siempre lo recibirá con saltos de júbilo y ladridos de éxtasis por el solo hecho de verlo aparecer.

Los perros nunca leen libros de psicología. No tienen ninguna necesidad de hacerlo. Saben por instinto divino que se pueden hacer más amigos en dos meses interesándose genuinamente por los demás que en dos años de intentar que los demás se interesen por usted. Esta verdad de hecho merece ser reiterada: usted puede hacer más amigos en dos meses interesándose genuinamente por los demás que en dos años de intentar que los demás se interesen por usted.

No obstante, todos conocemos personas que pasan por la vida intentando que los demás se interesen por ellas. Por supuesto que eso jamás funciona. Los demás no están interesados en usted. No están interesados en mí. Están interesados en sí mismos.

En este capítulo debatiremos cómo reconocer el talento, no sólo en los demás, sino primero y principalmente en usted mismo. Éstas son las características que un verdadero líder transmite a todo aquello que hace, ya se trate de una tarea particular, un puesto de trabajo, una empresa e incluso una familia.

¡TRANSMITA!

Un líder habla como líder. No todos hablan de la misma manera, pero todos los líderes observan ciertas capacidades de comunicación que los distinguen del resto de los miembros del equipo. Transmiten su competencia de una manera sumamente eficaz. Cuando un buen líder habla, las tropas comprenden cuanto dice y están dispuestas a poner en práctica sus ideas.

Las personas que pueden expresarse bien son una especie cada vez más rara, lo cual hace que las cualidades de una buena comunicación sean cada vez más valiosas. Uno no sólo es evaluado por lo que dice, sino por cómo lo dice. Por ejemplo, cuando usted lidera una reunión debe poder presentar sus ideas con claridad y darse a entender desde el primer momento. Más aún: tenga presente que, más allá del contenido de lo que esté diciendo, usted mismo es el mensaje. Si los miembros del equipo abandonan la sala de reuniones con una impresión positiva de usted en tanto que ser humano, eso fortalecerá la información que intentó comunicarles, sobre todo si lo hizo de una manera potente.

A veces resulta útil pensar la comunicación como un juego. Para triunfar en cualquier juego, primero hay que aprender a jugar. En otras palabras: ¿cuáles son las reglas?

Las reglas de la buena comunicación se parecen mucho a las reglas de la buena conducción. Primero y principal, debemos saber quién está detrás del volante. Cuando usted habla frente a un grupo, es como si estuviera detrás del volante de un automóvil atestado de gente, o tal vez incluso de un ómnibus. Usted es el único que puede pisar el acelerador o apretar el freno. Usted está a cargo y sus pasajeros no pueden hacer prácticamente nada al respecto. No obstante, a usted le interesa que el viaje sea lo más grato posible. Por lo tanto, no vaya demasiado rápido ni demasiado lento. No haga durar el viaje más de lo debido. Y si decide tomar la ruta panorámica... ¡asegúrese de que realmente lo sea!

Una conversación de persona a persona se parece más a conducir por la ciudad solo en su coche. Los demás conductores serían sus compañeros de conversación. Usted debe tener conciencia de su presencia y sus necesidades, tal como es consciente de las suyas propias. Debe detenerse en los semáforos rojos y dar prioridad de paso cuando así corresponda hacerlo. No puede actuar como si no hubiera nadie. Las personas que hablan sin parar son como esos coches que van demasiado rápido. Pero tampoco es bueno ir demasiado despacio. Tanto el hecho de conducir bien como el de comunicar eficazmente requieren una combinación de autoconciencia y consideración hacia quienes nos rodean. Lamentablemente, tal vez la gente no necesita licencia para empezar a hablar.

Una vez que conozca las reglas de la comunicación oral –y empiece a obedecerlas– tendrá que apelar a tres recursos básicos para tornarse verdaderamente eficiente. No se trata de meras técnicas de oratoria. Son, más bien, principios fundamentales del carácter. Son los fundamentos que subyacen a todo lo que usted dice.

El primer principio es la competencia. Un líder realmente competente debería ser capaz de hacer, literalmente, todos los trabajos que se realizan en la empresa. Usted no puede limitarse a ser experto en *marketing*: también ha de saber sobre finanzas y operaciones y acerca de todo lo demás. No hay nada que produzca más vergüenza que un directivo de una empresa automovilística que no sabe cómo revisar el aceite de un coche o un ejecutivo de software que no puede adjuntar un archivo a un correo electrónico.

El segundo principio es la claridad. Para poder comunicar a otros su visión, antes habrá de tenerla muy clara en su mente. Los líderes fuertes tienen ideas claras respecto del rumbo que debe tomar su empresa o su industria. En una escala todavía más grande, pueden ver hacia dónde se dirige la economía en su conjunto y guiar a su empresa en concordancia con sus previsiones.

La visión y la dirección de una empresa no se crean en el vacío. Los líderes deben conocer las tendencias históricas, la situación actual y lo que puede deparar el futuro.

Una vez instaurados los principios de competencia y claridad, el proceso real de comunicación puede comenzar. A menudo las ideas y las visiones del líder son nuevas, claras pero complejas, y no necesariamente fáciles de transmitir. Sin embargo, si el líder y su empresa quieren alcanzar el éxito, el líder tendrá que aprender a difundir su visión.

Competencia, claridad y comunicación: las tres «C». Los líderes ingeniosos las dominan naturalmente. Los líderes no tan ingeniosos pueden llegar a dominarlas mediante el trabajo arduo y la experiencia. La lección clave es: los líderes saben cómo transmitir lo que tienen en la cabeza (y en el corazón) a todos y cada uno de los miembros de su equipo.

Jeff Winston triunfa sobre un oponente formidable

La experiencia de Jeff Winston lo ha convertido en una suerte de experto en todas estas áreas. Hace diez años, cuando recién salía de la universidad, se presentó a una entrevista en una de las principales revistas de noticias del país. Fue contratado y ocupó muchos puestos diferentes durante una década. Primero le asignaron la misión de comprobar los hechos, después fue investigador, después reportero y finalmente editor. Ahora lo han nombrado gerente editorial de una nueva publicación en el campo de la alta tecnología. Es una gran oportunidad para liderar en una nueva dirección.

Jeff está orgulloso de su nuevo puesto, pero también sabe que se lo ha ganado. En los últimos diez años subió, uno por uno, todos los escalones de la escalera. Cuando lo nombraron editor en la revista de noticias, Jeff sintió que la mayoría de sus colegas lo apoyaban y alentaban. Sin embargo, advirtió cierta tensión en su relación con uno de los editores que a partir de su nombramiento debía rendirle cuentas: un hombre para el cual había trabajado antes, durante sus primeros años en la revista. Jeff recuerda que era un escritor y editor con mucho talento, pero que jamás pudo alcanzar los puestos jerárquicos que creía ocupar legítimamente.

«Cuando me dieron uno de esos puestos, se convenció de que me lo habían dado por razones políticas y no por mi capacidad real para ocuparlo. No me lo dijo abiertamente, pero otras personas me dijeron lo que pensaba.» Jeff trató de impedir que eso lo perturbara, pero estaba enfadado con el otro editor. Sin embargo, cuanto más pensaba en ello, más comprendía que la verdadera falla probablemente residía en él.

Si el otro editor no lo consideraba digno del ascenso, sólo podía deberse a que no reconocía el talento real de Jeff. Pero no era responsabilidad suya reconocer el talento de Jeff. En cambio, Jeff tenía la responsabilidad de hacer que su talento fuera reconocido y quedara más allá de toda duda. Con esa impronta, Jeff comenzó a trabajar duro en su nuevo puesto de editor en jefe. Ayudó a encontrar y desarrollar ideas. Pasó muchas horas hablando con los escritores, los editores de los distintos departamentos y los directores de arte. Se interesó sinceramente en todo el contenido editorial diverso que estaba bajo su responsabilidad, incluyendo temas como la medicina, los medios, la religión y el estilo de vida. Aunque no era precisamente fácil, hizo un esfuerzo especial para trabajar bien con el hombre que había cuestionado su capacidad.

Un buen día, cuando Jeff ya llevaba seis meses en el puesto, el editor que lo había cuestionado se presentó espontáneamente en su oficina. Era un hombre mayor que había adquirido autoridad real en la revista y no tenía miedo de ejercerla, independientemente del puesto que ocupara. De modo que una tarde irrumpió sin golpear en la oficina de Jeff y se dejó caer en la silla frente a su escritorio.

«Tengo que decirte algo, Jeff», dijo en voz baja. «Cuando te dieron este puesto, yo me manifesté en contra. Pensaba que eras demasiado joven, que te faltaba experiencia y que sólo se debía a que habías cursado tu carrera en una universidad de la Ivy League. Pero realmente me impresiona el interés que has mostrado en desarrollar contenidos entre los escritores y editores de los distintos departamentos, incluido yo mismo. He trabajado con muchos editores en jefe y puedo decirte que lo único que les interesaba del puesto era usarlo como escalón hacia el próximo nivel. Sin embargo, para mí está claro que tú realmente te has comprometido con el trabajo. Muestras tu compromiso a diario y además tienes talento.»

Hoy en día, en su nuevo puesto en la revista de negocios, Jeff puede reconsiderar ese encuentro con cierta perspectiva. Puede ver el problema que lo produjo y también puede ver que sus esfuerzos positivos evitaron una situación potencialmente difícil. Si quieres que los demás te tomen en serio, tienes que tomarlos en serio, dice Jeff. Más allá de que uno llegue de la calle para hacer una entrevista o sea ascendido a un nuevo puesto ejecutivo, siempre tendrá que demostrar que juega limpio y en un plano de igualdad. Si logra hacer eso, sus talentos serán evidentes y valorados por todos, sin interferencia alguna de las emociones negativas ajenas.

MANIFIESTE INTERÉS EN LOS DEMÁS

Éste es un principio básico de la filosofía Dale Carnegie. Expresar interés por los demás es la mejor manera de lograr que los otros se interesen en usted. La gente no puede evitar responder al genuino interés del prójimo en ella. Éste es un principio fundamental que los líderes deben buscar en otros y manifestar ellos mismos. Interesarse genuinamente es el único talento básico que hace posibles los demás talentos. Si usted posee ese talento, no conocerá límites a la hora de avanzar. Si no lo posee, es poco probable que los demás reconozcan el resto de sus capacidades.

Hay muchas maneras de expresar interés en las personas, y la mayoría de ellas no requieren otra cosa que un poco de atención focalizada. Y cuanto más alto suba usted en la escalera del liderazgo, más importancia adquirirá ese hábito. Mostrar que los demás le importan no es una señal de debilidad o de falta de autoridad en un líder. Por el contrario, es la evidencia misma del verdadero talento para liderar. Es una prueba de que usted merece estar donde está.

Puede ser tan simple como atender el teléfono con voz amable, con una voz que diga «me alegra tener noticias suyas». Cuando se encuentre con alguien, salúdelo con auténtico placer. Sonría, pregunte los nombres de sus colaboradores y escríbalos y pronúncielos correctamente. Cuando le presenten a alguien, escriba esta información lo más pronto posible. También téngalo presente cuando alguien muestre la misma deferencia e interés hacia usted. Esa persona no sólo está siendo amable: también está demostrando su potencial de líder. Sobre todo, no limite estas manifestaciones de interés a las así llamadas «personas importantes».

En primer lugar, es probable que ya reciban suficiente atención. En segundo lugar, esa persona que hoy es considerada importante puede dejar de serlo mañana o pasado mañana, sin ir más lejos. No olvide a los asistentes, recepcionistas, mensajeros y todos aquellos individuos que mantienen en marcha la empresa. Una vez más: cuando vea que alguien muestra esta clase de consideración hacia otros, sígale el rastro. Es probable que esa persona ya esté en condiciones de asumir responsabilidades mayores.

El director de operaciones de una empresa de servicios alimentarios de Minnesota tuvo una interesante experiencia en este aspecto. Estando en la cafetería de la empresa, escuchó sin querer una conversación entre un gerente de nivel medio y un jefe de departamento. Según parece, el gerente estaba pasando por un mal momento en su vida personal y eso afectaba su desarrollo laboral. El jefe de departamento lo escuchaba atentamente, dejando que el otro expresara sus sentimientos con la mayor libertad posible. Luego le hizo algunas sugerencias muy prácticas y útiles, mostrando claramente su interés personal en el asunto.

Basándose en esta conversación, el director de operaciones eligió al jefe de departamento para manejar una negociación muy difícil que estaba a punto de empezar con un nuevo cliente muy importante. Fue un paso hacia delante para el jefe de departamento. También fue una oportunidad para la empresa, en el sentido de utilizar talentos que quizá no aparecen en el currículum vitae de un empleado o en la revisión anual de su trayecto profesional. Estas muestras de interés son los ladrillos fundamentales de las relaciones exitosas, tanto en el nivel personal como profesional. Son los momentos que afirman: «Eres importante para mí. Me interesas, quiero saber más, y me importas». La mayoría de los que vivimos en este mundo queremos experimentar eso… y los maestros del liderazgo se aseguran de complacernos.

Preocuparse por otros hará que mantenga una actitud positiva

Una vez iniciado este proceso, se volverá rápidamente parte natural de su estilo de liderazgo. Sin darse cuenta, y por el solo hecho de expresar interés, comenzará a interesarse más y más de modo natural por las personas que lo rodean. Más aún: el interés genuino en otros es una de las mejores maneras de superar las preocupaciones o los malestares que puedan perturbarlo en el plano personal. Cuanto más se concentre en los otros, menos pensamientos negativos tendrá.

Harvey Mackay, autor de best-sellers, hizo una larga carrera en la industria de los sobres. Allí fue donde aprendió muchas de las lecciones que han hecho que sus libros y artículos fueran tan perceptivos. Mackay recuerda a un vendedor al que jamás había considerado particularmente dinámico o competente a pesar de sus muchos años de experiencia en la empresa. Pero, en cierta ocasión, Mackay dice lo siguiente: «Recuerdo que me dijo que uno de sus compradores acababa de tener una hija. Y ese vendedor fue a comprar un regalo. Pero no para la nueva bebé, sino para su hermanito mayor, un niño de tres años que seguramente estaría empezando a sentirse celoso».

Prosigue Mackay: «Ese solo gesto concienzudo y creativo me dejó pasmado. De la noche a la mañana dejé de considerarlo un empleado promedio. Ahora es uno de nuestros mejores gerentes de ventas regionales».

EL LIDERAZGO EFICAZ REQUIERE ALGO MÁS QUE UN BUEN DESARROLLO

Inversamente, el vicepresidente del Bank of America aprendió en carne propia la importancia de interesarse genuinamente por los demás. Había comenzado su carrera con una velocidad impresionante en una firma inversionista, inmediatamente después de graduarse en la universidad hacia finales de la década de 1980. Mucho más rápido de lo que esperaba, descubrió que tenía un amplio apartamento en San Francisco y un Mercedes en el garaje. «Pensé que lo tenía todo y quise que los demás se enteraran», dice hoy. «Me iba muy bien, pero cuando conocimos la recesión en 1990 mi jefe me llamó a su despacho y me dijo que iban a despedirme.

»Me quedé pasmado y le recordé todo el trabajo que, con eficacia, había hecho para la empresa, pero mi jefe negó con la cabeza», recuerda el ejecutivo. «"No es cuestión de números", dijo el jefe. "Eso es desarrollo, pero no sólo estamos buscando un buen desarrollo. Necesitamos talento para el liderazgo. A la gente no le gusta trabajar con usted. Me temo que tendremos que desvincularnos". Me cayó como un jarro de agua helada», dice el ejecutivo. «Yo me creía el Señor Éxito y acababan de despedirme y la recesión se estaba acercando. Tardé un año entero en conseguir otro empleo.»

Un ejecutivo de *marketing* que tenía su propia empresa a nivel nacional cuenta una historia todavía más dramática: «Tenía cuarenta oficinas en todo el país y en Canadá», dice. «Estaba constantemente en contacto con mis empleados en los distintos mercados y me gustaba plantearles desafíos. A veces le decía a un tipo de Atlanta que tendría que mudarse a Boston o le decía al tipo de Boston que debía empezar a buscar casa en Phoenix. Abusaba increíblemente de mi poder.»

Hasta que un día llegaron cuarenta sobres juntos por correo expreso. Dentro de cada sobre había un manojo de llaves. «Toda mi empresa se había puesto de acuerdo para abandonarme el mismo día. Literalmente, quedé fuera del negocio. Tardé varios años en recuperarme, pero en realidad estoy agradecido por lo que me sucedió. Me lo tenía merecido, y créanme que jamás volverá a ocurrir.»

PASOS QUE SEGUIR

1. Haga una lista de cinco personas con quienes mantenga contacto regular en su vida profesional. Pueden ser clientes, colegas, proveedores y hasta competidores. Quizá nunca los haya considerado particularmente ingeniosos, pero cada uno de ellos tiene cualidades únicas y muy especiales. Los maestros del liderazgo lo saben y están decididos a desarrollar los auténticos dones naturales de todos los que los rodean. A continuación de cada nombre, escriba por lo menos tres de las capacidades únicas de cada individuo de la lista.
2. Después de haber identificado las cualidades que ve en otros, haga una lista de cinco de sus propios puntos fuertes naturales. A continuación de cada uno, describa una ocasión específica

en la que lo haya puesto en práctica. Usted incluso podría no ser consciente de algún don especial que posee. Sin embargo, si se concentra en los dones naturales que ha sabido emplear con éxito, empezará a tomar conciencia de oportunidades similares a medida que se vayan presentando.

3. Los dos relatos incluidos al final de este capítulo recuerdan, sin poner paños fríos, ciertos momentos en que el buen desarrollo laboral sencillamente no basta. ¿Usted recuerda una situación similar en la que su interés por sí mismo haya oscurecido su interés por los demás y le haya impedido destacarse en un momento determinado? De ser así, escriba cómo fue y luego redacte una lista de las cosas que podría haber hecho para modificar ese resultado. Si bien es fácil reconocer los errores una vez cometidos, no obstante es útil revisarlos en retrospectiva para mejorar nuestras posibilidades futuras.

CAPÍTULO 6
Las cuatro cualidades de los maestros del liderazgo

La mejor manera de hacer que otro se entusiasme con una idea... es entusiasmarse uno primero. Y demostrarlo.
Dale Carnegie

Si bien expresar un interés sincero en los demás es una cualidad esencial para el dominio del liderazgo, esa capacidad puede manifestarse de muchas maneras específicas en cualquier punto de su carrera. Para empezar, existen ciertos rasgos de carácter muy claros que identifican a los maestros del liderazgo y les permiten convocar a otros, más allá de que estén esperando una entrevista de trabajo frente a la puerta de una oficina o sentados detrás del escritorio en una suite ejecutiva. Esas cualidades son el optimismo, la alegría, la creatividad y la capacidad de superar los reveses. Analizaremos estas cualidades una por una a lo largo de este capítulo, y ofreceremos sugerencias para que pueda integrarlas a su estilo personal de liderazgo.

OPTIMISMO

Después del interés sincero por los demás, el optimismo es el elemento más importante del talento para el liderazgo. Ello no es nada nuevo, y de hecho fue el tema de un best-seller del psicólogo Martin Seligman. En *Learned Optimism,* Seligman demostró que un elevado porcentaje de individuos exitosos compartía una característica clave: la creencia en que las cosas saldrían bien. Esto era más importante que la formación profesional, las conexiones comerciales o los recursos financieros. Más interesante aún: era más importante que tener razón. Los pesismistas pueden tener razón al pensar que un emprendimiento terminará mal dadas las circunstancias, pero esa certeza respecto del futuro sólo los induce a la inactividad en el presente.

Por otra parte, los optimistas se niegan a aceptar un «no» como respuesta. Vuelven a embestir. Cuando las cosas van mal, no creen que se deba a las leyes que rigen el universo. En cambio, lo consideran un revés pasajero. Era difícil ser optimista a comienzos de los ochenta, cuando Thomas J. Peters y Robert H. Waterman empezaron a trabajar en su libro *In Search of Excelence.* Las empresas norteamericanas estaban recibiendo una paliza de la competencia en todo el mundo y se tenía la percepción general de que los buenos tiempos tal vez habían quedado atrás para siempre.

Sin embargo, para Peters y Waterman era una oportunidad inmejorable de aprovechar el poder del optimismo. Muchos escritores y periodistas se dedicaban a mostrarnos todo lo que estaba mal. Sin embargo, *In Search of Excellence* se concentraba en decirnos lo que estábamos haciendo bien. Los autores buscaron las empresas norteamericanas más exitosas en una variedad de industrias y documentaron exhaustivamente los pasos dados por esas empresas en dirección al éxito. Resultó ser que el editor de *In Search of Excellence* era menos optimista que los protagonistas del libro y que sus propios autores. La primera tirada fue de sólo 10 000 ejemplares, tan pequeña que justificó la falta de publicidad y promoción por parte del editor.

No obstante, Peters y Waterman eran optimistas respecto de su libro y también mostraron un verdadero dominio del liderazgo en la solución que encontraron para ese problema. Si sólo pensaban imprimir 10 000 libros, los autores decidieron hacer 15 000 fotocopias del manuscrito y regalarlas. Y eso fue exactamente lo que sucedió, a pesar de las contundentes objeciones del editor.

El libro terminó siendo unos de los best-sellers de negocios más grandes de todos los tiempos. Por supuesto que su inmenso éxito se debió al hecho de que Peters y Waterman creyeran en él y se mostraran dispuestos a actuar guiados por su optimismo a rajatabla.

El optimismo es una elección consciente

Un comerciante de artículos electrónicos de Milwaukee recuerda un diálogo con un colega, quien estaba muy preocupado porque iban a abrir una tienda rival en la vereda de enfrente. Mientras hablaban, el más experimentado de los dos hizo algunas reflexiones interesantes. Primero, el nuevo comercio demoraría por lo menos seis meses en abrir sus puertas al público. Segundo, cualquier tienda exitosa y bien consolidada tiene una tremenda ventaja sobre los recién llegados y ése era el caso de la primera tienda, que estaba en el barrio desde hacía más de diez años. Y ya contaba, por lo tanto, con la lealtad y la buena voluntad de los clientes.

Entonces, ¿por qué el comerciante tenía tanto miedo de que se le cayera el cielo encima? Sus percepciones no estaban basadas en la realidad. Eran pesimismo liso y llano, y un perfecto ejemplo de cómo conducirse en la dirección equivocada. Los maestros del liderazgo piensan, saben y sienten que van a conseguir el empleo. Que van a recibir el ascenso. Que van a cerrar trato y que van a tener más éxito que el año anterior, pero no tanto como el próximo. ¿Es éste el enfoque positivo que usted desea implementar en todas las áreas de su vida? Si no es así, por favor préstele un poco de atención y tenga optimismo en que su actitud pronto cambiará.

ALEGRÍA

La alegría es compañera natural del optimismo y merece cierta reflexión por derecho propio. Por razones que pueden no ser del todo claras, la gente a menudo asocia las maneras serias o incluso tristes con la inteligencia. Tal vez suponen que alguien que parece serio o preocupado debe saber algo que el resto de nosotros desconoce. En cualquier caso, la conexión entre melancolía y sabiduría es desafortunada e improductiva, y además no es compartida por la gente de todo el mundo.

En China, por ejemplo, la felicidad está asociada con la inteligencia y la tenacidad, particularmente cuando la gente ya es madura. Una persona que ha afrontado las pruebas de la vida y conserva la capacidad de ser feliz debe ser una persona fuerte, un sobreviviente, alguien calificado para liderar. De hecho, los maestros del liderazgo se ocupan de transmitir alegría a todos en el ámbito personal y profesional.

La importancia de la alegría quedó muy clara en un encuentro entre el presidente ejecutivo de una exitosa compañía de seguros y un gerente de la organización. En una reunión privada en la oficina, el más joven de los dos se mostró preocupado e incluso sombrío. «¿Cuál es el problema?», preguntó el director de la compañía. «¿Hay algún problema?» «Bueno, señor, me temo que lo hay», dijo el gerente. «Las cifras de las ventas de este trismestre han bajado mucho, muchísimo.» Miró titubeante al presidente ejecutivo, sin saber muy bien qué esperar. Para su gran sorpresa, el hombre permanecía perfectamente compuesto y alegre. «Es una excelente noticia», dijo el presidente ejecutivo. «En verdad excelente, estoy muy complacido.» El gerente no podía disimular su perplejidad. «¿Pero cómo puede ser una excelente noticia? Acabo de informarle que las cifras de las ventas son muy bajas y usted parece alegrarse.» «Tiene razón, estoy contento», dijo el presidente ejecutivo. «Porque ya he oído esta clase de noticia antes y sé que siempre es algo pasajero. A decir verdad, es una excelente oportunidad para implementar cambios que resultarán sumamente provechosos en el futuro. Pero, lo que es incluso más importante: para mí es una cuestión de disciplina personal reaccionar siempre con alegría ante las malas noticias. Porque, aunque no pueda encontrar el hilo de luz entre los nubarrones en ese preciso momento, sé que una respuesta bien intencionada maximiza mis probabilidades de encontrarlo lo más pronto posible. Sé que la solución está allí y sé que la dificultad me hará más fuerte y más exitoso en el futuro. Entonces ¿por qué no habría de alegrarme?»

George promete y entrega alegremente

Tomemos el ejemplo de George, uno de los ejecutivos más exitosos, enérgicos y amantes de la diversión de los Estados Unidos. George obtiene ganancias superiores al billón de dólares como presidente ejecutivo y presidente de una fábrica de componentes para ordenadores. Poco después de iniciar su carrera en la empresa fabricante de oredenadores, se reunió con los altos ejecutivos de una gran compradora y distribuidora de componentes para ordenadores. Durante la reunión, los altos ejecutivos le dijeron a George que jamás le comprarían componentes a una empresa de nueva planta que aún no había consolidado su credibilidad.

George respondió con una gran sonrisa. Luego preguntó cuáles eran las capacidades de la tecnología que la empresa más grande estaba usando en aquel momento. Al escuchar la respuesta, la sonrisa del emprendedor se hizo todavía más amplia y prometió que dentro de un año volvería de nuevo con un componente por lo menos diez veces más potente que el que acababan de describir. Y eso fue exactamente lo que ocurrió.

Los maestros del liderazgo no sólo están preparados para hacer lo que sea necesario: además están felices de hacerlo y de poder estar a la altura de los desafíos.

Todos nosotros tendremos que afrontar altibajos, y algunos serán muy serios, pero el verdadero talento del líder es la capacidad de observar una actitud positiva aun cuando las cosas parezcan andar mal. En suma, ser sombrío no es una señal de inteligencia; y ser alegre ante la adversidad no es, en absoluto, un indicador de ignorancia. Por el contrario: es una señal de dominio del liderazgo.

CREATIVIDAD

El tercer aspecto del talento para el liderazgo es la creatividad. Podemos definir la creatividad como la habilidad de extraer algo valioso de algo de menor valor. Yendo un poco más lejos, la creatividad es la habilidad de extraer algo valioso de nada. Por lo tanto, si alguien está enfadado y lo insulta, transformar el disgusto del otro en amistad podría considerarse un acto creativo.

Es improbable que la animosidad entre dos personas produzca algo positivo, pero dos amigos que trabajan juntos pueden obrar milagros.

Una forma diferente de creatividad se produce cuando un sueño se hace realidad, cuando una idea se transforma en un objeto tangible que puede beneficiarlo a usted o quizás al mundo entero. Tal vez ésta sea la expresión creativa por antonomasia, dado que los deseos, los pensamientos y los sueños son los fundamentos de toda realidad.

Un ratón se transforma en icono famoso

Observemos por un momento cómo se manifestó el proceso creativo en uno de los verdaderos fundadores de la cultura popular contemporánea. Como ocurre con cualquier pensamiento o cualquier sueño, los orígenes son difíciles de señalar en el mapa, en el calendario o en la mente del soñador. Según una versión, un joven artista llamado Walter E. Disney encontró una familia de ratones en su estudio y decidió convertirlos en personajes de historieta. Otra versión dice que Disney pasó toda la noche despierto durante un viaje en tren debido a los crujidos de la madera de su camarote. Eso sonaba como un coro de ratones a sus oídos... y así fue como nació el Ratón Mickey. Nadie sabe la verdad, pero una cosa es indudable. Mucho después, tras la construcción de Disneylandia y la producción de docenas de películas de éxito, a Walt Disney le gustaba recordarle a la gente que todo había comenzado con un ratón.

Lo que en realidad quería decir, por supuesto, era que todo había surgido de la idea de un ratón. Y si hablamos de extraer algo de nada... qué mejor ejemplo que la idea de un ratón transformada en un imperio comercial multibillonario en dólares. Es probable que ni siquiera la palabra *talento* le haga justicia al fenómeno. Habría que llamarlo *genio*.

LA CAPACIDAD DE SUPERAR LOS REVESES

La vida de Walt Disney también ilumina el cuarto aspecto de la aptitud para el liderazgo. Es la resiliencia o la capacidad de recuperarse de los reveses y las desilusiones (o, en el caso de Disney, de los fracasos lisos y llanos). Agobiado por las enormes deudas ocasionadas por el fracaso rotundo de su compañía de animación Laugh-O-Gram en Kansas City, Walt Disney se mudó a California y buscó trabajo. No pudo encontrarlo, pero no arrojó la toalla. En cambio, fundó una nueva empresa cinematográfica con su hermano mayor, Roy.

Sus primeras dos películas de dibujos animados fueron un fracaso comercial y Walt Disney incluso perdió los derechos de la segunda debido a una decisión comercial ingenua. Entonces apareció la familia de ratones en el estudio y/o la madera crujiente en el tren. El Ratón Mickey cobró existencia, o no del todo. Disney originalmente quería que se llamara Mortimer, pero su esposa lo convenció de no bautizarlo así. Por lo tanto, tal vez haya sido ella la verdadera creadora del personaje. En cualquier caso, Walt Disney creó algo que condujo a millones de personas durante varias generaciones a seguir el camino de sus sueños. Ésta es una forma única de dominio del liderazgo, sobre todo porque los liderados se divertían muchísimo.

Interesarse sinceramente en los demás, optimismo, alegría, creatividad y capacidad para trascender la decepción e incluso el fracaso. Éstas son las marcas de fábrica del talento para el liderazgo. Aprenda a reconocerlas en otros. Búsquelas en usted mismo y, si descubre que no las tiene, haga todo lo que esté en sus manos para desarrollarlas… empezando hoy mismo.

EL LÍDER MARCA EL TONO

Los líderes eficaces marcan el tono para toda la empresa. No es cuestión de saber más que el resto de los mortales. Hay muchísimos líderes que no son los grandes expertos de sus compañías. Pero sí es cuestión de trabajar duro, cosa que cualquiera puede hacer. Sea el primero en llegar a su puesto de trabajo y el último en marcharse. Si puede hacer eso, ya estará a años luz de la mayoría de los gerentes porque se habrá ganado el respeto de los miembros de su equipo. Aplique el mismo principio a todas sus actividades de rutina. Si espera que su fuerza de ventas haga 50 llamadas telefónicas por día, usted haga 100. No se trata de enviar cohetes al espacio exterior. Se trata de «liderar con el ejemplo».

Nadie puede desacreditar a un líder si es el individuo que más trabaja en la empresa. Y muy pocos podrán igualar sus resultados. El trabajo arduo siempre derrota al talento perezoso, y el trabajo arduo de un individuo ingenioso es el gran vencedor de todas las contiendas. De modo que ponga el despertador. Póngalo bien temprano.

HABLE SUAVEMENTE (Y LO MENOS POSIBLE)

A menudo, la mejor manera de ejercer la autoridad es simplemente mantener la boca cerrada. Muchas personas caen en el error de pensar que la persona más inteligente es aquella que habla más o que habla todo el tiempo. El que acapara el micrófono debe ser el líder, ¿no es así? Bueno, en realidad no. El verdadero líder no es el individuo que habla más. Es la persona que necesita decir menos.

Esto es especialmente cierto en las reuniones y las presentaciones. Si usted está en una posición de liderazgo y quiere proyectar una imagen de confianza en sí mismo y madurez, concéntrese en lo que dicen los otros y guarde silencio. Deje que todos se queden sin combustible. Luego, cuando por fin hable, sus palabras serán portadoras de la máxima autoridad. En vez de tomar decisiones o hacer declaraciones apresuradas, absorba la mayor cantidad de información posible. Es sorprendente la cantidad de errores que uno evita cometer si pasa más tiempo escuchando que hablando.

Muchas veces encontrar la mejos solución para un problema implica pasar mucho tiempo escuchando el punto de vista de otros antes de formarse una idea al respecto. Si puede, tenga la última palabra en la reunión después de haber reunido la mayor cantidad de información posible. Es una manera eficaz de proyectar liderazgo.

En la conversación cotidiana, la mayoría de la gente apenas puede esperar para compartir sus puntos de vista sobre una docena de tópicos: cine, deportes, música, comida, lo que sea. Pero elegir cuidadosamente las palabras no es tan importante en la conversación cotidiana, y las consecuencias de equivocarse sobre el resultado de un partido de fútbol son menores. No obstante, si usted ocupa una posición de liderazgo en el mundo de los negocios, sabrá que las reglas cambian significativamente.

Éste es otro error bastante común. A veces las personas confunden la relación entre preguntas y respuestas. Cuando un líder hace muchas preguntas, eso no significa que esté inseguro o confundido. Por el contario, los líderes hacen preguntas porque necesitan información para luego poder tomar la mejor decisión posible. Los mejores líderes aprenden a formular montones de preguntas para llegar a la raíz de los problemas. Saben cómo y dónde excavar. La mayoría de las decisiones de liderazgo resultan obvias cuando el gerente consigue averiguar suficientes datos sobre la situación en juego. Por otra parte, demasiados problemas quedan sin resolver cuando las respuestas parecen más obvias de lo que son en realidad.

Por ejemplo, si un proyecto se ha demorado y aparentemente nadie sabe por qué, no pregunte: «¿Quién es el responsable de esto?». En cambio, rastree la secuencia completa de los acontecimientos. Vea si detrás del trabajo no realizado existe un problema más grande. Los gerentes que no están dispuestos a formular las preguntas más profundas, o que sencillamente no pueden formularlas, pasan por alto muchos temas subyacentes.

Cuando haya obtenido la información requerida, actúe con audacia. Los líderes eficaces toman decisiones sin temor. El exceso de cautela no contribuirá, por cierto, a resaltar la importancia de su decisión y su autoridad como líder.

Lo cual no quiere decir que usted no pueda cambiar jamás de opinión. Pero si lo hace, asegúrese de que los cambios sean pocos y espaciados entre sí y sólo cuando las circunstancias así lo requieran. Cuando un líder cambia de opinión, siempre provoca un efecto dominó. Si usted cuestiona su decisión anterior, los miembros de su equipo podrían cuestionar también la próxima.

No se preocupe si a veces debe fingir saber lo que está haciendo, sobre todo si acaban de ascenderlo o si acaba de incorporarse a una nueva empresa. Todo el mundo lo ha hecho alguna vez. Hasta cierto punto, el liderazgo es una prueba de fuego. Los libros y las clases ciertamente pueden ayudar, pero el verdadero liderazgo es una capacidad que se adquiere con la experiencia. Es cuestión de saber comunicar bien y de proyectar confianza en sus propias habilidades. ¡Requiere práctica!

LA HISTORIA DE JOSEPHINE CARNEGIE

Josephine Carnegie, la sobrina de Dale Carnegie, se había mudado a Nueva York para ser la secretaria de su tío. Tenía diecinueve años, había terminado la escuela secundaria dos años antes y su experiencia laboral era apenas superior a cero. La chica llegó a ser una de las secretarias más eficientes que Carnegie conoció en su vida, pero al principio parecía imposible que mejorara. Un día, justo cuando empezaba a criticarla, Carnegie dijo para sus adentros: «Un momento, Dale Carnegie, espera un momento. Doblas en edad a Josephine. Tienes diez mil veces más experiencia que ella en el campo comercial. Entonces, ¿cómo te atreves a esperar que ella tenga tu mismo punto de vista, tu juicio y tu iniciativa? ¿Qué hacías tú a los diecinueve años? ¿Recuerdas los errores estúpidos que cometiste y las tonterías que hacías? ¿Recuerdas aquella vez que hiciste esto otro y aquello?». Tras recapacitar un poco con honestidad e imparcialidad, Carnegie llegó a la conclusión de que el desarrollo promedio de Josephine a los diecinueve años era mucho mejor de lo que había sido el suyo propio a esa misma edad… y eso no era precisamente un cumplido para su sobrina. Entonces, una vez comprendido aquello, cuando quería llamarle la atención a Josephine por un error cometido empezaba diciendo: «Has cometido un error, Josephine, pero Dios es testigo de que no es más grave que muchos de los que yo mismo cometí en algún momento. No has nacido sabiendo. Eso es producto exclusivo de la experiencia, y debo admitir que eres mucho mejor de lo que era yo a tu edad. Yo hice muchas estupideces. Tengo muy poca inclinación a criticarte, o a criticar a otros, ¿pero no te parece que habría sido mejor que hicieras tal y tal cosa?». No es demasiado difícil escuchar el listado de los propios errores y fallas si la persona que hace la crítica comienza por admitir con toda humildad que ella también está muy lejos de ser impecable.

PASOS QUE SEGUIR

1. Redacte una lista de tres preocupaciones, personales o profesionales, que deba afrontar en el presente. ¿Cómo cree que podría resolverlas? Describa por escrito y con optimismo la posible solución a cada ítem y luego apréndala de memoria. Avance en esa dirección. ¡Haga que el resultado final sea el mejor que podría obtenerse!
2. Incluya en una lista los nombres de tres de las personas más alegres que conozca. Describa a grandes rasgos un incidente en el que su alegría se haya destacado especialmente. Luego tome nota de lo que puede aprender de cada una, y piense cómo podría incorporar la alegría a por lo menos dos de los grandes desafíos que deba enfrentar en su vida actual.
3. En este capítulo hemos hablado de Walt Disney. Su creatividad y su resiliencia eran notables. ¿Usted alguna vez demostró poseer una resiliencia admirable?
4. ¿Qué oportunidades tiene actualmente para poner en juego los cuatro rasgos que caracterizan al dominio del liderazgo? ¿Qué podría hacer hoy mismo para encaminarse en esa dirección?

CAPÍTULO 7
Aceptar el riesgo

Existe un anhelo casi tan profundo e imperioso como la necesidad de alimento o descanso. Es el deseo de ser grande. Es el deseo de ser importante.
Dale Carnegie

LA FÓRMULA DE DANCOFF

Hace más de cincuenta años, una importante revista de física publicó un artículo de un científico llamado Sidney Dancoff. Si bien Dancoff había trabajado en numerosos proyectos de física nuclear, incluyendo la fabricación de la primera bomba atómica, en los últimos tiempos había consagrado toda su atención a la biofísica (la intersección entre la biología y la física). Sidney Dancoff proponía en ese artículo una fórmula simple y al mismo tiempo profunda. Aunque pretendía describir procesos biológicos de carácter microscópico, la fórmula tenía una importancia obvia para todas las áreas de nuestras vidas.

Es una de esas ideas que nos empujan a preguntarnos: «¿cómo no se me ocurrió antes?». La fórmula de Dancoff, conocida como el principio del valor máximo de error, puede expresarse en los siguientes términos: el desarrollo óptimo tiene lugar cuando un organismo comete el máximo número de errores consistentes con relación a la supervivencia. En otras palabras, cuantos más errores cometa uno, más cerca estará de su mejor individualidad posible... siempre y cuando los errores no lo lleven a la tumba. Por lo tanto, parecería que no hay que evitar los errores no-fatales. De hecho, las personas que quieren desarrollar su máximo potencial tendrían en realidad que cometerlos. La fórmula no promete, de más está decirlo, que los errores serán indoloros. No dice que no nos costarán dinero, ni tampoco que podremos dormir plácidamente por las noches. Sin embargo, dice que si lo seguimos intentando mejoraremos... tarde o temprano. Esto es absolutamente cierto en el plano biológico (el objeto de estudio original de la fórmula), pero es probable que también sea válido emocional e incluso espiritualmente. Por lo menos eso diría un maestro del liderazgo, porque los maestros del liderazgo han cometido muchísimos errores en sus vidas. Cometen errores porque, como todos los líderes, aceptan el riesgo y le dan la bienvenida. Consideran que el riesgo es un requisito básico para triunfar; no sólo para obtener ganancias materiales o financieras, sino también para propiciar su crecimiento como líderes y como seres humanos.

UN AGENTE INMOBILIARIO INCONFORMISTA EN BUSCA DE RIESGOS

Uno de los emprendedores inmobiliarios de mayor éxito en los Estados Unidos era famoso por hacer unas pocas preguntas directas cada vez que alguien le acercaba una propuesta. Antes de seguir hablando, el emprendedor siempre preguntaba: «¿Cuánto podría perder en este negocio? ¿Podría quedar muy mal parado? ¿Cuál es la escala desde el riesgo a la posible recompensa?». Si no había riesgo, el emprendedor no necesitaba escuchar una palabra más. No le interesaba porque sabía que, como reza el dicho, cuando la limosna es grande hasta el santo desconfía.

Si un negocio ofrecía pocas probabilidades de producir ganancias importantes, no valía la pena invertir en él tiempo ni dinero. Si el riesgo era bajo y la promesa de ganancias significativa, sabía que algo debía estar andando mal. A sus ojos, en el mundo real de los negocios las cosas simplemente no funcionan de esa manera aunque la gente diga lo contrario.

Preguntar sobre el riesgo era la mejor manera de tomar un atajo y dar caza a la presa. Si el emprendedor sabía que podían eliminarlo de un plumazo, su nivel de atención aumentaba locamente. Consideraba que la posibilidad de ser eliminado era la pre-condición de la posibilidad de alcanzar el éxito. Este agente inmobiliario aplicaba un principio simple cada vez que entrevistaba candidatos a los puestos ejecutivos de su empresa. Como él mismo lo expresara: «La mayoría de las personas trata de causar una buena impresión. Para lograrlo, hablan hasta por los codos de sus grandes éxitos. Por eso se sorprenden mucho cuando les pido que me cuenten sus fracasos más estrepitosos. Y les conviene tener varios en su haber si en verdad desean incorporarse a nuestra empresa. Si una persona jamás fracasó, es señal de que nunca corrió riesgos... y eso es una mala señal. La ausencia de derrota también significa que uno jamás tuvo que recuperarse de nada. Uno nunca tuvo que levantarse del suelo para continuar jugando. Yo no necesito a esa clase de gente. Aquí corremos muchos riesgos y a veces acababamos descalabrados y lastimados. Cuando eso ocurra, necesitaré ejecutivos capaces de sacarnos del infortunio. Y eso sólo podrán hacerlo quienes ya lo han hecho antes».

LOU NOTO COMPRENDIÓ LA TOMA DE RIESGOS POSITIVA

Lucio A. Noto, ex directivo y presidente ejecutivo de Mobil Corporation, es otro líder que ha reflexionado mucho sobre el papel del riesgo en una empresa de éxito. Cuando se anunció la fusión de Mobil con Exxon en 1998, cobró existencia una de las corporaciones más grandes del mundo. Lou Noto había estado al servicio de Mobil durante más de treinta años. Muchos otros empleados habían considerado que sus carreras en la compañía petrolera durarían, como dice el viejo refrán, «desde la cuna hasta la sepultura»... pero la fusión hizo inevitables los despidos y los retiros voluntarios prematuros.

Si bien Noto tuvo que despedir a casi cinco mil trabajadores, cabe señalar también que esa cantidad fue inferior a los despidos ocurridos en las grandes compañías durante el período recesivo. Estos despidos afectaron a casi el 7 por ciento de la fuerza de trabajo. En las postrimerías, la mayor preocupación del presidente ejecutivo era que las sesenta y dos mil personas que aún conservaban sus puestos quisieran obrar con la mayor cautela precisamente para protegerlos. Ésa era una posibilidad desastrosa desde la perspectiva de Noto, quien comprendía a la perfección los aspectos positivos de correr riesgos. Como él mismo dijera en una entrevista, la compañía se estaba orientando totalmente al éxito sin entender los requisitos que exigía el éxito en realidad. Era como si los empleados implementaran proyectos que costaban mil dólares para obtener cincuenta dólares de ganancia.

Es cierto que el riesgo era mínimo, pero a veces incluso los emprendimientos de bajo riesgo no funcionan. ¿Entonces cuál era la lógica del asunto? Lo que se necesitaba eran proyectos de mil dólares que tuvieran una probabilidad razonable de hacerles ganar por lo menos diez mil o incluso cien mil dólares. Y si también existía la probabilidad del fracaso, Mobil estaba dispuesta a pagar el precio.

Si usted espera que sus empleados actúen como líderes, no puede decirles que los despedirá si no marcan un gol cada vez que jueguen a fútbol. Si quiere convertirse en un maestro del liderazgo, tendrá que acostumbrarse a jugar con la pelota y tendrá que sentirse contento cuando chute hacia las tribunas.

LOS QUE CORREN RIESGOS SE ABREN A LAS OPORTUNIDADES

Como alguna vez escribiera el fallecido billonario John Paul Getty, hay cien personas que buscan seguridad por cada persona dispuesta a arriesgar su fortuna. «Les explicaré cómo lo veo yo», dijo un famoso guionista cinematográfico de Los Ángeles. «El éxito, para mí, significa tener acceso a las oportunidades. Si puedo llegar al punto en el que tengo la oportunidad real de cerrar una gran venta, creo que ya he ganado. En ese momento puedo chutar hacia la portería, y si no meto el gol... quizá lo haga en el próximo tiro. Pero jamás me autocastigo por errar el gol ni por haber corrido el riesgo de lanzar la pelota.»

Señaló un estante repleto de guiones no filmados. «Dediqué por lo menos seis meses a escribir cada uno de esos guiones. Y todos y cada uno de ellos representan una gran inversión de tiempo y esfuerzo, un riesgo que no resultó rentable porque no logré vender ninguno de ellos. Pero los considero éxitos notables porque me dieron acceso a la oportunidad. Abrieron el camino a otros guiones que sí se vendieron, y el dinero que obtuve por ellos justifica con creces lo que gasté en éstos.»

Ésta es la clase de enfoque proactivo del riesgo que deben desarrollar los maestros del liderazgo. Cuando haya de afrontar una situación arriesgada, no sienta que debe ser temerario. Sin embargo, si existe una oportunidad probable de éxito, entrénese para concentrarse en ese resultado en lugar de prepararse para el fracaso. Demasiadas personas pasan demasiado tiempo preocupándose por catástrofes que jamás ocurren. Eso es una pérdida de tiempo y de energía. Como lo expresara alguna vez un filósofo francés: «Mi vida ha estado plagada de terribles infortunios, muchos de los cuales jamás ocurrieron».

CORRER RIESGOS ES UNA INVITACIÓN A LO DESCONOCIDO

Entonces, hágase una pregunta muy simple: «¿Hasta qué punto estoy dispuesto a tolerar el riesgo?». La pregunta no alude al nivel de riesgo que usted estaría dispuesto a tolerar; la pregunta es: ¿está usted dispuesto a tolerar algún riesgo? Por desgracia, la respuesta de muchísimas personas suele ser «ninguno». En el libro titulado *Empires of the Mind,* el autor Denis Waitley hace una interesante observación sobre la psicología de la evaluación del riesgo y sobre los riesgos de no correr riesgos. Waitley refiere el caso de una tribu del río Amazonas, en América del Sur, que durante muchos años fue víctima de una rara enfermedad. Finalmente un grupo de médicos logró entablar amistad con los miembros de la tribu y pudo descubrir el origen del problema. Un insecto que infestaba las paredes de sus viviendas era el que causaba la enfermedad.

Llegados a ese punto, había tres opciones básicas para los miembros de la tribu amazónica. Podían permitir que los médicos rociaran sus chozas con un pesticida. Podían construir chozas nuevas en otro lugar donde ese insecto no proliferaba. O podían elegir no hacer nada. A nosotros tal vez nos parecerá extraño que hayan elegido la tercera alternativa, pero Waitley señala que esa es una respuesta perfectamente comprensible para mucha gente. Después de todo, tanto el pesticida como la mudanza a nuevos hogares conllevaban la confrontación con lo desconocido. Pero también implicaban cierto nivel de riesgo. El pesticida podía resultar dañino de algún modo, y también podría haber problemas imprevistos en cualquier nuevo lugar donde la tribu eligiera instalarse.

Entonces decidieron quedarse con la cantidad predecible de sufrimiento y muerte temprana a la que ya estaban acostumbrados. El riesgo del peligro parecía peor que el peligro ya presente. ¿Esto le parece muy diferente de las cosas que vemos a diario en nuestro entorno? ¿Cuán diferente es, por ejemplo, de las personas que siguen una carrera que les ofrece poco más que la ilusión de seguridad o que viven toda su vida a pocas manzanas del lugar donde nacieron? Permanecen allí, no porque les guste, sino porque cualquier otro lugar sería diferente.

USAR LA INTUICIÓN COMO GUÍA

Ése es un extremo del espectro de tolerancia del riesgo. Equivale a tolerancia cero del riesgo. En el otro extremo de ese espectro están las personas que no sólo toleran el riesgo, sino que ni siquiera lo advierten. Tal vez parezca sorprendente que esta categoría incluya a muchas personas que han obtenido grandes éxitos, sobre todo emprendedores independientes. Estos individuos simplemente no creen que sus ideas puedan fracasar.

Los estudios sobre emprendedores independientes ricos muestran que se dejan guiar por la intuición. Las escuelas de negocios enseñan a implementar sofisticados enfoques matemáticos para el análisis del riesgo, pero esos emprendedores no los usan. Esos son métodos para banqueros y contables. Usted puede usarlos. Usted puede ser un líder y no obstante optar por un nivel aceptable de riesgo. Usted puede decidir no subirse a la montaña rusa a la que tantos emprendedores independientes se han subido. No obstante, si usted se siente incómodo con cualquier nivel de riesgo, por ínfimo que sea, y si el statu quo le parece tan preciado que no se atreve a meterse con él… tendría que preguntarse si realmente está comprometido con alcanzar el dominio del liderazgo. Después de todo es un error pensar que, si usted sigue haciendo lo que siempre ha hecho, obtendrá algo diferente de lo que siempre ha obtenido. Si ése fuera el caso, tal vez tendrá que optar entre rebajar sus expectativas o subir su tolerancia al riesgo por lo menos un par de centímetros.

PASOS QUE SEGUIR

1. Para sentirse cómodo corriendo riesgos, primero tiene que saber dónde está. En una escala de uno a diez, ¿cuán abierto está usted a correr riesgos (uno equivale a no muy abierto, y diez a extremadamente abierto y dispuesto)?

   1 2 3 4 5 6 7 8 9 10
   Nada abierto Extremadamente abierto

2. Para continuar investigando qué cantidad de riesgo está usted dispuesto a correr, es útil observar sus experiencias con el ries-

go en el pasado. ¿Cuáles son los grandes riesgos que ha corrido en su vida personal y profesional? ¿Cómo le afectó y le afecta el riesgo, tanto en aquella época como cuando analiza la situación desde la perspectiva de los meses o los años transcurridos? Escriba sus pensamientos sobre tres situaciones arriesgadas diferentes que haya experimentado.

3. Tómese tiempo para revisar su vida actual. ¿Dónde podría estar dispuesto a correr riesgos? Esos riesgos podrían implicar investigar un cambio de carrera (si es algo que usted siempre ha querido hacer), oportunidades de relaciones amorosas, pasatiempos adicionales, viajes, nuevas fuentes de ingresos, emprendimientos independientes o cualquier otra área de su vida sobre la que desee actuar pero tal vez tema correr riesgos. Haga una lista de, cuando menos, tres ítems sobre los que estaría dispuesto a actuar. Sea lo más específico posible y establezca fechas y plazos para motivarse y hacerse responsable.

CAPÍTULO 8
Confrontar la aversión al riesgo

Domestique sus preocupaciones y energice su vida.
Dale Carnegie

En este capítulo exploraremos distintas maneras de evaluar los riesgos, veremos cómo apartarnos de las malas elecciones y cómo optar por aquellas opciones que pueden llevarnos al éxito. También analizaremos técnicas prácticas que le permitirán sentirse más cómodo corriendo riesgos, porque como líder no conviene que pase las noches en vela preocupándose. En cambio, tendría que disfrutar de los desafíos que acompañan al éxito. Por último, debatiremos cómo ejercer el liderazgo para ayudar a otros a correr riesgos y capear los temporales que algunas veces los acompañan.

LA PREOCUPACIÓN PUEDE SER PARALIZANTE

Nadie puede lograr nada –mucho menos el dominio del liderazgo– si concentra exclusiva e intensamente su atención en las cosas que pueden salir mal. Muchas cosas pueden salir mal, pero la mayoría no son tan perjudiciales como el hecho de preocuparse por ellas.

Freeman Dyson (nacido en 1923) es uno de los físicos más respetados y capaces de su generación. Además de su trabajo en asuntos tales como la teoría cuántica y la ingeniería nuclear, Dyson también se ha ocupado de temas más terrenales como la física de las bicicletas. Y ha señalado que el único método para obtener un diseño de bicicleta eficaz es el método de prueba y error, y que diseñar un modelo teórico de bicicleta sería un enorme desafío. «Es muy difícil entender por qué rueda una bicicleta», ha dicho Dyson. De hecho, si lo pensáramos más a fondo, quizá no llegaríamos a dar la vuelta a la manzana. Pero los líderes eficaces no se quedan pensando por qué no pueden funcionar las cosas. Saben que en todo existe un factor de riesgo. Comprenden que hay cierta dosis de fe y de misterio incluso en actividades tan mundanas como andar en bicicleta. Pero eso no les impide subir al rodado y alejarse pedaleando.

El riesgo es esencial y una vez que usted se comprometa a aceptar cierto nivel de riesgo como paso hacia el dominio del liderazgo, encontrará maneras de facilitar las cosas en su vida cotidiana. Considere, por ejemplo, la probabilidad matemática de que un determinado riesgo se haga realidad versus el miedo que usted le adosa. ¿Le preocupa tener que confrontarse con su supervisor en el trabajo?

Comience a llevar un registro escrito de la cantidad de veces en que la ansiedad invade su conciencia en el transcurso del día. No tiene por qué ser algo demasiado elaborado. Sólo lleve consigo una agenda y haga una marca cada vez que se preocupe por la posibilidad de pelear con su jefe. Del otro lado de la hoja, anote la cantidad de veces en que la pelea realmente se materializó. Divida la cantidad de discusiones por la cantidad de veces que pensó en ellas, y el resultado le indicará la probabilidad real de afrontar la situación. Aunque no realice todo el procedimiento matemático, mantener la cuenta de sus pensamientos negativos puede llevarlo a reducir la cantidad drásticamente.

LA GRAN TRAMPA ES TENERLE MIEDO AL RIESGO

Una vez que eso suceda, usted verá que el riesgo no suele ser, en sí mismo, el problema. Es el miedo al riesgo el que obstaculiza nuestra vida cotidiana. Por supuesto que algunas veces los riesgos se hacen realidad. Los líderes aceptan eso; saben que no los sacará del juego para siempre y que en última instancia los hará todavía más fuertes. Pero puede ser doloroso. Puede lastimar, pero una vez que ha ocurrido, es necesario seguir viviendo y salir adelante. Si usted acepta el nivel de riesgo que todo líder debe aprender a tolerar, su vida necesariamente estará atravesada por un determinado volumen de realidades desagradables. No obstante, la Ley de Murphy puede no ser del todo cierta. Después de todo, el pan untado con mantequilla no siempre cae al suelo del lado de la mantequilla... pero es cierto que Murphy tenía bastante razón.

En el mundo real hay problemas reales. La mayoría tiene remedio, pero siempre habrá cosas que están fuera de nuestro alcance. Aprenda a aceptarlas y siga adelante. Como reza el viejo proverbio: «Ladran, Sancho; señal de que cabalgamos». En cualquier caso, no son las circunstancias las que nos hacen felices o desgraciados. Es nuestra manera de responder a ellas. Es nuestra manera de reaccionar ante las circunstancias. Dado que no tenemos otra opción que aceptar lo inevitable, luchar contra eso sólo conduce a la decepción y la amargura.

Como escribiera el filósofo William James, la aceptación de lo que ha ocurrido es el primer paso para superar las consecuencias de cualquier infortunio. Quizá Mamá Gansa lo expresó con mayor elocuencia cuando dijo: «Para cada aflicción que existe bajo el sol hay un remedio o no lo hay. Si lo hay, trata de encontrarlo. Si no lo hay, deja de preocuparte».

ES IMPORTANTE TRANSMITIR PRINCIPIOS

En su papel de líder, es vital que usted se tome a pecho los principios y que los transmita a otros. Es un proceso que consta de tres partes. Primero, deje bien claro que la evitación del fracaso no es una meta buscada. Nadie desea el fracaso, cierto, pero el riesgo del fracaso es perfectamente aceptable siempre y cuando haya una mayor probabilidad de éxito.

Segundo, cuando algo salga mal (si es que eso sucede), analice lo ocurrido dentro de un marco proactivo y con miras al futuro.

Tercero, estimule a los miembros de su equipo para que vuelvan a correr riesgos si las probabilidades parecen favorables.

Dentro de estos lineamientos generales pueden surgir algunas preguntas interesantes. Una joven llamada Andrea tenía una pequeña empresa de diseño gráfico. Recientemente había tenido la oportunidad de un gran pedido de una firma muy importante. Era un trabajo mucho más grande que los que había hecho hasta entonces y requería la compra de nuevos y caros equipos.

Eso implicaría una deuda grande a corto plazo, dado que tendría que pagar los equipos en el momento. Sin embargo, los honorarios que le pagaría el nuevo cliente llegarían por lo menos treinta días después de finalizado el trabajo. Andrea comentó la situación con su padre. El buen señor se había jubilado después de una larga carrera en los negocios y era una suerte de maestro del liderazgo para su hija. Si bien comprendía que para Andrea podía ser aterrador firmar cheques para comprar máquinas que en ese preciso momento no podía pagar, el verdadero riesgo de la situación estaba más en su mente que en el mundo material.

Es cierto que las cosas pueden salir mal. El gran cliente podía cambiar de idea en mitad del trabajo, su oficina podía incendiarse y hasta podía electrocutarse con uno de los nuevos ordenadores y terminar en el hospital. Pero, en opinión del padre de Andrea, era una propuesta comercial sumamente aceptable y valía la pena correr el riesgo. A Andrea le tembló la mano en el momento de firmar los cheques, pero hizo acopio de coraje y estampó su rúbrica.

Ésta fue una situación en la que el papel del líder consistió en actuar como principio de realidad en el proceso de aceptación de riesgos. El padre de Andrea señaló la diferencia entre lo que podría ocurrir en las peores pesadillas de su hija y lo que probablemente ocurriría en la realidad. Si no corría ese riesgo, Andrea ciertamente habría evitado todo riesgo de fracasar... pero también habría retrocedido ante los riesgos razonables que son parte fundamental del éxito.

Steve evita el riesgo perjudicial

Una empresa mayorista de joyas con sede en Los Ángeles atravesó una situación que podría considerarse el reverso de esta historia. Steve, el propietario de la compañía, había viajado a Italia para encontrarse con fabricantes de cadenas y brazaletes de oro. Uno de los fabricantes le ofreció un precio increíblemente bueno por un voluminoso envío de joyería de oro, siempre y cuando Steve pagara al contado en ese momento. Steve sabía que podría obtener enormes ganancias de ese envío, porque era muy voluminoso y el precio era inmejorable.

Por otra parte, el pago en efectivo superaba con creces todo lo que tenía en su cuenta bancaria. Tendría que hipotecar por segunda vez su casa para reunir el dinero necesario, pero estaba dispuesto a hacerlo porque el potencial del negocio era notable. Sin embargo, antes de embarcarse en la aventura decidió hablar con un colega que tenía su oficina en el mismo edificio que Steve. Fue bueno que lo hiciera, porque el colega señaló algunos riesgos inaceptables de la negociación.

Primero, Steve nunca había hecho negocios con ese proveedor. Si algo salía mal, sería difícil encontrar a quién recurrir. Una vez que el dinero llegara a Italia, habría un período de tiempo en el que el fabricante tendría el efectivo y Steve no tendría absolutamente nada... salvo la promesa de que el envío llegaría a destino tarde o temprano. Además, la compañía de Steve marchaba muy bien. ¿Tenía sentido arriesgarlo todo para conseguir un nuevo Mercedes? Ya tenía un nuevo Lexus. La charla con el colega hizo que Steve volviera a sus cabales. Se retiró de la negociación. Más tarde se enteró de que otro joyero la había aceptado y había recibido un envío de joyas totalmente distinto del que esperaba. Había arriesgado dinero contante y sonante y no había obtenido prácticamente nada a cambio.

Cuando decidió retirarse de la compra de joyas, Steve no actuó a la defensiva. No intentó evitar el fracaso por el fracaso mismo. En cambio se distanció de una situación tentadora pero plagada de riesgos inaceptables, riesgos cuya visión estuvo pasajeramente cegada por sus sueños de ganar mucho dinero. El amigo de Steve desempeñó un importante papel de liderazgo al señalar la enormidad de los riesgos.

APRENDER DE LAS MALAS DECISIONES

Cuando se corre un riesgo y todo sale mal (si es que sale mal), el líder debe contribuir a esclarecer lo que ocurrió evitando los juicios punitivos (a menos que alguien realmente haya actuado de manera irresponsable). No se gana nada señalando a otros con el dedo, sobre todo porque los maestros del liderazgo siempre asumen toda la responsabilidad por todo lo que ocurre bajo su égida. En esta clase de discusiones es importante identificar las cosas que salieron mal con la mayor precisión posible. Cuando se corren riesgos, el fracaso casi nunca puede atribuirse a la negligencia.

Pero a menudo puede atribuirse a las buenas intenciones que resultan imposibles de cumplir. Tomemos el caso de Andy, graduado en una universidad de la Ivy League y contratado por una firma de élite de Wall Street. Andy, que había pagado toda su carrera con becas y préstamos estudiantiles, casi no podía creer la inmensa suma de dinero que le pagaban. También estaba ansioso por cancelar todas sus deudas lo más pronto posible. Más aún: estaba dispuesto a trabajar dos veces más que cualquiera de los socios del estudio jurídico. Y por lo tanto abarcó mucho demasiado pronto, tanto financieramente como en carga laboral. Cuando empezó a cometer errores en varias de las tareas que le habían asignado, mantuvo un diálogo con uno de los socios de la firma que ayudó a clarificar el problema.

En el caso de Andy, el riesgo no radicaba en algo que estuviera haciendo mal. El riesgo provenía de querer hacer demasiadas cosas bien. Un buen líder verá que lo de Andy es cuestión de poner la cantidad por encima de la calidad. Por lo tanto es momento de redireccionar y reorientar, no de recriminar. Si el líder desempeña esas funciones con eficacia, todos sentirán un entusiasmo renovado. Puede parecer un argumento ya trillado, pero la mejor manera de recuperarse si uno se ha caído del caballo es volver a montar uno. Esto es algo que los maestros del liderazgo nunca dejan de transmitir en sus empresas, no sólo con palabras sino a través de sus propios actos.

LA VIDA PUEDE SER UNA AVENTURA APASIONANTE

Ahora mismo, ¿cómo se conduce usted frente a los riesgos y los ocasionales fracasos, tanto suyos como de sus colaboradores laborales o los miembros de su familia? ¿Qué piensa? ¿Qué dice? Más importante aún: ¿qué hace para convertirse en un modelo de aceptación del riesgo, desarrollo en el mundo real y resiliencia cuando las cosas salen mal?

Como ya hemos dicho, el principio del error de Dancoff afirma que: «La evolución es optimizada por el máximo número de errores relacionados con la supervivencia». Hace muchos años, el filósofo alemán Friedrich Nietzsche expresó una idea similar en un lenguaje menos técnico. Escribió Nietzsche: «Lo que no me mata me hace más fuerte». Pero quizás haya sido Hellen Keller quien mejor expresó el acercamiento al riesgo –y por cierto a la vida misma– que caracteriza a todo maestro del liderazgo. Escribió Hellen Keller: «Eso no existe en la naturaleza [...] La vida es una aventura apasionante o no es nada».

PASOS QUE SEGUIR

1. La preocupación puede acarrear estrés emocional, físico y mental. ¿Cuánto se preocupa cada vez que ha de tomar una deci-

sión importante? Califíquese en una escala de uno a diez (uno equivale a preocuparse muy poco, diez a preocuparse muchísimo).

1 2 3 4 5 6 7 8 9 10

Me preocupo muy poco Me preocupo muchísimo

2. La preocupación prolongada puede paralizarlo e impedirle tomar decisiones que podrían ser beneficiosas para su vida. Escriba algo que lo preocupa ahora. Haga una lista de los peores resultados posibles y reflexione. ¿Podría manejar el peor resultado de todos? Con frecuencia descubrimos que, cuando imaginamos lo peor, la preocupación pierde intensidad. Practique este ejercicio para superar la preocupación y actuar en consecuencia.
3. Cuando esté a punto de correr un gran riesgo, recuerde que es importante recibir buenos consejos de un amigo sensato o un mentor. Haga una lista de por lo menos tres mentores o amigos a quienes pueda recurrir en busca de consejo cuando deba tomar decisiones arriesgadas.

CAPÍTULO 9
Liderazgo inspirador

Use el estímulo.
Dale Carnegie

VISIONARIOS RESILIENTES

A lo largo de toda su carrera, Dale Carnegie acostumbraba relatar una historia sobre su tocayo, Andrew Carnegie. Andrew era el fundador de la United States Steel Corporation y uno de los hombres más ricos de la historia de los negocios norteamericanos. Mucho antes de hacerse rico, tenía el don de inspirar a otros a moverse en la dirección que marcaba su liderazgo. Los otros respondían, no porque Andrew les dijera que quería que respondieran sino porque ellos mismos querían hacerlo.

Cuando era un niño de diez años en su Escocia natal, Andrew Carnegie tenía dos mascotas: un padre conejo y una madre conejo. La naturaleza siguió su curso y un buen día Andrew despertó y descubrió que tenía un nido lleno de conejitos y nada para alimentarlos. Y entonces tuvo una idea brillante. Reunió a los niños y niñas del vecindario y les hizo una propuesta especial: si todos los días iban al campo a juntar pasto, diente de león y tréboles para alimentar a los conejitos, Andrew los bautizaría con sus nombres. El plan obró prodigios y Andrew Carnegie aprendió un importante principio acerca del dominio del liderazgo y del estilo particular de liderazgo inspirador que analizaremos en este capítulo.

Andrew Carnegie jamás olvidó el episodio de los conejos y años más tarde ganó millones de dólares utilizando la misma técnica en el negocio del acero. Andrew quería vender rieles de acero a la Pennsylvania Railroad, cuyo presidente era J. Edgar Thomson. Recordando la lección aprendida en su infancia, Andrew Carnegie construyó una enorme fundición de acero en Pittsburgh y la llamó J. Edgar Thomson Steel Works. Poco después, cuando el ferrocarril de Pennsylvania necesitó rieles de acero, ¿dónde creen que fue a comprarlos J. Edgar Thomson?

No debería sorprendernos que este ejemplo de liderazgo inspirador derive de un episodio infantil, porque ésa es la clase de liderazgo que todos hemos querido encarnar en algún momento de nuestras vidas: bombero, piloto de aerolínea, médico o enfermero. Cuando somos niños y aspiramos a estas profesiones, lo que realmente queremos ser es líderes inspiradores. Queremos ser la persona en quien los demás depositan su confianza. Queremos ayudar a la gente. Queremos que la gente nos otorgue esa responsabilidad y queremos estar a la altura de cumplirla.

LÍDERES INSPIRADORES DE TODAS LAS ÉPOCAS

En su forma genuina, el liderazgo inspirador se parece bastante a un proceso milagroso. El grupo de los líderes verdaderamente inspiradores incluye a algunas de las personas más admirables y notables del mundo. Esto ha sido y es así no sólo en nuestra época, sino en el transcurso de la historia.

Cuando Hernán Cortés lideró a los soldados españoles en la conquista de México, hizo algo que expresa muy claramente la naturaleza básica del liderazgo inspirador. Apenas los soldados desembarcaron en lo que es ahora Veracruz, vieron que todas las naves se estaban incendiando. En otras palabras, no habría regreso. El mensaje que Cortés les envió a sus hombres era muy simple: la única opción posible era el éxito. Triunfarían porque su líder no les había dejado ninguna otra alternativa.

Vale la pena notar que, cuando los líderes inspiradores hacen una afirmación de esta clase, la hacen de manera vívida y dramática. Cortés no le ordenó a uno de sus subordinados que les leyera un edicto a las tropas. Dejó muy claro lo que pretendía de ellas de una manera genuinamente carismática. Esto es muy característico de los líderes inspiradores, tal como veremos en este capítulo y en el siguiente. El contenido del mensaje de un líder puede ser idéntico al de otro, pero la manera de transmitirlo es la que define el estilo del liderazgo.

DEFINIR EL ESTILO DEL LIDERAZGO

Johnny Bench tenía una carrera jalonada de grandes éxitos en un equipo de béisbol: era *catcher* de los Cincinnati Reds. En cierta ocasión definió lo que el papel de liderazgo inspirador significaba para él. Bench dijo querer que la presión recayera sobre él. Quería que los miembros de su equipo le otorgaran la responsabilidad de ganar o perder el partido, porque sabía que podría manejarla. Como Johnny, podemos desear ese tipo de liderazgo cuando somos jóvenes e incluso luchar para ser esa clase de líder. Pero, a medida que envejecemos, muchos de nosotros somos capaces de hacer cualquier cosa para evitar ese tipo de liderazgo.

Muchos tenemos razón al querer evitarlo, porque no todos tenemos pasta de líder inspirador. Durante la lectura de este capítulo, seguramente encontrará mucho que admirar en las personas que analizaremos. También descubrirá ciertos límites del concepto de liderazgo inspirador, de los que probablemente no estaba al tanto.

En suma, el propósito de este capítulo no es decirle si usted puede o no puede ser un líder inspirador. En cambio, es el de mostrarle exactamente qué es el liderazgo inspirador y permitirle tomar su propia decisión al respecto en cuanto a la congruencia con su propio estilo de liderazgo.

EL LÍDER INSPIRADOR COMO GANADOR

Comencemos por concentrarnos en una cualidad específica del liderazgo inspirador. Es la sensación de que todos estamos jugando un juego, de que hay ganadores y perdedores y de que yo, como líder inspirador, soy definitivamente un ganador. Si usted me sigue, y si actúa como yo lo estimulo a actuar, también ganará. Y ambos seremos parte de un equipo ganador.

Sin embargo, no todos ganan todo el tiempo y hasta los líderes más inspiradores eventualmente deben afrontar reveses y derrotas. De hecho, debido a su naturaleza altamente emocional, hasta los líderes inspirados de mayor éxito experimentan altibajos en sus carreras. Cuando pasan por un ciclo descendente, cobra protagonismo una de las características más interesantes del liderazgo inspirador. Si bien esta clase de líder está más que dispuesto a aceptar la presión y la responsabilidad del éxito, tal vez no sea tan propenso a asumir la responsabilidad del fracaso. La alta autoestima de los líderes inspiradores muchas veces no les permite considerar siquiera la posibilidad de no estar a la altura de sus expectativas. Seguramente debe haber alguna otra explicación y los líderes inspiradores no cejarán hasta encontrarla antes de lanzarse a la próxima aventura.

El liderazgo de Ted Turner

La fascinante carrera de Ted Turner aporta varios ejemplos muy claros al respecto. En 1977 Turner ganó la Copa de América de navegación a vela con una embarcación pasada de moda llamada *Corageous,* que no parecía un rival posible para el barco *hi-tech* de los australianos. A pesar de la naturaleza orientada al trabajo en equipo típica de la navegación a vela, Turner transformó la competencia en un emprendimiento altamente personalizado. Tenía un sueño y ese sueño era que su viejo barco de segunda mano ganara la carrera a fuerza de inspiración... y eso fue exactamente lo que ocurrió.

Turner tomó el triunfo a título personal y muchos percibieron algo tiernamente infantil en eso. Turner simplemente creía ser el más grande. No podía evitar transmitir esa creencia al mundo que lo rodeaba, ya fuera su propia tripulación, los medios de comunicación o la competencia. Es probable que, en la carrera de 1977, esta fuerza de creencia pura se haya transformado en la marea que lo condujo a la victoria.

Sin embargo, tres años más tarde Turner y su tripulación afrontaron una clase de liderazgo muy diferente en la persona de Dennis Connor. Connor, un líder corporativo de primer rango, se preparó para la carrera de 1980 pasando más horas en el agua que todos los otros competidores juntos. Turner cometió el error de subestimar a Connor y el comité de selección de la carrera eliminó al barco de Turner durante las pruebas preliminares. Era una derrota aplastante e incluso humillante para alguien tan dispuesto a personalizar la competencia, pero Turner no se dejó arredrar. A diferencia de lo que ocurre con la victoria, los líderes inspiradores dejan que la derrota pase de largo sin dar muestras visibles de descontento. Ted Turner jamás volvió a competir en el mundo de la navegación a vela. Incluso vendió el barco con el que había ganado la legendaria carrera de 1977, pero su sensación de ser un ganador nato permaneció absolutamente intacta. Sólo pasó que comenzó a perseguir otro sueño.

CREAR, TRANSMITIR Y PERSEGUIR SUEÑOS

La capacidad de crear, transmitir y perseguir sueños es, de hecho, la primera cualidad que define el liderazgo inspirador. Los maestros del liderazgo inspirador ven una imagen clara del futuro con el ojo de la mente. El sueño tiene una realidad tangible. Es como el monte Everest: está allí y el líder guiará a su equipo hasta la cima. Los maestros del liderazgo inspirador no sólo hacen que sus sueños parezcan reales; además pueden reclutar a otros para perseguir esos mismos sueños simplemente con la energía de sus personalidades carismáticas.

En otras palabras, los líderes inspiradores poseen la habilidad de transferir importancia. Tienen el poder casi mágico de identificar lo que es importante para ellos y hacer que sea importante también para otros. Inversamente, padecen una decidida falta de interés por lo que cualquier otro pueda considerar prioritario. Sencillamente, no les preocupa lo que piensen los demás... y al poco tiempo a los otros también deja de importarles. Eso es transferir importancia.

El piloto de un helicóptero paramédico lo expresó muy bien en una entrevista para un libro titulado *Bosses,* escrito por Jim Wall:

«Hay que aprender a liderar a los demás hacia donde uno quiere», dijo el piloto. «Pero los demás deben sentir que fue idea suya. No se trata de decirle a los demás lo que deben hacer; se trata de decirles lo que uno desea y pretende hacer, y de lograr que ellos deseen y pretendan hacer lo mismo. También es muy edificante e inspirador creer que la meta realmente es posible, que realmente puede ser alcanzada con la ayuda del liderazgo inspirador.»

Bill Gates tuvo una visión desde los comienzos mismos de la historia de Microsoft. Era algo que veía muy claramente y que transmitía con suma claridad. Era algo que consideraba mucho más importante que cualquier otra cosa que alguien pudiera sugerir. La visión era la siguiente: un ordenador personal en todos los escritorios de los Estados Unidos. Es clara, simple y, por lo menos cuando Gates la transmite, la imagen de doscientos millones de ordenadores personales en doscientos millones de escritorios puede resultar incluso inspiradora.

Del mismo modo, cuando Steven Jobs y Steve Wozniak estaban en ese ya famoso garaje creando Apple Computer Inc., ambos tenían una visión... pero no exactamente la misma. Wozniak era el más técnicamente orientado de los dos. Pensaba en términos de sistemas operativos, procesadores y memoria de disco rígido. La visión de Jobs era mucho más terrenal. Imaginaba un ordenador que venía dentro de una caja. Tan simple como eso: una máquina que venía dentro de una caja, como una radio o un horno microondas. Una máquina que uno podría llevar a su casa y enchufar, y que funcionaría perfectamente.

¿Por qué tuvo tanto eco la visión de Jobs? Una vez más: era simple, fácil de comunicar y –en una época en que los componentes de los ordenadores se compraban por unidades– absolutamente revolucionaria. En el momento en que Jobs tuvo la gran idea de un ordenador instalado en una caja, la mayoría de los entusiastas de los ordenadores eran individuos con las gafas pegadas con cinta *scotch* y portalápices de plástico en los bolsillos de la camisa. Básicamente eran tipos como Steve Wozniak. Por haberlos conocido de cerca, Steve Jobs sabía que jamás serían lo bastante numerosos para hacer la revolución con la que tanto soñaba.

Sabía que debía llegar a los millones de personas que formaban la sociedad *mainstream,* a la gente que acostumbraba comprar cosas que venían en cajas. De modo que Jobs se consagró a la muy compleja y problemática tarea de introducir el ordenador personal en los Estados Unidos, pero antes la redujo a una idea muy simple y muy literal. El ordenador debía presentarse instalado en una caja.

Steve Jobs era un maestro del liderazgo inspirador. Pudo comunicar su visión y convencer a otros de comprometerse con ella tan profundamente como él mismo lo había hecho. La capacidad de expresar un sueño mediante una imagen simple, tangible y mundana resulta esencial para esta clase de líder. Piénselo la próxima vez que deba discutir un proyecto o motivar a un equipo de desarrollo.

Gerencia versus liderazgo genuino

Robert J. Eaton era directivo y presidente ejecutivo de la antigua Daimler-Chrysler Corporation. En su momento era la tercera fábrica de automóviles más grande del mundo en términos de ganancias totales. La compañía se había formado en 1998 con la fusión de Chrysler y Daimler-Benz. Durante el primer año posterior a la fusión, la ganancia neta superó los seis billones de dólares. Si bien Eaton tenía formación técnica y se había graduado en ingeniería mecánica, valoraba muchísimo el liderazgo inspirador.

Eaton creía que los requisitos necesarios para dirigir una gran empresa habían cambiado dramáticamente en los veinte años previos a su liderazgo. Al describir esos cambios, estableció una marcada distinción entre lo que él llamaba «dirección gerente» y el liderazgo genuino. «Un gerente es alguien que piensa en términos primordialmente cuantitativos, en números, en unidades, en cuatrimestres, en años fiscales. Un líder piensa en términos de personas e ideas.» Estando al frente de Daimler-Chrysler, Bob Eaton creyó que podría dedicar menos tiempo a la gerencia y más tiempo al liderazgo. En primer lugar porque los números puros de los negocios cambian tan rápido que concentrarse en ellos es casi un ejercicio de futilidad, sobre todo para un presidente ejecutivo. Sencillamente el tiempo no le alcanza para analizar todos los números y mantener un registro diario de los resultados. En cambio, un líder necesita crear visión, creencias y valores. Un líder necesita abrir nuevos senderos creativos e inspirar a otros a desarrollar plenamente su potencial (aun cuando ellos mismos todavía no hayan descubierto su verdadero potencial).

Bob Eaton lo expresó así durante una entrevista: «Un líder es alguien que puede llevar a un grupo de personas a un lugar al que esas personas no creían poder llegar». De hecho, ésta es una definición perfecta del liderazgo inspirador.

INSPÍRESE PARA LUEGO INSPIRAR A SU EQUIPO

Independientemente de que usted sea un importante directivo o un líder todavía en ciernes, necesitará saber cómo alentar el trabajo en equipo en su empresa. Ésta es una capacidad esencial en el mundo de los negocios. Construir un equipo implica mucho más que reunir a las personas adecuadas.

Si tiene el poder de elegir a dedo a los integrantes de su equipo, evalúe el empuje y debilidades de cada uno para garantizar la mejor combinación de capacidades. Rodéese de personas valiosas, pero no de personas exclusivamente capaces en un mismo campo. Tenga cuidado de no elegir clones, sobre todo clones de usted mismo. La diversidad siempre es buena, siempre y cuando los individuos estén dispuestos a trabajar juntos y sean capaces de hacerlo.

Alguna vez podrían asignarle la misión de liderar un grupo de personas que no tienen el menor interés en formar parte de un grupo. Tómelo como una gran oportunidad para poner a prueba su capacidad de liderazgo. ¿Cómo podría crear un ambiente en el que cada individuo desee trabajar cooperativamente y colaborar con sus compañeros? Aquí es donde la habilidad de inspirar e implementar el trabajo en equipo se vuelve esencial. A continuación incluimos varios principios guía para orientarlo en la dirección adecuada.

Vea el panorama general

Asegúrese de que todos comprendan los objetivos a largo plazo de la empresa. Refuerce esas metas lo más a menudo posible. Muchas veces los empleados se concentran tanto en los problemas y deberes diarios que pierden de vista el panorama general. Mientras algunos miembros del equipo se concentran en apagar incendios, otros pueden dedicar más tiempo a reconsiderar las estrategias a largo plazo para prevenir futuras hogueras.

Clarifique los papeles

Señale los deberes y responsabilidades de cada miembro del equipo. Comprender los deberes y los plazos del otro contribuye positivamente al trabajo grupal. Estimule a los miembros de su equipo a definir entre ellos la división del trabajo. Serán más responsables si controlan la situación, e incluso podría surgir más de un talento hasta ahora oculto.

Establezca objetivos

Los miembros del equipo necesitan desarrollar objetivos individuales y grupales. Como líder, puede urgirlos a establecer aspiraciones factibles y mensurables a corto y a largo plazo. Si el grupo cuenta con metas colectivas orientadas al trabajo grupal y comparte el mismo código ético, comenzará a autodirigirse. La presión de los pares y el orgullo personal contribuirán a fomentar la responsabilidad y el desarrollo óptimo.

Comparta información

Comparta la mayor cantidad de información posible para evitar los chismes y la puesta en circulación de rumores. Los rumores drenan la productividad y la moral. Gánese el respeto y la confianza de su equipo siendo honesto y abierto. Durante los períodos de cambio o de crisis revele toda la información que sea posible y prometa poner al día a los miembros de su equipo lo más pronto que pueda.

Transmita confianza

Esto es muy simple. Cumpla su palabra. Sea digno de confianza y confiado. Si usted es gerente de ventas y prometió un día libre con sueldo si el equipo de ventas cumplía sus objetivos, respete la promesa. Si usted es miembro del equipo y ofrece obtener información para un colega, considere prioritario lograr esa información. Trate a todos los miembros del equipo de una manera justa e igualitaria, y no muestre favoritismos.

Preste atención

Muéstrese abierto a las sugerencias del equipo, presentadas formalmente por escrito o durante una tormenta de ideas. Considere todas las sugerencias y responda a cada individuo o al equipo en su conjunto según lo considere apropiado. Muchas empresas gastan cientos de miles de dólares en consultores y olvidan preguntar primero qué piensan sus empleados sobre la productividad, los nuevos productos o el recorte de costos.

Sea paciente

Si los integrantes del equipo no parecen congeniar al principio, deles tiempo para conocerse. Obsérvelos pacientemente, pero de cerca, para ver si pueden resolver solos sus diferencias. De no ser así, tal vez tendrá que reasignar a uno o más individuos. De lo contrario, el éxito del equipo podría quedar comprometido.

Ofrezca estímulo

Desafíe a cada miembro del equipo a participar y contribuir, pero hágalo de una manera positiva y orientada hacia los resultados. Ínstelos a recibir capacitación adicional si fuera necesario y a salir de los lugares donde se sienten cómodos para desarrollar sus talentos únicos. Cambie las responsabilidades asignadas a cada uno con frecuencia y regularidad. Reconozca los puntos fuertes y débiles de cada individuo y ofrezca estímulo y refuerzo positivos.

Sea generoso con los elogios grupales

Celebre los logros del equipo. Recompense al equipo en su conjunto, no a los miembros individuales. A veces una misma persona se destaca en todos los flancos. De ser así, reconózcalo en privado y durante el proceso de revisión y análisis del desarrollo grupal. Pero, por el bien de la continuidad del trabajo en equipo, elimine toda probabilidad de celos y resentimiento. Hable siempre en términos positivos de su equipo. Destaque sus cualidades y reconozca públicamente su dedicación, sus esfuerzos y sus éxitos.

Sea entusiasta

La energía del entusiasmo es contagiosa. Sea positivo, optimista y mantenga siempre en alto la esperanza. Espere grandes cosas de su equipo y ellos harán lo imposible por no decepcionarlo. Un verdadero líder sabe cómo destacar lo que está bien incluso cuando todo parece andar mal.

Fomente la diversión

El espíritu de equipo es energizante y unificador, de modo que hágase tiempo para estar con el grupo. Almuerce con ellos de vez en cuando o salgan a tomar una cerveza después de trabajar. Los picnics y las salidas a espectáculos deportivos o teatrales pueden ser muy edificantes en el plano moral. Cuando los miembros de un equipo comienzan a verse unos a otros como seres humanos únicos, la cooperación y la voluntad de trabajar duro aumentan naturalmente.

Aflójese

Dijo Theodore Roosevelt: «El mejor ejecutivo es aquel que tiene la sensatez de elegir buenas personas [...] y la capacidad autorrestrictiva de no interferir con ellas». Por consiguiente, imponga la menor cantidad posible de reglas. «Porque siempre lo hemos hecho así» no es una razón aceptable bajo ningún aspecto. Dentro de lo posible, permita que los miembros del equipo decidan cómo van a trabajar juntos. Por ejemplo, a menos que usted mismo opere la línea de ensamblado, tenga en cuenta que los horarios flexibles pueden aumentar la productividad. La flexibilidad respecto de todas las reglas preexistentes es clave para el éxito del trabajo grupal.

Delegue, delegue, delegue

Explique claramente lo que hay que hacer, explique cómo hay que hacerlo... y luego suelte las riendas. Mejor aún: describa el problema y el resultado deseado y permita que el equipo desarrolle un plan de acción conjunto. Confíe en que los individuos y el equipo en su conjunto completarán las tareas asignadas a tiempo y con éxito. Si ha fijado una reunión de revisión del proyecto para el martes próximo, resista la tentación de pedir actualizaciones antes de esa fecha. Tenga confianza en que el equipo cumplirá el plazo establecido.

Sobre todo ¡inspírelos!

Cuando esté a cargo de un equipo, lidere con el ejemplo. Diga «nosotros» con más frecuencia que «yo»... pero tenga presente en todo momento que la línea de mando termina en usted. Si algo sale mal, asuma la responsabilidad sin culpar a otros. Cuando llegue el momento adecuado, discuta los problemas con el equipo sin perder la calma.

PASOS QUE SEGUIR

1. Andrew Carnegie dio señales de liderazgo inspirador desde su más tierna infancia. Reflexione sobre su propia niñez. ¿Desplegó alguna iniciativa de liderazgo a temprana edad? ¿Cuál? Escriba sobre las iniciativas audaces, inspiradoras o creativas que haya tenido cuando era niño.
2. Elija cinco individuos de la siguiente lista que le resulten particularmente inspiradores. Describa brevemente los rasgos específicos que admira en cada uno de los cinco.

Muhammad Ali *Bill Gates* *Elvis Presley*
Warren Buffet *Jim Henson* *Christopher Reeve*

Bill Clinton *Michael Jordan* *Eleanor Roosevelt*
Hillary Clinton *John F. Kennedy* *Steven Spielberg*
Walter Cronkite *Martin Luther King Jr.* *Barbara Walters*
Walt Disney *Rosa Parks* *Tiger Woods*

3. Relea los rasgos que anotó en el nº. 2 y tilde aquellos que ya posee; marque con una X aquellos que aún no tiene. Comprométase a desarrollar un plan de acción para cultivar los rasgos que marcó con una X.

CAPÍTULO 10
El perfil del líder inspirador

Los líderes jamás pierden el enfoque.
Siempre tienen presente el panorama general.
Dale Carnegie

Ahora ya debería estar claro que un líder inspirador es una especie de poeta. Por lo general, a los líderes inspiradores no les agrada la rutina. Constantemente desean explorar nuevos territorios. Suelen impacientarse con los detalles y casi siempre son malos para las charlas triviales. Tienden a verse a sí mismos como los protagonistas de un gran drama que representan con los demás miembros de la empresa. Si se autootorgan los mejores parlamentos es porque creen sinceramente que esas palabras sacarán lo mejor de cada uno.

Es obvio que este estilo de liderazgo combina bien con la conquista histórica y con la carrera de veleros de la Copa América. También combina con la construcción de fundiciones de acero y las empresas multibillonarias de Andrew Carnegie.

Pero el liderazgo inspirador presenta un desafío especial para aquellos de nosotros que no participamos de empresas a tamaña escala. Usted puede estar en el negocio de los muebles para niños o tener una tienda de mascotas en un centro comercial suburbano. Sea su empresa la que fuere, debe poder verse a sí mismo a gran escala si aspira a ser un líder inspirador.

El desafío más grande que presenta el liderazgo inspirador es la habilidad de hacer el papel de héroe. Si usted quiere inspirar a otros, querrá jugar hasta el último segundo del partido. Usted debe creerse una estrella de rock, aunque deba atender el teléfono en lugar de cantar sobre un escenario. Aténgase a esa visión.

Swim with the Sharks Without Being Eaten Alive, el libro de Harvey Mackay, vendió más de dos millones de ejemplares en todo el mundo. Por el título cabría esperar que fueran las memorias de un equipo de demolición submarina o la recuperación de algún tesoro hundido en el fondo del océano. Pero son las lecciones aprendidas dirigiendo una empresa de sobres en Minneapolis, Minnesota. No se trata de localizar galeones españoles. Se trata de conservar los clientes cuando un competidor rebaja los precios convenidos por unidad. El genio de Mackay radica en hacer que el negocio de los sobres parezca la invasión de Normandía. Puede hacerlo en la página impresa porque también lo hace en su vida cotidiana. Puede comunicárselo a otros porque está sinceramente convencido.

LOS LÍDERES INSPIRADORES TIENEN PROPORCIONES ÉPICAS

La médula del liderazgo inspirador es la sensación de que las cosas ocurren en una escala épica. Usted posee la capacidad de ver sus experiencias de esta manera. ¿Qué es lo que realmente le entusiasma de su trabajo, de su empresa y de las personas que la integran? ¿Cuáles son los hechos realmente dramáticos que ocurrieron bajo su liderazgo? ¿Quiénes fueron los héroes de esas historias y quiénes fueron los villanos? Cuando empiece a pensar en su mundo de esta manera, comenzará a pensar como un líder inspirador.

Paul Messner es propietario de una pequeña empresa de diseño gráfico en Sacramento, California. Hace la mayoría de sus negocios con empresas locales que publican avisos publicitarios en diarios y revistas. Para su tamaño, la empresa de Paul goza de mucho éxito. Sin embargo, jamás trabajó en una campaña publicitaria estatal ni sus diseños fueron publicados en algún medio gráfico de distribución nacional. No obstante, Paul ha llegado a dominar el arte del liderazgo inspirador. Independientemente de la cantidad de empleados que tiene o de sus ingresos brutos al final de cada año, el negocio de Paul es grande porque él lo ve grande.

Cada vez que su empresa contrata a alguien, Paul conversa en privado durante media hora con el nuevo empleado. La reunión siempre tiene el mismo cariz, pero es tan importante para Paul que la experiencia parece renovarse en cada ocasión. Esto se debe a que Paul siempre cuenta una historia que define lo que pretende llegar a ser su empresa. Considerada superficialmente, no es para alquilar balcones. Se estaba celebrando una convención en San Diego y la firma de Paul había diseñado algunos folletos y cuadernillos para distribuir en la puerta y durante las conferencias programadas. El trabajo había marchado bien y el diseño había sido enviado a la imprenta mucho antes de la fecha programada para la convención, un sábado por la mañana.

Por lo tanto, Paul sufrió un fuerte *shock* cuando recibió la llamada telefónica de los organizadores de la convención el viernes por la tarde. ¿Dónde estaban los folletos y los cuadernillos? Paul comprendió al instante que el impresor había terminado el trabajo en tiempo y forma, pero lo había enviado equivocadamente por correo normal y no por correo expreso. No había manera alguna de que el material llegara a tiempo a San Diego, para cuando se abrieran las puertas de la convención a la mañana siguiente. Toda la publicidad y el material impreso irían a parar a la basura. Si algo puede ser considerado una catástrofe en esta línea de trabajo... es precisamente eso.

Estrictamente hablando, la culpa la tenía el impresor. Pero Paul se sentía personalmente responsable. Ya era la hora de cerrar el viernes por la noche, pero Paul insistió en que la imprenta permaneciera abierta. Exigió que volvieran a imprimir todo el trabajo. A pesar de que habían demorado más de una semana en imprimirlo por primera vez, Paul los mantuvo activos durante toda la noche. Más aún: cuando el material estuvo listo, Paul guardó todo en el maletero de su coche y puso rumbo a San Diego. Ya estaba rayando el alba cuando llegó a esa ciudad.

Después de escuchar a Paul contar su historia, a pesar de que la haya contado docenas de veces, cada nuevo empleado siente que se está incorporando a una empresa que puede modificar el curso de la historia. Así hace sentirse a la gente un auténtico líder inspirador. No es cuestión de técnica; es cuestión de pasión, compromiso y dramatismo. Es transformar algo aparentemente inocuo como el diseño gráfico en una cirugía cardiovascular de emergencia.

Albergamos la esperanza de que, mientras lea estas páginas, usted comience a sentir algo del entusiasmo que conlleva ser un líder inspirador.

LAS PRESIONES DEL LIDERAZGO INSPIRADOR

Además de todo lo que los líderes inspiradores deben brindarles a las demás personas, también deben estar preparados para hacerse cargo de ciertas cosas. Psicológicamente hablando, los líderes inspiradores pueden transformarse en padres adoptivos de los miembros de su equipo. Y, como todo padre sabe, esto equivale a ser el foco de toda clase de esperanzas, sueños, temores y hostilidades irracionales. Un líder inspirador nunca puede revertir esa dinámica contra sus liderados ni castigarlos por su inversión emocional. Tampoco debe hacer nada para desalentarlos respecto de esa inversión, porque esa clase de obligación es el fundamento de la eficacia del líder. Dado que deben vivir bajo esta clase de presión y escrutinio, no es para asombrarse que muchos líderes inspiradores tarde o temprano abandonen ese papel.

Históricamente, el liderazgo inspirador con frecuencia fue considerado una cualidad altamente perecedera y transitoria. Cuando ocurrían crisis militares o políticas en la antigua Roma, se le otorgaban poderes casi dictatoriales a un individuo sumamente carismático. Sin embargo, su permanencia en el poder duraba lo que duraba el problema. Del mismo modo, las tribus aborígenes norteamericanas de las Grandes Llanuras nombraban líderes especiales para que se ocuparan de situaciones particulares. Aparentemente reconocían que los líderes inspiradores podían brillar mucho... pero no por mucho tiempo. Es importante ser consciente de las numerosas presiones que implica este tipo de liderazgo. Asegúrese de estar preparado para aceptarlas y estar a la altura del desafío.

DELEGAR COMO ESTRATEGIA DE INSPIRACIÓN

Los líderes tienen muchas maneras de comunicar ideas a los miembros del equipo. Las posibilidades abarcan desde decirles a los empleados qué deben hacer hasta enfoques mucho más compartidos. Algunas de esas posibilidades están descritas en el Continuo de Tannenbaum y Schmidt, así llamado en homenaje a dos investigadores que desarrollaron la teoría en la década de 1970.

Al observar los principios de Tannenbaum y Schmidt es importante recordar un factor clave: independientemente de cuánta responsabilidad y libertad pueda delegar un líder en el equipo, el líder seguirá siendo responsable por todos los problemas mayores resultantes. Delegar libertad y toma de decisiones no libera al líder de su responsabilidad natural. Por esta razón, el proceso de delegar requiere un líder muy maduro y libre de necesidades basadas en el ego. Si todo va bien, el equipo se llevará todo el crédito. Pero si todo sale mal, el líder tendrá que asumir toda la culpa.

Éstos son los niveles de libertad y toma de decisiones delegados según Tannenbaum y Schmidt:

NIVEL UNO: *El líder toma decisiones solo y anuncia el curso de acción que seguir.*

En este nivel, después de analizar las opciones teniendo en cuenta prioridades, recursos y marco temporal, el líder decide qué hacer y simplemente informa de su decisión al equipo. Si bien el líder puede haber anotado la reacción del equipo en el proceso de toma de decisiones, el equipo no desempeña un papel activo en la toma de la decisión. En realidad, el equipo puede conocer y aceptar el hecho de que el bienestar del equipo es un aspecto relativamente menor a la hora de decidir el resultado total. Por ejemplo, éste puede ser el caso de las organizaciones militares, particularmente en situación de combate.

NIVEL DOS: *El líder decide y luego le vende la decisión al equipo.*

Como en el nivel uno, el líder toma la decisión solo... pero ahora se suma una explicación. El líder comparte las razones del rumbo que seguir, concentrándose en los beneficios para la organización y sus clientes y también para los miembros del equipo. A resultas de ellos, los miembros del equipo ven al líder como alguien que reconoce su importancia y se preocupa por su bienestar.

NIVEL TRES: *El líder acompaña la decisión con información básica para el equipo y también contesta preguntas.*

El equipo es invitado a formular preguntas y a debatir con el gerente los razonamientos que fundamentan la acción. Esto permite que el equipo comprenda y acepte la decisión o concuerde con ella más fácilmente que en los niveles uno y dos. Se espera que el equipo aprecie y comprenda las cuestiones y las razones que condujeron a esa decisión y las consecuencias de las diversas opciones. El resultado de todo ello debería ser un nivel de motivación más alto debido al mayor compromiso y debate por parte del equipo.

NIVEL CUATRO: *El líder toma una decisión provisoria e invita a discutirla.*

El líder discute y revisa la decisión provisoria con los miembros del equipo. Se sobreentiende que el líder considerará las opiniones del equipo antes de tomar la decisión definitiva. Esto permite que el equipo tenga cierto grado de influencia real sobre la forma del resultado final. El nivel cuatro reconoce el principio de que el equipo puede hacer valiosas contribuciones al proceso de toma de decisiones.

NIVEL CINCO: *El líder presenta la situación o el problema antes de tomar incluso una decisión provisional.*

En este nivel se alienta al equipo a ofrecer ideas y opciones desde un comienzo. Y no sólo se espera que así lo haga, sino que además discuta las implicaciones de los distintos cursos de acción.

Sólo entonces el líder decidirá qué opción tomar. Este nivel resulta más apropiado cuando el equipo tiene un conocimiento detallado mayor o incluso más experiencia que el líder en los temas que se debaten.

NIVEL SEIS: *El líder explica la situación, define los límites y le pide al equipo que decida.*

En este nivel el líder ha delegado efectivamente la responsabilidad de la decisión en el equipo, aunque dentro de ciertos límites claramente establecidos. El líder puede elegir formar parte (o no) del equipo que toma la decisión. Si bien este nivel aparentemente otorga una enorme responsabilidad al equipo, el líder sigue controlando los riesgos y los resultados hasta cierto punto. Este nivel requiere un equipo maduro profundamente comprometido con el líder y con el éxito de la empresa entendida como un todo.

NIVEL SIETE: *El líder permite que el equipo identifique problemas, genere opciones posibles y decida el curso de acción que seguir.*

Éste es el nivel más alto de libertad acordada al equipo. El equipo tiene la responsabilidad de identificar y analizar la situación o el problema. Luego debe explorar opciones e implementar un curso de acción. El líder también establece por anticipado que respaldará la decisión del equipo y contribuirá a implementarla. Si el líder participa en las discusiones del equipo, no tendrá mayor autoridad que ninguno de los miembros durante el proceso de debate. En este nivel el equipo debe ser maduro y competente, y además ser capaz de pensar y actuar a nivel estratégico.

INSPIRAR A TRAVÉS DEL CUESTIONAMIENTO

Ian McDonald, de Johanesburgo (Sudáfrica), era el gerente general de una pequeña planta manufacturadora especializada en engranajes de precisión. Cuando tuvo la oportunidad de aceptar un pedido muy grande, se convenció de que no podría cumplir con el plazo de entrega establecido. El organigrama de trabajo, que ya estaba en marcha, y el poco tiempo que restaba para responder a ese pedido lo indujeron a pensar que sería imposible aceptarlo.

En vez de obligar a sus empleados a acelerar el ritmo de trabajo para responder al pedido, los convocó a su oficina. Allí les explicó la situación y les dijo cuán importante sería para la empresa, y para ellos mismos, si pudieran cumplir a tiempo con el pedido.

Luego empezó a hacer preguntas. ¿Hay algo que podamos hacer para responder satisfactoriamente a este pedido? ¿A alguien se le ocurre algún proceso diferente que nos permita aceptarlo con tanta premura? ¿Existe alguna manera de ajustar nuestros horarios y tareas asignadas para estar a la altura de las circunstancias? Los empleados tuvieron muchas ideas e insistieron para que aceptara el pedido. Tuvieron una actitud «nosotros podemos hacerlo» y el pedido fue aceptado, producido y entregado a tiempo.

Hacer preguntas estimula la creatividad de los interrogados. Es mucho más probable que alguien acepte una orden si ha participado de la decisión y la búsqueda de soluciones.

Ian McDonald inspiró a su equipo para encontrar soluciones a una situación aparentemente imposible. Tuvo la maravillosa capacidad de extraer soluciones mágicas de sus empleados. Antes vimos cómo Ted Turner afrontaba los cambios repentinos en su liderazgo. Cuando la magia lo abandonaba en un emprendimiento en particular, Turner se desentendía y sencillamente pasaba a otra cosa. Si bien es probable que sus colaboradores y empleados se hayan sentido abandonados, también es probable que para un líder como Turner haya sido una cuestión de supervivencia. En cualquier caso, tal vez la decisión no haya sido totalmente suya. Por su naturaleza misma, la vida del líder inspirador se parece mucho a una montaña rusa. Y lo mismo ocurre con las vidas de las personas que lidera.

En el próximo capítulo veremos una clase muy diferente de líder, que probablemente sea mucho más común a lo largo del siglo XXI. Por ejemplo, cuando Louis V. Gerstner, Jr., asumió el liderazgo de IBM la compañía venía cayendo en picado. Se hablaba de fraccionar la empresa. Sencillamente era demasiado grande y difícil de manejar. En medio de las conversaciones rupturistas, alguien le pidió a Gerstner que describiera cómo veía él a la compañía. Su respuesta habría hecho estremecer de furia a un líder inspirador. «No tengo una visión de la empresa», dijo Gerstner. «Lo que menos necesita IBM ahora es una visión.» En vez de inspirar a las tropas con su exaltada retórica, una de las primeras intervenciones de Gerstner fue prohibir el uso de proyectores en las reuniones de personal. Resultó ser una medida eficaz pero poco inspiradora. En cambio, fue una medida organizacional. El liderazgo organizacional será el tema de nuestro próximo capítulo.

PASOS QUE SEGUIR

1. Basándose en los ejemplos provistos, redacte una lista de los aspectos negativos y positivos del liderazgo inspirador.

2. Haga una lista de los individuos a quienes siente que podría inspirar. Luego diseñe un plan de acción para hacerlo.
3. Durante la semana próxima dedique por lo menos cinco minutos por día a visualizarse como líder inspirador. Véase en ese papel lo más detalladamente posible. Escriba sobre las ideas y percepciones que haya tenido mientras hacía el ejercicio.

CAPÍTULO 11
Liderazgo organizacional

Señale de manera indirecta los errores del prójimo.
Dale Carnegie

LOS LÍDERES ORGANIZACIONALES MIRAN HACIA ADENTRO

En el capítulo anterior hablamos de los líderes inspiradores, quienes en muchos sentidos se parecen a las estrellas de rock. Se sienten más cómodos ocupando el centro de la escena, estimulando a la multitud a alcanzar nuevas cumbres de pasión y devoción. Los líderes inspiradores pueden tener una inmensa popularidad y éxito. Pueden llegar a las más grandes alturas... y también caer muy rápida y cruentamente desde la cima. Pero es un riesgo que les gusta correr. El tema de este capítulo es una clase muy diferente de liderazgo. Si los líderes inspiradores son como estrellas de rock, los líderes organizacionales son como ejecutivos de empresas editoras de música o agentes teatrales. Los líderes organizacionales no buscan la adulación ni el aplauso. A menudo se sienten incómodos bajo la luz de los reflectores. No están dispuestos a aceptar el escrutinio y las segundas intenciones que rodean al éxito y el fracaso espectaculares. La recompensa del líder organizacional es mirar hacia adentro y comprobar que ha creado unos cimientos sólidos. Los líderes organizacionales siempre dejan que otros lideren el desfile en el mundo exterior.

Lou Gerstner de IBM, por ejemplo, es un ejecutivo magnífico y un especialista en redimensionar corporaciones. Cuando se hizo cargo de IBM (en un momento en que ya había planes de fracturar la otrora orgullosa compañía), Gerstner hizo algo que habría sido tabú para muchos líderes de negocios del pasado. No hizo nada... por lo menos no de inmediato.

Si bien Gerstner se autodefinió como un líder intenso, competitivo, focalizado, áspero y duro, podría haber agregado otras dos cualidades: moderado y realista. En una de sus primeras conferencias de prensa se negó a dar una visión del futuro de IBM. De hecho, dijo que no tenía ninguna visión de futuro. En cambio, y como era de esperar, tomó la decisión de reducir la compañía y comenzó a reorientarla hacia el servicio a los clientes. Prohibió el uso de proyectores durante las reuniones. Pero, si bien esta medida fomentó una mejor comunicación, francamente no podía considerársela un grito de batalla. Sin embargo, poco a poco Gerstner fue creando metas viables de largo plazo para IBM.Y el éxito obtenido habla por sí solo.

LA CAÍDA DE LA PIRÁMIDE CORPORATIVA

Así se conduce el líder organizacional, el líder cuyo tiempo definitivamente ha llegado. En el pasado, ya hablemos de cincuenta o de quinientos años atrás, las grandes organizaciones adoptaban la forma de las pirámides de las civilizaciones antiguas. Había muchísima gente en la base y numerosos estratos ocupados por supervisores y gerentes en orden ascendente. Cada nuevo estrato ascendente tenía más autoridad que el que estaba inmediatamente debajo.

Esta estructura multiestratificada subía cada vez más alto, hasta llegar al pináculo. Allí se sentaban muy orondos el rey, el general, el presidente ejecutivo, el director y la junta de directivos, y allí también se sentía a sus anchas el clásico líder inspirador. ¿Acaso era ésta la mejor manera de estructurar una organización? Tal vez lo haya sido en muchos casos y en muchas épocas, sobre todo si el líder tenía las condiciones necesarias. Sin embargo, hasta no hace mucho nadie se molestaba en preguntarse si era o no era la mejor manera de estructurar una organización. La organización piramidal era, sencillamente, la única manera de hacer las cosas.

Muchas de esas pirámides se han desmoronado en el siglo XXI. Las fronteras, los rangos y las líneas de demarcación se evaporan continuamente. Cada día, las nuevas tecnologías igualan el acceso a la información y vuelven obsoletas las rígidas burocracias de otrora. Ya no es necesario tener buenos bíceps y voz cavernosa para ser líder. Ahora hay que ser rápido y flexible y ser el primero en expresar ideas nuevas.

Los líderes organizacionales se sienten muy cómodos con estos cambios. Su autoridad no depende de la fuerza ni de la personalidad. Su prioridad primordial es la fortaleza y el éxito de la organización o la empresa. El tamaño y la forma ya no tienen tanta importancia. Precisamente por eso los líderes organizacionales se sienten cómodos –hasta llegar al extremo de mostrarse despiadados– con las reducciones. De hecho, a las versiones extremas del líder organizacional les da lo mismo emplear tres personas o tres mil si creen que con eso mejorarán las cosas. Pero ese podría ser un grave error, como veremos más adelante en este capítulo. No obstante, hasta el líder organizacional más moderado coloca la rentabilidad por encima de todo. Y si eso equivale a que el líder tenga menos gloria, también lo considera un progreso. Las cadenas de mando rígidas anquilosan la creatividad y el desarrollo de nuevos productos o servicios. Con el tiempo, ese anquilosamiento puede debilitar a cualquier organización. Los líderes organizacionales se toman todo esto muy en serio. Quieren que su empresa, escuela o equipo de fútbol funcionen con la mayor fluidez y eficacia posibles. Está en su naturaleza crear organizaciones aerodinámicas.

LA COOPERACIÓN ES CLAVE

Si éste es su estilo de liderazgo, usted dará la bienvenida a los cambios que eliminen la antigua rigidez. Querrá que sus empleados sean libres para que puedan dar lo mejor de sí. Lamentará los largos años en que se vieron obligados a mantener sus talentos en el refrigerador. Peter Drucker, renombrado autor de manuales de dirección gerente, expresó muy bien el punto de vista del líder organizacional cuando dijo: «La organización moderna no puede ser una organización de jefe y subordinados. Debe organizarse como un equipo». El presidente ejecutivo de una gran empresa multinacional lo expresó todavía más concisamente cuando afirmó: «El llanero solitario ya no es posible».

Como líder organizacional, usted no solamente querrá eliminar las rivalidades departamentales sino también los departamentos propiamente dichos si considera que esa medida propiciará el éxito. Del mismo modo, querrá eliminar los ascensos automáticos, los aumentos de sueldo basados en la antigüedad y otros frustrantes vestigios de los viejos tiempos. En las antiguas compañías piramidales, los ingenieros pasaban todo el día reunidos con otros ingenieros. Los tenedores de libros se sentaban al lado de otros de su misma especie. Los gerentes de rango medio rara vez interactuaban con el presidente ejecutivo o el encargado de los envíos.

Sin embargo, el líder organizacional no vacila en incorporar un ingeniero a un grupo de vendedores, ya sea con el propósito de hacer que un producto resulte más atractivo para el público o con la intención de encontrar una manera de fabricarlo más rápido. Incluso podría pedirle al ingeniero que use su pericia técnica para resolver un problema de *marketing*.

En esta clase de grupos eclécticos es casi imposible determinar quién ocupa qué lugar en la jerarquía corporativa. Como bien señalara Peter Drucker, el mundo ya no está compuesto por soldados rasos, oficiales y sargentos de caballería. Los líderes organizacionales modernos lo saben muy bien. Tradicionalmente, los ejércitos se organizaban según un paradigma de comando y control y las organizaciones de otros campos se limitaban a copiar ese modelo.

CONSTRUIR EQUIPOS HORIZONTALES

Hoy en día, visto y considerado que el liderazgo organizacional nos indica el camino que seguir, los grupos se estructuran más como un equipo de fútbol o de tenis que como divisiones de infantería. Cada miembro del equipo tiene el poder de participar en la toma de decisiones. Los empleados deben verse a sí mismos como ejecutivos y obreros. Los maestros del liderazgo organizacional se sienten muy cómodos con esta situación. No les importa vaciar sus papeleras ni meterse en las trincheras, siempre y cuando eso sirva para fortalecer al equipo.

Estas organizaciones horizontalizadas están comenzando a aparecer en todos los campos, desde las fundiciones de acero hasta las instituciones educativas. Como bien lo expresara el director de una escuela elemental de la Costa Este: «Ahora existe un incentivo real para construir equipos y liderar a la gente desde una perspectiva horizontal, no vertical». Hoy ponemos mucho menos énfasis en los títulos, la paga por hora u otros incentivos. El desarrollo del equipo y la fortaleza de la organización son, en sí mismos, la recompensa. Pero cabe señalar que esta clase de trabajo grupal eficaz no se produce de la noche a la mañana y que por lo tanto el líder debe tener capacidades únicas para lograrlo.

Es una clase diferente de liderazgo: ya no se trata de la por demás anticuada estrategia de infundir ánimo a los subordinados charlando con ellos en el vestuario. Esa clase de liderazgo inspirador todavía puede funcionar en manos de un líder extraordinariamente dotado, pero cada vez son menos las personas que aspiran a serlo... y tienen razón. Nuestros modelos actuales de líder son Bill Gates con su cárdigan y Steve Case con sus pantalones caqui. Son muy pocos los líderes organizacionales que se sienten cómodos con un casco o un par de charreteras.

LOS INGREDIENTES ESENCIALES DEL LIDERAZGO ORGANIZACIONAL

Toda organización, primero y principal, es un grupo de personas que comparten un sentido de propósito. Alimentarlo es la tarea primordial del líder organizacional. Las personas pueden alcanzar logros extraordinarios cuando trabajan juntas. Y pueden lograr casi cualquier cosa cuando trabajan juntas dentro de una organización bien estructurada. La esencia de una organización bien estructurada es la visión unificada de los miembros del equipo. Una vez instaurada esa visión, las ideas, la creatividad y la innovación fluirán naturalmente del equipo. Sin embargo, el líder continúa desempeñando un papel absolutamente esencial.

El líder debe dirigir y focalizar toda esa energía. Ha de mantener informados a los miembros del equipo sobre la manera en que su trabajo compartido afecta a la organización, a los clientes y al mundo exterior en su conjunto. El presidente de una mediana fábrica de productos electrónicos lo describió así: «Uno tiene que crear el medio ambiente emocional e intelectual. Debe enfocarse en el objetivo corporativo. Ha de proveer el estímulo necesario para que los individuos y los equipos piensen que son de primera categoría».

DESTACAR EL DESARROLLO GRUPAL SOBRE EL DESARROLLO INDIVIDUAL

El reconocimiento, el *feedback* y el propósito compartido lo hacen posible. Estos tres elementos son todo cuanto el líder necesita aportar. Si bien crear un sentido de propósito compartido es un elemento clave del liderazgo organizacional, existe otra manera de llegar al mismo punto. Los líderes deben dejar en claro que el éxito es una experiencia grupal, tanto como la falta de éxito. Si no gana todo el equipo, no gana nadie. Los récords individuales quedan muy bien en los almanaques y los libros de historia, pero están absolutamente fuera de lugar en las organizaciones más competitivas de hoy.

Los líderes organizacionales creen que lo más importante –de hecho, lo único que importa– es el desarrollo del grupo.

Cuando usted logre que los empleados se comprometan con esto, verá cómo se convierte en un fenómeno contagioso. «Se dan fuerza mutuamente», dice un presidente ejecutivo. Se parece más a jugar en la Copa Mundial que a trabajar en la línea de montaje. Hay un nivel de energía completamente distinto, una nueva intensidad colectiva.

La gente necesita sentirse importante. Si se le niega esa sensación, no pondrá mucho esfuerzo en desarrollar ningún proyecto. Por lo tanto, un líder organizacional eficaz deja que la mayoría de las decisiones pasen por el grupo. En su papel de líder organizacional, permita que todos los miembros del grupo expresen sus ideas. No imponga soluciones. No insista en hacer las cosas de una manera determinada.

Una pequeña fábrica de Cleveland ilustrará correctamente lo que queremos decir. Esa fábrica tuvo un problema. Había que negociar un pedido muy grande y el comprador insistía con una fecha de entrega aparentemente imposible de cumplir. El presidente de la fábrica podría haber impuesto una solución desde arriba, pero en cambio le pidió a un grupo de empleados que desarrollaran un plan. La respuesta de los empleados fue la siguiente: «Si postergamos algunas otras cosas, llegaremos al plazo convenido». Y eso fue lo que ocurrió. Si el presidente hubiera tomado la decisión solo, probablemente no habría cerrado el negocio. O quizás habría predispuesto negativamente a los empleados si los obligaba a apurarse. Sin embargo, dado que fueron ellos quienes optaron por cumplir el pedido, fue una decisión colectiva. Realizaron un esfuerzo grupal al frente del timón y lograron enderezar el rumbo del barco. Y el resultado fue ciento por ciento positivo.

RECONOCER LA CONTRIBUCIÓN COLECTIVA

Tal vez sea por eso que los maestros del liderazgo organizacional emplean la palabra *nosotros* mucho más que la palabra *yo*. Los maestros del liderazgo siempre ponen énfasis en la contribución de cada miembro del equipo. Si el publicista hace un buen trabajo pero el empaquetador falla, la empresa no triunfa. Si el director de *marketing* mete cuatro goles pero la gente de producción hace cinco goles en contra, todo el equipo pierde. Cuando todos contribuyen con lo mejor de sí mismos, desde la persona que contesta el teléfono hasta la persona que firma los cheques, todo el mundo gana.

Si los líderes hacen bien su trabajo este esfuerzo colectivo adquiere una cualidad casi paradójica, porque la individualidad de los miembros del equipo de algún modo se mantiene intacta. Continúan teniendo diferentes capacidades. Continúan teniendo personalidades únicas. Continúan teniendo distintos miedos y distintas esperanzas. Los líderes organizacionales de auténtico talento reconocen estas diferencias, las aprecian y las usan en beneficio del grupo. Los líderes creen firmemente en cada miembro del equipo y están dispuestos a expresar esa creencia cada vez que sea posible.

Cuando se cometen errores, los buenos líderes organizacionales evitan adjudicar la culpa con el dedo a un solo individuo. Si hay algún problema, hablan en privado con los miembros del equipo acerca de posibles estrategias para mejorar los resultados. No señalan a nadie ni tampoco aluden al eslabón más débil de la cadena. Ya se trate de un aula en una escuela secundaria, de una planta manufacturera o de la sala donde se reúne la junta directiva de una gran corporación, el propósito del líder organizacional es optimizar el desarrollo construyendo el espíritu grupal. El líder estimula al equipo a establecer sus propios estándares y los miembros del equipo tratan de estar a la altura de los mismos. Se sienten muy bien consigo mismos cuando lo logran y focalizan todavía más sus esfuerzos.

EL LÍDER COMO PRESENCIA CONSTANTE

Y todo esto, por supuesto, generalmente se expresa en los números de la hoja de balance. Para hacer que suceda, el líder debe ser una presencia constante. En las anticuadas compañías piramidales, al jefe le resultaba fácil mantener una actitud relativamente distante, pero esto ha cambiado por completo en las organizaciones más eficaces de hoy. Los líderes tienen que estar físicamente presentes y en sintonía intelectual y emocional.

El director de un importante hospital de Long Island dice que aprender a escuchar puede llevar tiempo, pero que si uno se esfuerza logra desarrollar una gran percepción de todo cuanto ocurre a su alrededor. Es como estar parado en la cubierta de un portaaviones viendo aterrizar y despegar constantemente las aeronaves. Cada uno de los aviones debe ser muy importante para usted y, al mismo tiempo, el portaaviones debe mantener su rumbo y estar protegido de un eventual ataque. Usted tendrá que aprender a considerar todos esos factores conjuntamente.

Los líderes organizacionales son conscientes de por lo menos dos objetivos que todos los miembros del equipo deben cumplir en forma constante. La primera meta es la realización exitosa del trabajo encomendado. La segunda meta es que cada trabajo encomendado debe tomarse también como una experiencia de capacitación tendiente a un mejor desempeño y a la asunción de mayores responsabilidades en el futuro. En otras palabras, los líderes deben fortalecer la organización desarrollando nuevos negocios y ocupándose de que los trabajos encomendados se realicen en tiempo y forma. Deben fortalecerla encomiando y estimulando las capacidades de todos los miembros de la organización. El columnista político Walter Lippmann expresó este principio con elocuencia: «La prueba final de los líderes es haber transmitido a otros la convicción y la voluntad de seguir adelante». En suma, los líderes organizacionales deben hacerse genuinamente responsables por el desarrollo y la carrera de todo el equipo.

HACER LAS PREGUNTAS CORRECTAS

Todo líder debería preguntar frecuentemente a sus liderados: «¿Cómo le gustaría mejorar? ¿Hacia dónde querría orientar su carrera a partir de ahora? ¿Qué clase de nuevas responsabilidades le agradaría asumir?». El trabajo del líder consiste, también, en formular esas preguntas y en contribuir a responderlas de tal manera que puedan ayudar a los miembros del equipo a cumplir sus metas. En otras palabras, usted tendrá que comunicarles que confía plenamente en sus capacidades. Recuerde que, para un líder organizacional eficaz, el éxito grupal es sinónimo de éxito personal. Cualquier otra opción es sencillamente inaceptable. La mayor recompensa que pueden tener estos líderes es inspirar y modelar un grupo de personas ingeniosas, confiadas, motivadas y cooperativas que también estén preparadas para liderar.

REUNIONES: NO PODEMOS VIVIR CON ELLAS, PERO TAMPOCO PODEMOS VIVIR SIN ELLAS

Las reuniones son en realidad una actividad comercialmente muy onerosa, dado que se contabiliza el costo por participante. Debido a ello, necesariamente han de ser eficaces y bien lideradas. Las reuniones mal lideradas son una pérdida de tiempo, dinero y recursos... y para eso, siempre será mejor no celebrar ninguna reunión en absoluto.

La necesidad de reuniones eficaces y bien organizadas se ha vuelto más intensa con la creciente demanda de tiempo de trabajo, y también frente al hecho de que los miembros de una organización no siempre trabajan en un mismo lugar o residen en un mismo país. Afortunadamente, las nuevas tecnologías aportan alternativas a las convencionales reuniones cara a cara alrededor de una mesa. Las conferencias telefónicas y las videoconferencias, por ejemplo, permiten ahorrar tiempo y dinero. No obstante, siempre habrá una compensación entre la eficiencia de las reuniones virtuales y las limitaciones de los métodos de comunicación a distancia, especialmente cuando internet o la conexión de audio se interrumpe justo cuando el líder de la reunión está a punto de decir algo importante.

Los líderes eficaces eligen métodos de reunión apropiados para cada situación. ¿La presencia física es realmente necesaria? Los líderes deben explorar opciones como el teléfono y la videollamada antes de decidir que es necesaria una reunión en persona.

La reunión cara a cara es la mejor opción para expresar sentimientos y significados. Tratándose de asuntos muy serios, ésta debe ser siempre la primera opción. Los sentimientos y los significados pueden pasar inadvertidos o ser malinterpretados cuando los interlocutores no están en el mismo espacio físico. Tratar de ahorrar tiempo y dinero celebrando encuentros virtuales cuando el tema de la reunión es verdaderamente importante es como marcar un gol en la propia portería. También puede ser injusto para los miembros del equipo si el tema afecta significativamente a su futuro o su bienestar.

Básicamente, una reunión bien liderada es una oportunidad única por dos razones. Es la ocasión de obtener un resultado que beneficie a la organización en su conjunto y que también beneficie individualmente a los miembros del equipo en diversas maneras. Los líderes deben enfocar todas las reuniones teniendo en mente estas dos aspiraciones diferentes pero compatibles entre sí.

Más allá del tema tratado, cuando una reunión concluye con éxito, tanto el líder como los miembros del equipo sienten que sus necesidades únicas fueron tenidas en cuenta y que se analizaron todos los puntos incluidos en la agenda.

Los componentes de la reunión

Como líder, sus decisiones sobre la estructura y el estilo de una reunión eficaz dependerán de varios factores, entre ellos:

- La situación específica, incluyendo el *background*, las preocupaciones futuras y la urgencia.
- El contexto organizacional, incluyendo las implicaciones y necesidades del líder, del equipo y de la organización.
- Las necesidades e intereses de los asistentes.
- Sus propias necesidades e intereses, además de su autoridad, su confianza en sí mismo y otras cualidades propias del liderazgo.

En realidad, las reuniones siempre deben tener más de un objetivo. Aparte de las preocupaciones específicas que convocan a los asistentes, cabe considerar también sus agendas personales individuales (y la suya propia) y la necesidad de desarrollar el equipo como una entidad profesional de óptimo funcionamiento.

Tenga en cuenta que, cada vez que usted convoca y conduce una reunión, está demandando tiempo y atención a otras personas. Como líder usted posee la autoridad necesaria para hacerlo, pero debe utilizarla con inteligencia. Más allá del motivo explícito de la reunión, usted tiene la responsabilidad de hacer que resulte una experiencia positiva y útil para todos los asistentes.

Tener esta meta general, además de los objetivos específicos de la reunión, lo ayudará a desarrollar la capacidad y la reputación de un líder eficiente y orientado hacia los resultados.

Lineamientos básicos

Las reuniones que estimulan la participación y la responsabilidad compartida obviamente serán más constructivas que las reuniones donde el líder pronuncia un sermón aleccionador e impone sus propias decisiones. A continuación incluimos algunos lineamientos básicos que pueden aplicarse en muchas clases de reuniones diferentes. Damos por sentado que usted ha considerado la situación como corresponde y ha llegado a la conclusión de que la reunión es necesaria. También damos por sentado que ya ha decidido qué clase de reunión piensa convocar.

1. Planee escrupulosamente la reunión; utilice el formato agenda como herramienta de planificación.
2. Haga circular anticipadamente la agenda de la reunión.

3. Lidere la reunión con eficacia. Mantenga el control. Póngase de acuerdo sobre los resultados y las responsabilidades. Tome notas.

4. Redacte y haga circular las notas que haya tomado durante la reunión, poniendo énfasis en las acciones y las responsabilidades.

5. Haga un seguimiento de los miembros del equipo basándose en las notas que hizo circular previamente.

Las prioridades de la reunión

Ésta es una regla infalible. El propósito de la reunión siempre debe ser claro. De lo contrario, no convoque una reunión. Decida los temas que tratar y evalúe su relativa importancia y urgencia. Los temas pueden ser muy diferentes entre sí y quizá sea necesario tratarlos de distintas maneras. Por ejemplo, puede haber algo importante que no requiera una solución urgente. Los temas urgentes e importantes son, obviamente, prioritarios y requieren planeamiento exhaustivo y acción inmediata.

Los resultados de la reunión

Decida qué tipo de resultado espera para cada tema e incluya esa información en la agenda, junto al encabezamiento. Esto es importante porque los miembros del equipo necesitan saber qué se espera de ellos. Tenga en cuenta que las reuniones son más productivas cuando los objetivos están claros desde un comienzo. Los resultados típicos esperables suelen ser:

- Decisión
- Necesidad de discutir más
- Necesidad de mayor información
- Necesidad de sesiones de planeamiento
- Necesidad de *feedback*
- Iniciar la construcción del equipo

La secuencia de la reunión

Coloque los temas menos importantes al comienzo de la agenda, no al final. Si los coloca al final, probablemente jamás llegará a considerarlos porque dedicará todo su tiempo a los temas más importantes.

Sea consciente de que las personas están más sensibles al comienzo de las reuniones, sobre todo aquellas que desean hacer notar su presencia. Puede ser útil programar los temas controvertidos para más tarde, pues de ese modo la gente tendrá tiempo de acomodarse y relajarse.

Timing

Los líderes deben tener en cuenta el tiempo requerido por los diversos ítems de la agenda en lugar de decidir la duración de la reunión arbitrariamente o por la fuerza de la costumbre. Otorgue a cada ítem un marco de tiempo realista. Pero recuerde que las cosas generalmente llevan más tiempo del que pensamos.

Planee muchos recesos para las reuniones largas. A menos que los asistentes participen activamente y estén totalmente involucrados, su concentración comenzará a disminuir después de los primeros cuarenta y cinco minutos. Los recesos deben durar veinte minutos: el tiempo necesario para beber un café con algún bocado. Diez minutos libres cada hora para salir a tomar aire y estirar las piernas contribuirán a mantener la atención de los asistentes.

A menos que usted tenga una razón específica para hacerlo, evite los recesos para almorzar sentados formalmente ante una mesa. Esos almuerzos hacen que la gente se sienta abotagarda luego. Los almuerzos de trabajo son fabulosos, pero asegúrese de que los asistentes tengan luego diez minutos libres para tomar aire o moverse por la sala de reuniones. Si la única posibilidad es almorzar en un restaurante, que sea un tenedor libre o un servicio *buffet*. Si sentarse formalmente ante la mesa es inevitable, anticipe las opciones del menú durante la mañana para ahorrar tiempo.

Es conveniente destinar un tiempo específico a cada tema de la agenda. Sin embargo, lo esencial es que el líder piense y planee la reunión de modo tal que los temas se traten según lo planeado. En otras palabras, aunque los asistentes no planeen los tiempos, asegúrese de hacerlo usted. Ésta es una de las mayores responsabilidades del líder de la reunión. Los miembros del equipo casi siempre esperarán a que usted decida la agenda. Usualmente respetarán la decisión de concluir un debate por razones de tiempo, aun cuando esté candente.

Los asistentes a las reuniones

Casi siempre es obvio quién debe asistir a una determinada reunión, pero a veces no lo es tanto. Considere invitar representantes de otros departamentos a sus reuniones de departamento. Los «de afuera» seguramente valorarán la invitación. Y la reunión los ayudará a comprender mejor los temas que lo preocupan, y usted también comprenderá los de ellos. Tener invitados internos y externos también contribuye a construir relaciones. Y no olvide que siempre podrán arrojar nueva luz sobre los temas difíciles.

Evite y resista la asistencia de altos ejecutivos y directivos de la empresa a sus reuniones, a menos que esté absolutamente seguro de que su presencia será positiva y no resultará intimidante. Los altos ejecutivos tienden a criticar rápidamente y sin conocer los hechos.

La fecha de la reunión

Asegúrese de que la fecha y la hora elegidas afecten lo menos posible a todos los involucrados. Cada vez es más difícil reunir a la gente, sobre todo cuando pertenece a distintos departamentos u organizaciones. Por lo tanto, ocúpese de encontrar el mejor momento posible. Ésa es una parte muy importante del proceso, sobre todo si incluye altos ejecutivos.

La mejor manera de fijar una fecha para las reuniones celebradas con regularidad es acordarla por anticipado después del primer encuentro. Todos pueden comprometerse in situ. De ser posible, trate de organizar todas las reuniones del año en curso. Luego haga circular las fechas y publíquelas en la cartelera para que los empleados las tengan siempre presentes y no les superpongan otras tareas.

Pre-planear las fechas de las reuniones es un elemento clave para celebrar reuniones controladas y bien organizadas. Por el contrario, dejar las fechas para después causará inconvenientes y confusiones. En más de una ocasión tendrá que ponerse firme.

Use el método de inercia: es decir, sugiera una fecha y pida que le propongan fechas alternativas en vez de preguntar a bocajarro las posibilidades.

La hora de las reuniones

La mejor hora para comenzar y finalizar una reunión dependerá del tipo y la duración del encuentro y de la disponibilidad de los asistentes. Generalmente, trate de empezar temprano y procure terminar cuando concluya la jornada laboral. Las reuniones de dos horas en mitad del día son una gran pérdida de tiempo. Los desayunos de trabajo, en cambio, suelen ser una buena idea.

Tal como ocurre con los otros aspectos de las reuniones, cuando tenga una duda pregúnteles a los demás qué prefieren. ¿Por qué suponer cuando puede averiguar lo que quiere la gente, sobre todo si el equipo es maduro y prefiere ser consultado en cualquier caso?

La sede de las reuniones

Muchas reuniones son relativamente informales y se llevan a cabo en una oficina in situ. Pero las reuniones importantes que se llevan a cabo en lugares con los que nadie está familiarizado requieren un cuidadoso planeamiento en lo atinente a la localización y las facilidades. Planee el lugar de reunión de acuerdo a la situación. No deje nada librado al azar.

Ciertos preparativos son esenciales y jamás deben quedar en manos del personal de un hotel o de un organizador de eventos, a menos que usted confíe plenamente en ellos. En su papel de líder, usted deberá asegurarse de que la sede donde se celebre la reunión esté correctamente preparada. Tenga en cuenta que tendrá que chequear –e incluso ocuparse personalmente de– los siguientes aspectos de la reunión:

- Distribución de los asientos.
- Tarima.
- Mesas para ítems de demostración, papeleo o folletos.
- Enchufes y alargadores.
- Controles de iluminación y calefacción/refrigeración.
- Rotafolios y equipos de proyección, y personas encargadas de manejarlos.
- Acuerdos para la recepción de los asistentes y el *catering.*
- Disponibilidad de equipamientos de apoyo.

Todos los ítems mencionados, y muchos más, podrían salir mal (e indudablemente saldrán mal) a menos que usted los chequee y confirme. Clarifique cuáles son sus necesidades cuando reserve la sede y vuelva a señalarlas pocos días antes de la reunión.

Si la reunión es importante, tendrá que llegar muy temprano para verificar que todo esté en orden. Las reuniones importantes ya son bastante complicadas por sí solas sin tener que ocuparse de emergencias. Recuerde: cuando algo sale mal, lo que está en juego es su credibilidad y su reputación.

La ubicación de los asientos y las mesas es importante. Y para ciertos tipos de reuniones resulta crucial. Asegúrese de que la distribución sea adecuada a la ocasión:

- En las presentaciones formales ante grupos numerosos, siente al público en hileras, preferiblemente con mesas, mirando a la tarima.

• En las reuniones participativas de mediana escala, siente a los asistentes en herradura, de modo tal que todas las sillas miren a la mesa del líder.

• En las reuniones pequeñas con debate y discusión, utilice una mesa rectangular y ubique al líder en la cabecera.

• Las reuniones de equipo relajadas, ya sean de planeamiento o creativas, pueden realizarse en un ámbito menos formal con sillones y mesas auxiliares.

Como líder de la reunión, su posición respecto del grupo es importante. Si usted se siente cómodo y confiado y su autoridad está fuera de toda duda, siéntese cerca de los miembros del equipo o incluso entre ellos. Pero si espera algún desafío o necesita controlar al grupo, ubíquese lejos y claramente al frente de la situación.

Asegúrese de que todos puedan ver las pantallas y los rotafolios sin dificultad. Siéntese en todas las sillas, una por una, para comprobarlo. Seguramente se sorprenderá al ver lo mal que se ve la pantalla desde ciertas ubicaciones.

Los proyectores y las pantallas son sumamente importantes. Prefiera siempre la imagen rectangular perfecta: sólo así dará una impresión profesional y controlada desde el comienzo. Adapte el proyector y las pantallas a sus necesidades. Para las reuniones pequeñas es mejor usar una pared blanca que una pantalla de mala calidad.

Coloque las pantallas y los rotafolios de tal manera que pueda usarlos con comodidad sin obstruir la visión del público. Asegúrese de que el orador se coloque al lado de la pantalla, no delante. Provea una buena cantidad adicional de rotafolios y papel, o de pizarras blancas de acetato y marcadores.

Si la sede de la reunión es un viejo edificio, puede haber problemas de iluminación. Si hay luces fuertes que caen sobre la pantalla y no pueden ser apagadas independientemente, desconéctelas mientras dure la reunión. Si la reunión se celebra en un hotel, pida ayuda al personal de mantenimiento en vez de ocuparse personalmente de hacerlo. Y demuestre siempre cuánto valora la colaboración del personal. Los necesita de su lado.

La agenda de las reuniones

La agenda es la herramienta que le permite controlar la reunión. Incluya en ella toda la información que considere relevante. Podrá evitar la presión de tener que tratar «otros asuntos» al final de la reunión si hace circular por anticipado un borrador de la agenda y pide sugerencias al respecto. («Otros asuntos» a menudo deriva en un debate caótico que sólo sirve para perder tiempo y genera falsas expectativas, que si no se manejan adecuadamente llevan a concluir la reunión de un modo negativo).

Las agendas formales de las reuniones directivas y comités, normalmente, tienen un formato establecido fijo que se aplica a todas las reuniones. En el caso de las reuniones menos formales, privilegie su sentido práctico. Explique el propósito de cada ítem de la agenda. Asigne un marco temporal para todos y cada uno de los ítems. Si tiene presentadores u oradores invitados, incluya sus nombres en la agenda. Planee intervalos breves para tomar café y un receso para almorzar si lo considera necesario, y asegúrese de informar a los encargados del *catering*. Además de estos recesos formales, haga breves intervalos cada hora para que los miembros del equipo no pierdan la concentración.

Liderar la reunión

La clave del éxito es mantener el control. Usted puede ejercer el control ateniéndose a la agenda al pie de la letra, manejando las relaciones y las personalidades y concentrándose en los resultados. Las reuniones deben tener un propósito, y cada ítem incluido en ellas también debe tenerlo. Recuerde, y recuérdelo al grupo, los resultados requeridos y oriente los procedimientos hacia el progreso.

Modere contacto y cortesía a los miembros del equipo que se muestren excesivamente entusiastas y estimule a los titubeantes. Tome notas durante el proceso, registre las decisiones y acciones acordadas. Incluya nombres, resultados mensurables y fechas límite. No trate de registrar todo palabra por palabra, y si debe liderar un grupo particularmente locuaz que produce resmas de notas y poco más que eso… cambie de estrategia. Concéntrese en alcanzar los resultados que fijó para la reunión en el momento de redactar el orden del día en la agenda. Evite las decisiones apresuradas si su objetivo estaba limitado a debatir e involucrarse con los miembros del equipo. Pero, del mismo modo, evite las largas horas de debate si lo que necesita es una simple decisión.

Difiera los temas nuevos para otra ocasión. Limítese a decir: «Es probable que usted tenga razón, pero no es el tema de este encuentro… lo discutiremos en otro momento».

Si no sabe cómo responder una pregunta, sea sincero al respecto. No enrede. Prometa que tendrá la respuesta para la próxima reunión o bien que la hará circular junto con las notas de la reunión ya celebrada.

Si alguien persiste en insistir con un tema específico que no figura en la agenda, devuélvale la pelota y póngale un plazo para presentar un informe con sus hallazgos y recomendaciones al respecto.

Advierta las señales de fatiga, exasperación, confusión o aburrimiento en los presentes y haga lo que crea necesario.

Las actas de la reunión

En su papel de líder, usted tendrá que tomar nota de todo cuanto ocurra. A menos que el formato de la reunión imponga la presencia de un secretario formal. Cuando lo vean tomar notas, ocurrirán dos cosas. Primero, lo respetarán por no obligarlos a hacerlo. Segundo, verán que registra las acciones acordadas... y que por lo tanto no habrá manera de negarlas o eludirlas.

Las actas son esenciales para manejar las acciones y los resultados. También cimentan los acuerdos y aclaran las posibles confusiones. Una reunión sin actas casi siempre es una pérdida de tiempo. Las acciones que no se registran normalmente se olvidan porque no hay un registro publicado.

Después de la reunión entregue una copia de las actas a todos los asistentes y a quienes, a su entender, también deban tenerla. Las actas deben ser breves pero también precisas y claras. Incluya hechos relevantes, cifras, responsabilidades, acciones y marcos temporales. Describa claramente todas las acciones planeadas, nombre a la persona o las personas responsables de llevarlas a cabo, y ponga un plazo. Cinco son los requerimientos en este caso: específico, mensurable, alcanzable, orientado hacia los resultados y con fecha.

El seguimiento de las acciones acordadas –incluidas las suyas propias– es el elemento crucial definitivo. Si usted lidera una gran reunión y redacta unas actas impresionantes pero luego no verifica que las acciones acordadas se cumplan, perderá toda credibilidad. Debe hacer el seguimiento de las acciones acordadas y lograr que la gente las cumpla. Si no lo hace, si los empleados se dan cuenta de que pueden ignorar lo acordado, su liderazgo quedará socavado desde los cimientos. Por otra parte, el seguimiento estimulará a los miembros del equipo a responder y ocuparse como corresponde. Las futuras reuniones saldrán beneficiadas, lo mismo que la organización en su conjunto.

PASOS QUE SEGUIR

1. Los líderes organizacionales por lo general tienen una presencia más sutil que los líderes inspiradores. ¿Se considera usted un líder organizacional o inspirador? En una escala de uno a diez, califique su necesidad de ser reconocido y estar en el candelero (uno equivale a «muy poca necesidad» y diez a «tengo una inmensa necesidad de estar en el candelero»).

   1 2 3 4 5 6 7 8 9 10

   Muy poca necesidad *Una gran necesidad*

2. Describa tres pasos específicos que pueda dar para crear un mayor sentido de unidad entre sus colegas (o incluso entre su familia o sus amigos). Esto puede conllevar la preparación de un evento grupal, como un picnic o un viaje a un lugar educativo o inspirador. O puede implicar estampar su logo en una serie de gorras. ¡Sea creativo!
3. ¿En su organización hay individuos que no juegan en equipo y necesitan que se los alabe individualmente por sus esfuerzos? ¿Qué pasos podría dar para reconocer el trabajo que hacen y al mismo tiempo alentarlos a integrarse más al equipo? Escriba tres opciones y actúe en consecuencia.

CAPÍTULO 12
Las tácticas de los grandes líderes organizacionales

Permita que su interlocutor salga bien parado.
Dale Carnegie

En el capítulo anterior hemos analizado los principios y las tácticas del liderazgo organizacional. Ahora nos ocuparemos de un líder y de una empresa que pusieron en práctica esas ideas con resultados sobresalientes.

SOUTHWEST AIRLINES

Herb Kelleher cofundó Southwest Airlines en 1967, empresa donde ocupó el valorado puesto de director y presidente ejecutivo durante más de cuarenta años. Todos los aspectos de la compañía aérea fueron construidos según un modelo horizontal y democrático, tanto para los clientes como para los empleados. Ésta es una de esas organizaciones donde el modelo piramidal quedó descartado definitivamente.

Southwest Airlines utiliza casi en exclusiva un solo tipo de avión, el Boeing 737, lo cual simplifica el mantenimiento y reduce la necesidad de repuestos en el inventario. Para los clientes no hay primera clase ni asientos preferenciales, pero la empresa ostenta el récord de la industria en puntualidad en los despegues y aterrizajes. Por si esto fuera poco, los empleados de Southwest participan de una cultura corporativa intencionalmente democrática.

Los empleados participan, incluso, en las decisiones de contratación. Una vez evaluadas las capacidades técnicas, los empleados en funciones informan hasta qué punto se adapta al equipo el candidato al puesto vacante. Los miembros del equipo pasan horas con cada candidato y mantienen conversaciones casuales pero reveladoras sobre la familia, los deportes o las cosas que pasan todos los días. El objetivo es encontrar personas orientadas al servicio e idealistas. La actitud y el compromiso son los factores más importantes en la decisión de contratar. Las capacidades pueden enseñarse, o incluso aumentarse si fuera necesario.

También es importante tener sentido del humor. La atmósfera que impera en la empresa es divertida y abierta, relajada. Los futuros miembros del equipo deben sentirse cómodos con eso. El propio Kelleher se ríe mucho. Está absolutamente convencido de que uno no debe cambiar de personalidad para ir a trabajar, y más de una vez asistió disfrazado a los eventos de la empresa, caracterizado como Elvis o como el conejito de Pascua.

En cierta ocasión hubo que realizar entrevistas laborales a un grupo de pilotos. A medida que los candidatos iban llegando, se les decía que no sería aceptado un atuendo formal para realizar la entrevista. En cambio, tendrían que ponerse un par de shorts de la Southwest Airlines. De modo que cada candidato tuvo que usar los shorts junto con su camisa, chaqueta y corbata. Los que no captaron la humorada implícita claramente no encajaban en Southwest, más allá de sus calificaciones técnicas. No fueron contratados porque la compatibilidad con la cultura corporativa era el requisito más importante.

Herb Kelleher dice cosas que muchos otros líderes organizacionales también dicen... pero pocos cumplen. Dice que liderar con el ejemplo es crucial. Dice que el verdadero liderazgo es una cuestión de servicio y que los mejores líderes organizacionales deben ser, ante todo, buenos seguidores. Deben poder aceptar las ideas de otras personas, aun cuando esas ideas entren en conflicto con las suyas. Han de estar dispuestos a situar las necesidades del ego por debajo de las necesidades de la organización. Sobre todo, han de respetar las necesidades de los miembros del equipo y hacer todo lo posible para satisfacerlas.

REDUCCIÓN

En términos de liderazgo organizacional, este último punto es el que distingue al verdadero maestro. Durante las décadas de 1980 y 1990 tuvo lugar un tremendo cataclismo en los negocios norteamericanos, cuando los líderes comenzaron a recortar drásticamente la fuerza de trabajo con el objetivo de aumentar la cuenta de resultados. Eso se llamó reducción. Y tuvo un enorme impacto en todos los ámbitos de la sociedad... un impacto que todavía se siente.

También dio origen a un estilo personal entre algunos líderes corporativos: un estilo de indiferencia casi feliz por el coste humano de la reducción de la plantilla. Son muy pocos los representantes de la reducción a ultranza que todavía tienen poder, lo cual no es ninguna sorpresa para Herb Kelleher. Él cree que el éxito de Southwest Airlines está directamente conectado con el hecho de que nunca hubo suspensión temporal de empleo sin sueldo ni despidos en la empresa. La industria aérea es altamente competitiva, muy cíclica y a menudo caótica. El liderazgo de Kelleher siempre estuvo basado en el principio de que los miembros del equipo serían parte de la empresa durante mucho tiempo.

Kelleher creía que, si no se sentían seguros de eso desde el momento mismo en que eran contratados, su compromiso sería cada vez menor. El servicio a los clientes decaería y, en ultima instancia, la organización en su conjunto se vería debilitada.

El expresidente ejecutivo Herb Kelleher subrayó, en el transcurso de una entrevista, la cantidad de líderes que estudian el caso de Southwest Airlines con la mira puesta en crear un ambiente de trabajo y un modelo comercial similares. Pero en realidad Kelleher no tiene un método formal ni un conjunto de procedimientos bien establecidos. Sólo se trata de contratar personas que darán lo mejor de sí a los clientes y a sus compañeros de equipo. A los ejecutivos que visitan la empresa les resulta difícil de creer. Quieren una doctrina. Buscan un sistema complejo de «esto sí» y «esto no», pero Kelleher está convencido de que eso arruinaría a la organización.

Enrolamiento

A Dale Carnegie, un maestro natural, le gustaba utilizar la palabra *enrolamiento* para describir la relación entre líderes y empleados en la creación de una organización que conoce y sostiene el éxito. Carnegie creía que los líderes debían ofrecer a los miembros de su equipo la oportunidad de mejorar, tal como la universidad ofrece nuevas perspectivas a los estudiantes que deciden matricularse. Los miembros del equipo, por decisión propia y para su propio beneficio, se enrolan en las estrategias, tácticas y principios del líder. Ello no debe necesariamente darse en el momento de la contratación, pero el líder debe poder vislumbrar la posibilidad de que ocurra tarde o temprano.

El enrolamiento requiere esfuerzo focalizado y refuerzo continuo. No hay atajos. Los maestros del liderazgo organizacional no dictaminan: enrolan. Como bien lo explicara un presidente ejecutivo: «Si usted enrola a una persona, habrá iniciado una reacción en cadena. Habrá cambiado a alguien y esa persona a su vez enrolará a otra, o quizás a otras dos o tal vez a otras diez. En realidad están en condiciones de enrolar a cien».

Es como una vieja película de *cowboys* donde el héroe está a punto de librar la última batalla y rescatar a la heroína. El héroe monta su caballo blanco y de golpe aparece otro tipo a su lado. Y luego otro, del otro lado, y luego diez más a la izquierda. Otros diez aparecen a la derecha y un minuto después ya hay cien tipos cabalgando junto a él. Vuela la polvareda y ellos se dirigen a su destino. Todo ello no ocurrió porque el *cowboy* del caballo blanco llamó por teléfono a alguien y dijo: «¿Podemos encontrarnos en el arroyo a las diez en punto de la mañana para ir a librar la gran batalla?». Tuvo lugar porque el *cowboy* decidió ir al arroyo completamente solo si era necesario. Cuando los demás vieron que hacía eso, quisieron acompañarlo.

UN BUEN LÍDER CREA SENTIDO DE UNIDAD

La tarea del líder es crear esos sentimientos, la sensación de que todos vamos juntos en el mismo barco. Los líderes necesitan inducir en sus liderados la sensación de que todos son parte de un equipo y de que todos y cada uno de los miembros son importantes. Deben estimular al equipo y convencerlo de que «juntos podremos hacerlo». Sí, todo el mundo tiene que pagar sus cuentas y todo el mundo quiere que le paguen el sueldo. Es probable que todos quieran una bonificación a fin de año y un gran paquete de beneficios. Una organización fuerte, basada en el verdadero liderazgo, nunca se sostendrá exclusivamente a fuerza de incentivos financieros ni tampoco medrará intimidando a los empleados que tienen miedo de que los despidan.

La gente que trabaja exclusivamente por la paga sólo trabajará lo necesario para recibirla. Si la gente empieza a pensar de esa manera, trabajará cada vez menos. Un líder organizacional fuerte reconoce a sus empleados, los incluye, los estimula, los entrena, les pide su opinión, los elogia y los autoriza para tomar decisiones. Un líder sabio comparte la gloria con sus empleados, busca su consejo, les hace comprender cuánto los valora, los alienta a correr riesgos, les otorga la libertad de trabajar como mejor les parezca y demuestra que cree en sus capacidades diluyéndose. El liderazgo organizacional consiste, precisamente, en demostrarle a los empleados que uno confía en ellos, los respeta y se preocupa por su bienestar.

Los grandes líderes inspiradores tienen la capacidad de hacer que la gente los siga. Es un talento único, e incluso una forma de genio. Sin embargo, el talento del líder organizacional es más sutil pero igualmente grandioso. Requiere la habilidad de hacer que la gente progrese. El movimiento se produce, no por la persona que los lidera, sino porque ellos se lideran a sí mismos.

¿QUIÉNES SOMOS? ¿QUÉ SOMOS?

Cada organización tiene su propia cultura que la distingue. Es una combinación de las influencias de los fundadores originales, el liderazgo pasado y presente, las crisis, los acontecimientos, la historia y la rentabilidad y muchas otras cosas más. Todo esto se suma a las rutinas, los rituales y «nuestra manera de hacer las cosas». Estas conductas modelan la manera de actuar de la gente dentro de la organización. Dejan en claro qué se necesita para ser un buen jugador en ese campo e indican el comportamiento apropiado para cada circunstancia.

La cultura de una organización es un concepto relativamente abstracto. El clima, por otra parte, es la sensación que produce la organización a nivel cotidiano: las percepciones individuales y compartidas y las actitudes de los miembros. La cultura es la naturaleza profundamente arraigada del grupo, y es el resultado de sistemas, reglas, tradiciones y costumbres formales e informales de larga data. El clima es un medio ambiente a corto plazo creado por el liderazgo actual. La percepción individual del clima proviene de lo que la gente cree sobre las actividades que ocurren día tras día e incluso minuto a minuto. Estas actividades influyen sobre la satisfacción y la motivación individual y del equipo, por ejemplo:

- ¿El líder logra comunicar con claridad las prioridades y las metas de la organización? «¿Qué se espera de nosotros?»
- ¿Cuál es el sistema de reconocimiento, recompensa y crítica en la organización? «¿Qué ocurrirá si cometo un error?»
- ¿Cuán competentes son los líderes? ¿Los miembros del equipo los tienen en alta estima?
- ¿Los líderes tienen libertad para tomar decisiones?

El clima organizacional está directamente relacionado con el estilo de liderazgo y dirección de la gerencia superior, basado en los valores, atributos, capacidades, acciones y prioridades. Otro aspecto de esta cuestión es el «clima ético»: la sensación existente, dentro de la organización, acerca de las actividades que tienen contenido «correcto o incorrecto» o de aquellos aspectos del ámbito laboral que constituyen un comportamiento ético. El clima ético es la sensación de estar haciendo o no las cosas correctamente en un sentido moral: la sensación de comportarnos (o no) tal como debemos comportarnos. La conducta y el carácter del líder son los dos factores más importantes de todos los que impactan sobre el clima de la organización.

La cultura es un fenómeno complejo de largo alcance. La cultura representa las expectativas compartidas y la imagen que la organización tiene de sí misma, los valores maduros que crean tradición o, en otras palabras, «nuestra manera de hacer las cosas». Cada organización hace las cosas a su manera. La visión colectiva y el folklore común que definen a la institución son un reflejo de su cultura. Los líderes individuales no pueden crear o cambiar fácilmente esa cultura porque la cultura es parte integral de la organización. La cultura influye sobre las características del clima por el efecto que causa sobre las acciones y los procesos de pensamiento del líder. Pero tenga en cuenta que todo cuanto usted haga en su papel de líder afectará el clima de la organización.

A continuación incluimos algunas ideas para crear una óptima cultura y un clima de excelencia mediante el consenso y la colaboración.

Llegar al consenso a través de la colaboración

Los equipos eficaces trabajan juntos para llegar al consenso o a un acuerdo. El consenso requiere que cada participante concuerde sobre el punto en discusión antes de que éste pase a formar parte de la decisión. No todos los puntos debatidos serán aprobados incondicionalmente por todos los miembros del equipo. La unanimidad no es la meta. La capacidad de usar la colaboración requiere reconocer y respetar las ideas, opiniones y sugerencias de todos. La meta es lograr que los individuos acepten un punto de vista basado en la lógica. Cuando los individuos puedan comprender y aceptar la lógica de un punto de vista diferente del suyo, usted deberá asumir que ha llegado al consenso.

Siga los siguientes lineamientos para llegar al consenso:

- Evite las discusiones sobre la jerarquía o la posición individual. Presente la propuesta que debatir como algo lógicamente posible.
- Evite las afirmaciones tipo «ganar o perder». Descarte de plano la idea de que alguien debe ganar.
- Evite intentar que la gente cambie de opinión sólo para evitar el conflicto y alcanzar la armonía.
- Evite regirse por el voto mayoritario o la media; evite también la negociación y el arrojar una moneda al aire. Nada de esto conduce al verdadero consenso. Considere que las diferencias de opinión indican que la información relevante fue incompletamente compartida: haga todas las preguntas del caso.
- Mantenga la actitud de que tener opiniones diferentes es natural y saludable para el grupo.
- Considere sospechoso cualquier acuerdo inicial, sobre todo si se produce rápido. Explore las razones subyacentes al acuerdo aparente y asegúrese de que los miembros del equipo hayan obrado según su propia voluntad.

PASOS QUE SEGUIR

1. Bajo el liderazgo de Herb Kelleher, Southwest Airlines creó una cultura unificada y mutuamente respetuosa dentro de la

organización. ¿Usted trata a todos los miembros de su empresa con el mismo respeto y dignidad? De no ser así, redacte una lista mencionando a todos los individuos a quienes trata de otra manera. Luego, con un poco de introspección, escriba por qué no los trata con respeto. Casi siempre «castigamos» en otros un rasgo que tratamos de eliminar en nuestra propia personalidad.

2. Cuando haya identificado por qué lucha contra ese individuo, diseñe un plan para modificar su percepción. Muchas veces, el solo hecho de redactar una lista de las cosas que uno HACE respecto de ese individuo y concentrarse en ella bastará para modificar sus sentimientos y le permitirá ver a esa persona bajo otra luz. Después de hacer este ejercicio, tome nota de los cambios que hayan ocurrido en usted, en la otra persona y en la relación entre ambos.
3. Herb Kelleher siempre aseguró que no seguía ningún sistema o metodología particular. ¿Usted sigue alguno? Para esclarecer su propio estilo de liderazgo organizacional, describa por escrito cómo lidera a los demás. ¿Qué busca cuando contrata nuevos empleados? ¿Qué prácticas interpersonales insiste en fomentar dentro de la organización? ¿Qué clase de incentivo o programa de recompensas ofrece? ¿Qué aspectos estimula en la construcción del equipo?
4. Si usted fuera el *cowboy* del caballo blanco, ¿cuáles de los miembros de su organización (o de su vida en general) lo acompañarían a la batalla, y por qué? ¿Qué ha hecho usted para ganarse su confianza, su lealtad y su admiración? ¿Qué puede hacer para reclutar todavía más personas?

CAPÍTULO 13
Encuentre su propio estilo de liderazgo

Hable acerca de sus propios errores
antes de criticar los errores ajenos.
Dale Carnegie

APLIQUE TODO CUANTO APRENDIÓ A SU PROPIA EXPERIENCIA

Hasta ahora hemos visto dos tipos distintos de liderazgo: el líder inspirador y el líder organizacional. A continuación haremos un breve resumen de ambos para ayudarlo a construir su propio estilo de liderazgo.

UNA VISIÓN GENERAL DEL LÍDER INSPIRADOR

Desde la perspectiva de aquellos que trabajan de cerca con líderes inspiradores, casi nunca existe el término medio. El medio ambiente que crean estos líderes es excitante y electrizante. Algunas personas admiran su pasión y los consideran visionarios. Otras se sienten frustradas por su naturaleza impredecible.

Trabajar con un líder inspirador, aun cuando sea un verdadero maestro del liderazgo inspirador, se parece bastante a subirse a la montaña rusa. Algunas personas lo encuentran excitante. Experimentan un shock de adrenalina y enseguida quieren volver a subir. Otras se alejan vacilantes y prometen para sus adentros: «Nunca más». Sea como fuere, todos están de acuerdo en que los líderes inspiradores poseen el talento de dejar su impronta única en las cosas.

RASGOS CARACTERÍSTICOS DEL LÍDER ORGANIZACIONAL

Los líderes organizacionales son completamente distintos. Su efectividad no deriva tanto de la dinámica personal. Si el liderazgo inspirador es como un temperamental coche deportivo de elevadas prestaciones, el liderazgo organizacional se parece mucho a un sedán bien diseñado. Los líderes organizacionales fueron construidos para soportar los altibajos del camino y gastar poco combustible en los viajes largos. Les interesa crear una estructura sólida como una roca, tanto para el presente como para los que vengan después.

Los líderes organizacionales tienden a ver las cosas bajo el prisma de la concreción. Son buenos para anticipar obstáculos y desarrollar estrategias alternativas. La gente los describe como líderes que se adelantan a los acontecimientos. A diferencia del líder inspirador, a menudo tienen una tremenda capacidad para pensar los detalles.

PREGUNTAS DE AUTOEVALUACIÓN

Dado que usted ya ha comprendido las diferentes maneras en que operan los maestros del liderazgo, ha llegado el momento de aplicar todo cuanto aprendió hasta ahora. En los próximos dos capítulos nos dedicaremos a responder una serie de preguntas de autoevaluación. Una vez que haya leído este capítulo e incorporado la información necesaria sobre las preguntas, vaya a la sección «Pasos que seguir» y escriba sus respuestas a las preguntas de autoevaluación en el espacio previsto para tal fin. Al final de cada espacio encontrará información que lo ayudará a interpretar lo que ha escrito y también a comenzar a identificar su estilo personal de liderazgo.

Cuando comencemos a analizar las preguntas, por favor tenga en cuenta que nada está escrito en la piedra. Estas preguntas de autoevaluación no son sino un reflejo del lugar donde usted está ahora. Indican dónde se encuentra usted en este momento de su desarrollo personal.

Si no le gusta la imagen reflejada, recuerde que sólo usted tiene el poder de cambiarla. Usted posee el don del libre albedrío, imaginación y capacidad de crecimiento. Si le gusta la imagen reflejada, seguramente contará con más percepciones para expandir sus puntos fuertes.

Cuando considere las preguntas, debe tener presentes algunos puntos clave. Sea honesto consigo mismo, trate de no adivinar segundas intenciones en las preguntas y, sobre todo, por favor no las responda como *cree que debería responderlas.* Esta evaluación pretende beneficiarlo. Recuerde que nadie más que usted la verá.

Trate de evitar, asimismo, las respuestas breves y generales. Trate de detallar al máximo cada respuesta, incluyendo circunstancias, pensamientos, emociones y personas (detalles internos y externos que transformarán su respuesta en algo útil con lo que podrá trabajar más adelante). Cuanto más escriba, más resultados podrá obtener del proceso. Teniendo estas cosas bien presentes, ya estamos listos para empezar.

PREGUNTAS IMPORTANTES

¿Cuál es la decisión más significativa que usted ha tomado respecto de su carrera o de su trabajo? ¿Cómo llegó a tomarla?

Su experiencia en cuanto a tomar decisiones difíciles o importantes no tiene nada que ver con la extensión de su currículum vitae, ni tampoco con el hecho de que haya sido entrevistado por la CNN. Más allá de dónde se encuentre usted en su vida profesional, ya sea un empleado administrativo o un presidente ejecutivo, seguramente ya habrá tomado algunas decisiones de envergadura a nivel profesional. Tal vez no se haya dado cuenta. De ser así, es crucial que tome conciencia ahora.

Este punto fue muy bien expresado por un hombre llamado Doyle Brunson, quien ganó la World Series of Poker de Las Vegas (Nevada) en diez oportunidades. En cierta ocasión le preguntaron a Brunson por la presión que sentía cuando empujaba varios montones de fichas por valor de un millón de dólares al centro de la mesa en una sola apuesta. «Eso no es presión», replicó el jugador profesional. «Presión es cuando apuestas tu último centavo.»

La importancia de una decisión está determinada por su capacidad de afectar nuestra vida. Fumar el primer cigarrillo puede resultar, a la postre, una gran decisión y además muy destructiva, aunque en el momento parezca un juego de niños. Las decisiones aparentemente insignificantes, como responder a una llamada telefónica o hacerle un pequeño favor a un amigo, han transformado radicalmente la vida de más de una persona. De modo que piénselo un poco. A menudo las decisiones que cambian nuestras vidas están relacionadas con cambiar pequeños detalles en aquellas cosas que hacemos a diario.

¿Es usted una persona de conceptos o una persona de acción? Ofrezca las razones de su respuesta o dé un ejemplo pertinente que la justifique.

Esto es como la diferencia entre un poeta y un novelista, o entre un inventor y un ingeniero. La persona de conceptos tiene ideas como Pet Rocks o Beanie Babies. La persona de acción sabe qué precio ponerles y cómo introducirlas en el mercado. La persona de conceptos diseña nuevas líneas de ropa cada temporada. La persona de acción adapta esos diseños a la producción, contrata vendedores y supervisa una campaña publicitaria destinada a promocionarlos.

Las personas de conceptos ven los objetos cotidianos con nuevos ojos. Son verdaderos maestros de la libre asociación. Sin talento dispara nuevas tendencias, inspira productos innovadores, crea enfoques frescos y da origen a nuevos servicios. Las personas de acción desempeñan un papel muy diferente. Sin ellas, las ideas inteligentes jamás se manifestarían en nuestra vida cotidiana. Trabajan con las ideas hasta convertirlas en productos que llegan a los estantes de los comercios a tiempo y con el precio adecuado.

Los dos talentos son necesarios. Ninguno podría llegar a mucho sin la existencia del otro. Ambos son maestros del liderazgo en potencia. ¿A cuál de los dos pertenece usted?

¿Los detalles son una fuente de inspiración o de impaciencia para usted?

Meg, recientemente graduada en la carrera de derecho, viajó a Europa antes de hacer su examen de doctorado. Mientras visitaba Praga, descubrió que recorrer las calles de una ciudad del viejo mundo podía ser una experiencia educativa por derecho propio. En una angosta callecita lateral, Meg espió por la ventana y observó a un viejo relojero con sus tres jóvenes aprendices. Frente a ellos había varias docenas de delicados componentes de reloj ampliamente dispuestos sobre la mesa. Había montones de espirales y resortes diminutos y minúsculos fragmentos de metal y delicados cristales. De vez en cuando el viejo relojero se levantaba a observar el trabajo de un aprendiz, pero lo que se veía desde la ventana era principalmente un ambiente de concentración pura y personas inspiradas por su amor a los detalles.

Las personas orientadas hacia los detalles prosperan en aquellas situaciones que les permiten avanzar paso a paso con concentración metódica. El acercamiento amplio y generalizado a las cosas no les resulta para nada atractivo.

Por supuesto que algunas personas se desesperarían ante la sola idea de tener que desarmar pacientemente un reloj antiguo. Para ellas, la atención metódica que requiere esta clase de trabajo es aburrida y carece de sentido. Cuentan con capacidad para los grandes compromisos y el trabajo arduo, pero cuando se trata de sumergirse en las partes más pequeñas del proceso… ya se han ido a ocuparse de otra cosa. Su fortaleza no radica en armar cuidadosamente las piezas más pequeñas del rompecabezas, por muy cruciales que sean.

¿QUÉ CLASE DE LÍDER ES USTED?

¿Es usted un líder conservador o un líder agresivo?

¿Juega para ganar o para evitar perder? ¿Piensa que la mejor defensa es un buen ataque… o piensa exactamente lo contrario?

No cometa el error de pensar que uno de los dos estilos es mejor que el otro. A simple vista el pensador agresivo puede parecer un líder superior, pero no se deje engañar. Dependiendo de las circunstancias, el pensamiento conservador puede hacernos ganar la batalla.

Imagine que un ladrón armado ha tomado rehenes en un banco. El tiempo pasa y el francotirador continúa dentro del edificio negociando con la policía. El público puede estar ansioso de acción, pero casi siempre es la estrategia pensada con la cabeza fría y conservadora la que lograr salvar las vidas de los rehenes. Tal vez no sirva para filmar una película taquillera, pero eso les importa muy poco a los familiares de los rehenes que finalmente son liberados sanos y salvos. En este caso es fácil comprender que una táctica agresiva podría provocar un desastre violento e innecesario.

Sin embargo, el mundo de los negocios ofrece infinitas oportunidades para los pensadores agresivos. Cuando America Online anunció que compraría el gigantesco conglomerado Time Warner fue fácil olvidar que, sólo unos años antes, el futuro de AOL era brillante. Las tarifas diarias que cobraba la compañía por el acceso a Internet fueron rebajadas drásticamente por otros proveedores. Los clientes abandonaban AOL en masa. Entonces, tomando a todo el mundo por sorpresa, Steve Case de America Online anunció que las tarifas por hora serían abolidas y que el servicio sería brindado a cambio de una tarifa mensual única, que en muchos casos era apenas una fracción de lo que los usuarios venían pagando.

La línea de demarcación está perfectamente establecida. Los líderes agresivos no se dejan arredrar por los riesgos. Son estrategas creativos y a menudo responden mejor cuando están entre la espada y la pared. Los líderes conservadores limitan los daños. Anticipan fórmulas para evitar pérdidas innecesarias y proteger así a la organización en su conjunto. Distintas clases de personas tienen distintas capacidades. Su tarea ahora es descubrir dónde está su talento e ingenio.

¿Apela usted a sus emociones cuando debe tomar una decisión relacionada con el trabajo?

En otras palabras: ¿confía en su intuición o confía en los números? Cuando debe afrontar una decisión difícil, ¿responde de manera intuitiva o analítica?

Si bien es cierto que el instinto y la información sólida a menudo trabajan juntos, cuando se enfrentan uno suele resaltar sobre el otro y eso generalmente depende de los procesos con los cuales usted se sienta más cómodo. Cuando un exitoso operador de bonos dejó la Cámara de Comercio de Chicago para dedicarse a comercializar gas natural en Houston, pareció que estaba dando un paso hacia lo desconocido. ¿Por qué querría alguien abandonar una carrera tan prometedora? Al propio operador de bonos le resultaba difícil explicarlo. «Los números hablan demasiado», dijo. «Yo trabajo a partir del instinto. No conozco otra manera de describirlo.»

Steve Jobs, de Apple Inc., fue un ejemplo similar de toma instintiva de decisiones. Cuando retomó el liderazgo de la compañía que había cofundado, la empresa atravesaba graves problemas que hasta el momento no había enfrentado. Las ventas eran desalentadoras. Otras marcas habían igualado a Apple en cuanto a facilidad de uso, y muchas de ellas eran significativamente más baratas. Los números eran definitivamente malos, pero Jobs no perdió jamás su pasión por Apple. Tenía fe en su fuerza como marca innovadora del mercado y como empresa que sabía tomarle el pulso a los consumidores. Su instinto le indicó las carencias en el mercado de la computación y el modelo iMac probó que estaba en lo cierto. Era pequeño, fácil de operar, portátil y con una estética brillante.

Pero un enfoque menos emocional de las decisiones también resulta valioso. La idea de que «los números no mienten» le ha servido a muchas personas cuando llegó el momento de tomar una decisión difícil, independientemente de lo que indicara el instinto. Lo importante es tomar conciencia del propio proceso e identificar las prioridades de cada uno en la toma de decisiones.

Como líder, ¿intenta construir consenso o toma las decisiones solo?

Algunas personas exhalan un suspiro de satisfacción cada vez que escuchan la palabra *consenso*. Otras hacen rechinar los dientes al escucharla. ¿A qué se deben esas reacciones tan diferentes?

Los líderes que favorecen el consenso y la colaboración consideran que ésta es una dinámica grupal óptima. Sienten que una decisión acertada es convalidada cuando la mayoría del grupo concuerda con ella. Es un proceso de armonización. Los constructores de consenso están convencidos de que progresar como equipo aumentará la eficacia de la organización en su conjunto.

Incluso en el terreno personal se sienten más cómodos con esta clase de atmósfera.

Sin embargo, ser un constructor de consenso requiere una capacidad y una tenacidad considerables. Requiere saber cómo interactuar con toda clase de personalidades. Significa ser astuto a la hora de juzgar a los demás. Estos líderes son negociadores incansables que constantemente reajustan sus balances mentales mientras inducen a todos a acercarse cada vez más al término medio. Como un gato que siempre cae de pie, el constructor de consenso sabe cómo mantener el control de la situación haciéndola fluir armoniosamente.

En la historia de los Estados Unidos, el ejemplo clásico de constructor de consenso fue el presidente Lyndon B. Johnson. Cuando era senador cosechó la reputación de ser un gran negociador. Johnson podía hacer que políticos de extremos opuestos del espectro votaran una ley o defendieran una misma causa. Esa capacidad le resultó muy útil cuando ocupó la presidencia. A pesar de la abrumadora oposición de los senadores sureños, Johnson logró que el Congreso aprobara la Ley de Derechos Civiles en 1964. Después de muchos días de encendido debate, los Estados Unidos por fin tuvieron la ley de derechos civiles más amplia en toda la historia del país.

Llegado a este punto, es probable que usted ya esté preguntándose:

«¿Quién en su sano juicio podría estar en contra del consenso?» Después de todo, ¿qué puede tener de malo que todo el mundo esté de acuerdo? Pero cualquier aspecto del liderazgo tiene su punto flojo: un estilo opuesto que pueda ser igualmente eficaz.

Cuando Bill Gates, de Microsoft, mantiene una reunión de negocios nada le molesta más que ver que todos asienten con la cabeza. Gates está convencido de que el consenso suele ser índice de pensamiento conformista o de lisa y llana haraganería. La mejor obra, a su entender, es producto de la confrontación, el desafío y el disenso. Más de una vez Gates disparó la frase «Eso es lo más estúpido que he oído en mi vida» en una reunión de negocios... sólo para que los demás reaccionaran echando chispas.

¿Cómo reaccionaría usted ante esa clase de liderazgo? ¿Es usted un constructor de consenso o un aguafiestas profesional?

Acabamos de proporcionarle seis preguntas que lo ayudarán a evaluar cuál es exactamente su estilo de liderazgo. Las preguntas serán reiteradas en los pasos que seguir. Asegúrese de responder cada pregunta lo más específica y exhaustivamente posible.

PASOS QUE SEGUIR

1. Antes de reconsiderar las preguntas para la evaluación del liderazgo, repase la lista de lineamientos, incluida a continuación para un liderazgo eficaz. Tilde aquellos atributos que ya domina y marque con una X aquellos que necesita desarrollar.
   El líder eficaz deberá tener presentes los siguientes lineamientos cuando sea necesario cambiar una actitud o una conducta:
   - Sea sincero. No prometa nada que no pueda cumplir.
   - Olvídese de los beneficios personales y concéntrese en los beneficios para el otro.
   - Sepa exactamente qué quiere usted que haga la otra persona.
   - Sea empático. Pregúntese: «¿Qué quiere en realidad el otro?».
   - Considere los beneficios que recibirá esa persona si hace lo que usted sugiere.
   - Compare esos beneficios con las necesidades de su interlocutor.

- Cuando haga el pedido, formúlelo de manera tal que su interlocutor comprenda que saldrá beneficiado personalmente. Es ingenuo creer que usted siempre obtendrá una reacción favorable de los otros cuando utilice estos enfoques, pero la experiencia de la mayoría de las personas muestra que es más probable cambiar una actitud utilizando estos principios estratégicos que ignorándolos. Si aumenta su éxito en un mero 10 por ciento, usted será un 10 por ciento más eficaz como líder que antes. Y ésa es su ganancia en este caso.

2. Responda las siguientes preguntas teniendo presentes dos señalamientos. Primero, sea honesto consigo mismo. Esta evaluación está destinada a beneficiarlo y, excepto usted mismo, nadie más la verá. Cuanto más honesto sea usted, más certera será su instantánea verbal. En particular, evite caer en la tentación de inventar una «respuesta mejor»: en este ejercicio, la mejor respuesta es la verdad, tal como le venga a la cabeza.

   Segundo, trate de evitar las respuestas breves y generales. Escriba todo lo que pueda en cada respuesta, incluyendo circunstancias, pensamientos, emociones y personas. Incluya detalles internos y externos que transformarán su respuesta en algo útil con lo que podrá trabajar más adelante. Cuanto más escriba, más podrá obtener del proceso.

   a) ¿Cuál es la decisión más grande que usted ha tomado respecto de su carrera o de su trabajo? ¿Cómo llegó a tomarla?
   b) ¿Usted es una persona de conceptos o una persona de acción? Ofrezca las razones de su respuesta o dé un ejemplo pertinente que la justifique.
   c) ¿Los detalles son una fuente de inspiración o de impaciencia para usted? Provea ejemplos que justifiquen su respuesta.

d) ¿Es usted un líder conservador o un líder agresivo?¿Por qué lo dice?
e) ¿Usted apela a sus emociones cuando debe tomar una decisión relacionada con el trabajo? Dé ejemplos específicos.
f) Como líder, ¿intenta construir consenso o toma las decisiones solo? Por favor, explayese más.

CAPÍTULO 14
Continúe descubriendo su estilo de liderazgo

Sólo existe una manera bajo el cielo de sacar
lo mejor de una discusión… y es evitarla.
Dale Carnegie

La última pregunta del capítulo 13 refería a la posibilidad de que usted fuera un constructor de consenso o un individuo que prefiere tomar decisiones solo. Un estilo de liderazgo puede ser tan eficaz como el otro, dependiendo de la organización y de las características específicas de cada situación. Aunque Bill Gates se exaspera ante la sola idea del consenso en una reunión de negocios, el siguiente relato muestra que el compromiso de los empleados y la toma de decisiones a gran escala también pueden ser muy benéficos para una organización.

LA GENTE QUIERE CAUSAR IMPACTO

Una gran corporación de la industria de productos domésticos descubrió exactamente cómo el compromiso de los empleados puede beneficiar a todos los involucrados. Como parte de un intento de revitalizar la zona céntrica de la ciudad donde la empresa tenía su sede, se decidió construir una nueva planta en un área hasta entonces deprimida. Contrataron personal de la zona y se calculó que la capacitación y la orientación llevarían cierto tiempo. No obstante, la compañía se comprometió a involucrar a los empleados y residentes en temas importantes relacionados con la nueva planta.

Este compromiso condujo a reprogramar las rutas del transporte público más cerca de la planta, a la ampliación del jardín materno-infantil y a una mayor flexibilidad en la contratación y las calificaciones laborales requeridas. Discutir estos temas con representantes de una gran corporación fue una experiencia totalmente nueva para muchos de los residentes del vecindario. Y resultó ser muy valiosa para ambos y para la empresa. Para la empresa significó una invalorable oportunidad de construir lealtad y compromiso en la zona demográfica donde contrataría a la mayoría de los empleados. Para los trabajadores conllevó enterarse de que los nuevos empleadores querían conocer sus ideas y que esas ideas serían tenidas en cuenta en los niveles más altos de la corporación. Terminó siendo una solución ganadora para todos los interesados.

Para que esto suceda se requiere visión y flexibilidad. El principal directivo de operaciones de la empresa de productos domésticos sostiene que fortalecer a los empleados es una de sus tareas más importantes. Y es también sumamente compleja. Implica inducir confianza en los miembros del equipo y sacar a la luz su creatividad. También requiere ayudarlos a esclarecer sus pensamientos para que puedan comunicarlos a otras personas que quizá tengan expectativas culturales muy diferentes a las suyas.

Dijo un ejecutivo: «He aprendido algo que jamás habría podido entender unos años atrás. El pensamiento equivocado o irrelevante sencillamente no existe. Las ideas de todos, literalmente, merecen ser tenidas en cuenta. Ésa es la única manera de encontrar soluciones realmente aplicables, soluciones que no sólo sean técnicamente aptas sino que incluyan a todas las personas que estarán a cargo de implementarlas».

ACERCA DE LA CONFRONTACIÓN

Ahora continuaremos con una serie de preguntas adicionales que lo ayudarán en su autoevaluación. Una vez más, tómese tiempo para responderlas con el mayor detalle posible.

¿Cómo se siente respecto de la confrontación?

Esta pregunta es en realidad una prolongación de la anterior, pero más referida a las relaciones individuales uno a uno. En su papel de líder, ¿usted se considera un francotirador o un diplomático? ¿La gente lo describe como «una persona de trato fácil y capaz de jugar en equipo» o usa palabras como «franco, directo y áspero»?

Cuando analizan situaciones de conflicto en retrospectiva, algunos líderes creen que fracasaron sólo por haber permitido que las cosas llegaran tan lejos. Otros recuerdan con cariño las confrontaciones, el hecho de no haber retrocedido, de haber dicho lo que pensaban y de haber afirmado su poder.

Pregúntese: ¿usted considera que la confrontación es índice de debilidad en el liderazgo o, por el contrario, piensa que es una de sus expresiones fundamentales?

¿Es usted un científico o un mago?

Esta pregunta remite a la importancia que usted asigna a la coherencia. ¿Cuánto peso otorga usted a las fórmulas probadas y comprobadas? ¿Se siente más cómodo ateniéndose a lo que funcionó bien en el pasado o le gustan las cosas inesperadas?

La prueba del enfoque científico es su capacidad de predecir el futuro. Basándonos en la experiencia pasada, podemos esperar que si arrojamos una piedra al aire ésta caerá indefectiblemente al suelo. Eso es obra de la ley de gravedad y ha demostrado ser una manera muy certera de predecir los resultados de determinadas acciones. Como teoría científica, está siempre sujeta a los procesos de prueba y verificación. Por raro que parezca, las leyes naturales aparentemente inmutables continúan siéndolo siempre y cuando haya un último ejemplo que demuestre su validez y su vigencia. Si arrojamos la piedra al aire y la piedra no cae al suelo, aunque sea esa sola vez, todo se torna cuestionable. Por lo menos en esa situación la ley de gravedad no habrá funcionado, lo que conducirá a la reevaluación y posiblemente la revisión de algunos conceptos fundamentales.

Por otra parte, la magia no tiene que funcionar todo el tiempo para ser mágica. El mago cree que es imposible conocer todas las variables de una situación y que incluso la fuerza de su creencia y la de los espectadores pueden influir sobre el resultado. Cada nuevo esfuerzo tiene su propia dinámica, su propio conjunto de factores impredecibles que lo transforman en un universo en sí mismo. Una maravillosa escena de la película *Pequeño gran hombre* ilustra el caso a la perfección. En su personaje de jefe tribal, el actor Dan George se dirige a su coprotagonista Dustin Hoffman y le dice que ha llegado su hora de morir. Quiere despedirse. Es un momento triste y conmovedor. Está acostado, con los ojos cerrados, y se prepara para la muerte. Hay un minuto de silencio. Finalmente el viejo pregunta: «¿Todavía estoy en este mundo?». Y el personaje de Hoffman responde: «Sí, abuelo». El jefe se sienta y se encoge de hombros diciendo: «A veces la magia funciona. Otras veces no».

Si ése es su estilo, atenerse firmemente a los registros y los números le parecerá una restricción innecesaria. Las cosas no deben funcionar siempre igual para ser verdaderas o dignas de confianza. A usted le gusta que haya un poco de misterio en su vida, incluso en las grandes decisiones de negocios. Cuando Michael Ovitz era el agente más poderoso de Hollywood, contrató al mundialmente renombrado arquitecto I. M. Pei para que diseñara los nuevos cuarteles generales de la Creative Artists Agency. Eso le costó muchos millones de dólares y Ovitz se hizo famoso por ser un cuidadoso administrador de fondos. Sin embargo, también se aseguró de que la construcción del nuevo edificio respetara los principios de la antigua tradición espiritual china del feng shui. Incluso en el nada místico ambiente donde se negocian los grandes contratos de las estrellas de Hollywood las decisiones se toman más allá de los límites de la pura razón.

Si su estilo de liderazgo es el de atenerse a lo que ha sido probado y comprobado, es probable que su orientación sea científica. Usted presta atención a la información acumulada. Estudia los resultados pasados para predecir éxitos futuros.

Si, en cambio, usted desea probar cosas que no pueden ser cuantificadas ni verificadas, es obvio que necesita un poco de magia en su enfoque de liderazgo.

¿Cómo ve a sus competidores?

Para los propósitos de esta pregunta, la palara *competidores* remite a personas que están tanto fuera como dentro de su organización. Puede aludir a alguien que se encuentra en el mismo plano que usted en la empresa, o puede remitir a otra empresa que produce el mismo producto o brinda el mismo servicio que la suya. En cualquier caso, cómo ve usted a sus competidores es un indicador clave de su estilo de liderazgo.

Específicamente, ¿ve a sus competidores como oponentes en un campo de batalla, o los ve como personas iguales a usted que intentan hacer su trabajo lo mejor posible? ¿Los considera pares influyentes que incluso pueden ayudarlo a sacar lo mejor de usted gracias a sus esfuerzos?

Martin, por ejemplo, era un fabricante de ropa para niños que tenía mucho éxito. Sus clientes eran las grandes tiendas. Su línea de indumentaria infantil era de óptima calidad y los envíos siempre llegaban a tiempo. Tenía pocos casos de devoluciones y los compradores regresaban cada temporada a renovar sus pedidos.

Mientras tanto Stan, un competidor en el negocio de la ropa para niños, detestaba la sola mención de la empresa de Martin. No quería escuchar hablar de la última línea de indumentaria lanzada por Martin ni tampoco quería enterarse de qué tiendas compraban qué cosas. Para Stan, el solo hecho de hablar de eso era sinónimo de traición. Pensar en el éxito de Martin le hacía subir la presión sanguínea, a pesar de que Martin trabajaba duro para ganárselo.

David, un tercer competidor en la misma industria, veía las cosas de otro modo. Como novato que era en el negocio, rápidamente advirtió que Martin era un ejemplo que seguir si deseaba alcanzar el éxito. David adquirió la costumbre de visitar las grandes tiendas y los comercios especializados para estudiar el tipo de producto que Martin enviaba cada temporada. Durante sus reuniones con los compradores, que también trabajaban con Martin, solía preguntarles qué les gustaba y qué no les gustaba de su competidor. No veía a Martin como un enemigo sino como un catalizador para desafiarse a sí mismo.

Pocos años después, en una gala de premios de la industria del vestido, la asociación de compradores premió a David. David fue a recibir el premio y expresó su gratitud hacia las personas con quienes trabajaba. Luego hizo una pausa y se tomó un momento para agradecerle a Martin por haberle mostrado la mejor manera de hacer las cosas. Stanley, por supuesto, quedó pasmado. A su entender, el comportamiento de David era profundamente irracional. Sin embargo, para David, el ganador de la noche, tenía perfecto sentido.

¿Usted qué piensa al respecto?

¿QUÉ LE GUSTARÍA QUE DIJERA LA GENTE DE USTED?

¿Cómo le cae la idea de preparar a su sucesor?

Para algunas personas en posición de liderazgo, e incluso para muchas que podrían ser llamadas incuestionablemente maestros del liderazgo, la idea de soltar las riendas en determinado momento resulta muy amenazante. Prefieren no pensar en esas cosas. Algunos maestros prefieren no enterarse de lo bien que pudo desenvolverse el suplente durante su ausencia. A algunas personas no les gusta la idea de hacer su testamento, aunque en otro sentido saben que es prudente y aconsejable redactarlo. Después de todo, preparar a un sucesor no sólo significa encontrar y entrenar al candidato adecuado; también quiere decir que no somos indispensables. Comprender eso resulta contradictorio con la manera en que ciertos líderes dirigen sus organizaciones.

Por ejemplo, cuando Michael Eisner (de Disney) tuvo que someterse a un bypass cardíaco, los accionistas se dieron cuenta de que no se había hecho nada por buscarle un sucesor a Eisner en caso de que fuera necesario. Eisner regresó rápidamente a su puesto y continuó sin prestarle atención al tema. Obviamente era algo incómodo. La idea de no pensar en un posible sucesor era, evidentemente, parte de su estilo de liderazgo.

Pero esa cuestión no es tan perturbadora para otros líderes. De hecho, la consideran parte importante de su responsabilidad. La consideran parte del hecho de asegurar el futuro de la organización. Junto con la estabilidad del grupo en su conjunto, sienten que sus esfuerzos y victorias personales estarán mejor protegidos si la transición del liderazgo se prepara e implementa sin dificultad. Antes de responder a esta pregunta, pregúntese qué siente ante la eventualidad de tener que abandonar su puesto de liderazgo. ¿Lo ve como una nueva oportunidad o como una necesidad desagradable? ¿Quizás es algo en lo que ni siquiera desea pensar?

Si pudiera escuchar una conversación sobre su estilo de liderazgo sin que nadie se diera cuenta, ¿qué le gustaría escuchar acerca de usted?

Esta última pregunta es quizá la más reveladora de todas. Si pudiera escuchar una conversación donde lo elogiaran o describieran de algún modo, ¿qué le gustaría más? ¿Le gustaría que dijeran que usted sabe jugar en equipo? ¿Le gustaría que lo consideraran duro pero justo? ¿Le gustaría que lo describieran como una persona apasionada por su trabajo, buena con el personal y fácil de abordar? Las posibilidades son infinitas. Por consiguiente tendrá que pensarlo bastante. Tómese todo el tiempo que necesite para hacerlo. Incluso podría escribir la respuesta a esta pregunta en forma de diálogo imaginario. Las percepciones podrían serle muy útiles y siempre es divertido imaginar una conversación en la que sólo escuchamos decir cosas buenas acerca de nosotros.

Con esto concluye el proceso de autoevaluación. Ahora, por favor, complete la sección correspondiente de «Pasos que seguir». Cuando lo haya hecho, lea sus respuestas. Eso le ayudará muchísimo a descubrir si usted es un líder inspirador, un líder organizacional o si está en plena trancisión hacia un estilo definido de liderazgo. Recuerde que esto es una instantánea, no una escultura en piedra destinada a perdurar por los siglos de los siglos. Al igual que el mundo que lo rodea, usted es una obra en construcción. El propósito de este ejercicio es darle una idea certera del lugar donde se encuentra ahora.

PASOS QUE SEGUIR

1. Prosiga con la autoevaluación respondiendo a las siguientes preguntas. Una vez más tenga presente que, para obtener los mejores resultados, en primer lugar debe ser honesto consigo mismo y en segundo lugar debe evitar las respuestas breves y generales. Escriba todo cuanto pueda en cada respuesta, incluyendo circunstancias, pensamientos, emociones y personas: de-

talles internos y externos que transformen su respuesta en algo útil que podrá emplear más tarde. Cuanto más escriba, más provecho podrá sacar de este proceso.

a) ¿Cómo se siente respecto de la confrontación? Explíquelo con sumo detalle.
b) ¿Es usted un científico o un mago? ¿Qué lo lleva a responder eso?
c) ¿Cómo ve a sus competidores? Dé algunos ejemplos específicos.
d) ¿Cómo contempla la idea de preparar a su sucesor?
e) Si pudiera escuchar una conversación sobre su estilo de liderazgo sin que nadie se diera cuenta, ¿qué le gustaría escuchar que dicen de usted?

CAPÍTULO 15
Liderazgo en equilibrio I: salud general

El alto desempeño laboral es consecuencia directa del equilibrio entre trabajo y ocio.
Dale Carnegie

Comenzaremos este capítulo haciendo una observación que tal vez lo sorprenda. Tiene que ver con los límites del éxito del liderazgo o, más bien, con el hecho de que el verdadero éxito no debiera tener límites. Todos hemos oído hablar de personas que han logrado grandes cosas en sus carreras. Todos hemos oído hablar de individuos que llegaron a ser emprendedores independientes de éxito o directivos de grandes empresas, pero cuyas vidas personales son un caos. Sus familias se destruyen, su salud sale gravemente perjudicada y aparentemente jamás pueden tomarse un tiempo libre del trabajo.

Estas personas no son maestros del liderazgo porque han fracasado en autoliderarse eficazmente en las áreas más importantes de sus vidas. De hecho, parte del problema podría deberse a cierta confusión acerca de lo que es realmente importante y lo que en realidad no importa tanto, acerca de los medios y los fines. Estas personas suelen estar tan obsesionadas con alcanzar determinadas metas que pierden de vista sus valores fundamentales.

«No creo que sea posible ser un gran gerente o un gran ejecutivo sin ser una persona completa», dice el presidente de una empresa internacional de informática. «Usted puede ser un buen ejecutivo y hacer ganar dinero a su compañía, pero si no se lleva bien con su esposa y sus hijos, se está perdiendo una parte esencial de la vida.»

Alguien dijo alguna vez: «No importa lo que usted haya hecho por sí mismo o por la humanidad; si no puede mirar atrás y ver que ha dado amor y atención a su propia familia, ¿qué ha logrado en realidad?». La persona que dijo eso no es, precisamente, «alguien» cualquiera. Fue Lee Iacocca, expresidente ejecutivo de la Chrysler Corporation. Las palabras de Iacocca aludían a la necesidad de tener perspectiva o manejar el liderazgo en todas las áreas de nuestras vidas. En las páginas siguientes exploraremos distintas tácticas y técnicas que lo ayudarán a alcanzar ese equilibrio. Cuando lo consiga, para su gran sorpresa, éste generará nuevos enfoques y energía renovada para su carrera.

SINERGIA

Es probable que usted ya esté familiarizado con la palabra que describe este proceso. La palabra es *sinergia*. Alude a la interacción de dos o más fuerzas de modo tal que su efecto combinado sea mayor que la suma de sus efectos individuales. Las dos fuerzas mayores en la vida de todo ser humano son el deseo de realización profesional y el deseo de realización personal. Y son sinérgicas. El hecho de tener éxito en una puede, o más bien debería, fomentar el éxito en la otra.

En este capítulo enfocaremos la búsqueda de ese equilibrio en dos partes. Primero analizaremos cómo fortalecer sus recursos y desarrollar una perspectiva equilibrada. Luego veremos cómo aplicar todo eso en la vida cotidiana. Es un proceso dual: entrenamiento y desarrollo más aprendizaje y aplicación.

El director de una prominente empresa de relaciones públicas a nivel nacional observó en cierta ocasión que «una vida coronada por el éxito necesita tener muchas dimensiones para la familia, los amigos, los pasatiempos personales y la salud». Ahora mismo, ¿usted se siente feliz en esas dimensiones de su vida? Muchos de nosotros no estamos acostumbrados a pensar en ellas. Tal vez sean temas que usted prefiere evitar de plano, pero en este caso se impone la disciplina. Es una nueva clase de disciplina, pero es también un importante aspecto del dominio del liderazgo. Es la voluntad de ver quiénes somos realmente y preguntarnos: «¿Es esto lo que realmente quiero ser?». Si la respuesta es «No», tendremos trabajo por delante. De hecho, tendremos trabajo por delante aunque la respuesta sea «No exactamente» o «Todavía no». Recuerde: el éxito no es éxito a menos que sea completo. Uno no puede dominarlo a menos que abarque todas las áreas de su experiencia.

Podemos ser más específicos todavía. Una vida verdaderamente equilibrada requiere, en primer lugar, cierto nivel de buena salud física. ¿Su manera de comer, dormir y ejercitarse lo conduce en la dirección que usted desea o en la dirección opuesta? En los cuarteles generales de una firma inversora multinacional en la ciudad de Nueva York se construyó un gimnasio totalmente equipado junto a la oficina del presidente. Todos los empleados pueden usarlo y son alentados a hacerlo. De hecho, el presidente de la firma desea ampliar el gimnasio al triple de su tamaño actual. Dice: «Me gusta que la gente venga aquí después de trabajar en vez de ir a los gimnasios desperdigados por toda la ciudad. Conversan entre ellos e intercambian ideas, lo cual es bueno para todos».

Estar en forma

Estar en forma no es sinónimo de entrenarse para correr una maratón. Implica hacer algo de actividad física. Numerosos estudios han demostrado que incluso dar una vuelta a la manzana tres veces por semana es sumamente benéfico comparado con el sedentarismo absoluto. De modo que puede comenzar moderadamente, pero con el firme compromiso de cumplir sus metas. Billy Blank es un maestro de Tae Bo que convirtió sus campeonatos de kárate y su carisma personal en un imperio del ejercicio físico. Les aconseja a los novatos que enderecen la espalda y se convenzan de que son conquistadores. Y funciona.

El pensamiento negativo y el desaliento absorben toda nuestra energía antes de comenzar. Son el equivalente mental de llevar una mochila de cincuenta kilos en la espalda. A medida que uno progresa puede aumentar su nivel de actividad. Sin embargo, al comienzo deberá tener en cuenta que doce minutos diarios de ejercicio, cuatro veces por semana, es todo lo necesario para retomar el buen camino. Eso es menos de una hora cada siete días: el equivalente de ver una comedia televisiva semanal.

Un buen descanso

Así como el ejercicio físico y la actividad son cruciales para el dominio del liderazgo personal, lo mismo puede decirse de un buen descanso. Los norteamericanos, hoy, trabajan más que nunca. Esto puede ser bueno, pero también están durmiendo peor que nunca. Esta combinación entre una jornada laboral más larga y un menor tiempo de descanso puede resultar desastrosa. Un estudio reciente reveló que existe una correlación directa entre las pocas horas de sueño y el envejecimiento físico. Por ejemplo, una persona de treinta años privada de sueño puede aparentar exteriormente su edad, pero su cuerpo podría estar funcionando como el de una persona quince años más vieja.

Más específicamente: usted puede autoidentificarse como una persona matinal o una persona nocturna, pero eso podría ser un autoengaño. Tenga en cuenta lo siguiente: durante miles de años nadie supo qué era ser noctámbulo. No existía la luz eléctrica. No había cafeterías abiertas las veinticuatro horas ni infocomerciales de medianoche. La gente se levantaba cuando salía el sol y se iba a dormir cuando caía la noche. La obligación de alimentar a los animales, hacer tareas domésticas que llevaban horas o cultivar parcelas de tierra hacía que irse a acostar temprano y dormir bien fuera una cuestión de supervivencia. Lo más interesante es que, con todas esas actividades, el ser humano era libre de las enfermedades y dolencias más peligrosas que afectan a la sociedad moderna. Hasta principios del siglo XX, los médicos casi no atendían ataques cardíacos o casos de enfermedad cardiovascular. Esto se debía, en parte, a que las personas dejaban descansar a sus corazones durante la noche.

Estudios recientes sobre hábitos de sueño pueden contribuir notablemente en este aspecto. Los investigadores han identificado una línea invisible que separa dos hábitos de sueño diferentes. La línea se materializa a las diez en punto de la noche. Los hábitos de sueño colocan a las personas de uno u otro lado de esa línea: por un lado están los que se acuestan antes de las diez de la noche, y por el otro están los que se quedan levantados hasta mucho más tarde. Por lo tanto, si usted pertenece a la segunda categoría, tendrá que hacer algunos ajustes. Si todavía le queda trabajo para hacer por la noche, es mejor levantarse temprano en la mañana que quedarse despierto después de la medianoche.

¿Y si no puede dormir? Primero, consulte a su médico para descartar cualquier factor de salud que pueda estar perturbando sus hábitos de sueño. Tenga en cuenta que los viajes frecuentes o recientes podrían haber desestabilizado su reloj interno. A menudo, particularmente entre los viajeros de negocios, los ritmos corporales se salen de cauce por tratar de adaptarse a los distintos husos horarios, hasta el extremo de llegar a sentir que uno vive en la dimensión desconocida.

Si se despierta muchas veces durante la noche, podría deberse a que siente que ha dejado algo sin hacer. Trate de identificar qué podría ser. El propio Dale Carnegie reconoció este principio. «Si no puede dormir –aconsejaba– levántese y póngase a hacer algo en vez de quedarse en la cama preocupado.»

Un buen descanso y una buena tabla de ejercicio físico son dos componentes fundamentales de nuestras vidas. Un ejecutivo de software de Palo Alto, California, comentó: «No soy precisamente un asiduo del circuito social noctámbulo. De hecho, me acuesto a las 21.30 todas las noches. A mi esposa le causa gracia, pero a mi hija adolescente le da un poco de vergüenza esta costumbre mía. Pero creo sinceramente que todo cuanto pude haber logrado profesionalmente se debe a que me acuesto temprano y me levanto temprano. Cuando los demás están manoteando el despertador, yo ya pude concebir mi primera buena idea del día».

Nutrición y dieta equilibrada

Todos necesitamos mantenimiento y cargar combustible. No sólo las enfermedades graves o los grandes accidentes afectan la salud de los seres humanos. Como ocurre con los automóviles o con cualquier otra máquina, el uso normal puede tener efectos a largo plazo.

Una de las maneras de prevenir cualquier cosa que exceda el uso normal es mantener una dieta equilibrada y saludable. ¿Usted toma su desayuno todos los días? ¿Ingiere suficientes fibras, frutas, hortalizas y proteínas en su dieta? ¿Tiene la mala costumbre de saltarse comidas? ¿Toma suplementos vitamínicos con regularidad? Todos hemos incurrido en el error de funcionar sin combustible a lo largo del día, casi siempre cuando estamos más ocupados y más necesitamos el combustible.

Así como les aconsejan a los padres que se pongan sus máscaras de oxígeno antes de ayudar a sus hijos a colocarse las suyas en una emergencia aérea, los líderes eficaces deben asegurarse primero de cuidarse bien a sí mismos antes de intentar cuidar a otros en la organización. Si bien saltarse el almuerzo durante un complicado día de trabajo puede parecer beneficioso en el corto plazo, también puede afectar negativamente tanto a su función de líder en el largo plazo como el balance de su empresa. Usted necesita tener la mente despejada y ágil. Si no la cuida como corresponde, se embotará.

Dado que los efectos del uso son acumulativos, al principio pueden ser difíciles de detectar. Una nutrición adecuada y una buena tabla de actividad física son esenciales para el liderazgo eficaz. Si usted cuida su automóvil, tendría que dedicar por lo menos la misma atención a su bienestar físico y emocional.

RELAJACIÓN Y TIEMPO LIBRE

Además de mantener un buen estado físico y desarrollar hábitos de vida saludables, usted tendría que buscar momentos para alejarse totalmente de sus ocupaciones y relajarse. Las vacaciones no son un simple premio para las personas que desempeñan exigentes funciones de liderazgo. Son una necesidad. Las vacaciones le brindarán la oportunidad de reprogramar su reloj interno, de conocer nuevos lugares y hacer nuevos amigos. Lo más importante de todo es que las vacaciones pueden ser una inmejorable oportunidad de reconectarse con las personas que más le importan. No tienen por qué ser varias semanas en la playa. Un viaje corto de fin de semana puede ser una estrategia de rejuvenecimiento eficaz.

EQUILIBRIO INTELECTUAL Y CREATIVO

Hasta el momento hemos hablado de crear un equilibrio físico y emocional. Es asimismo importante estimularse intelectualmente y quizás incluso artísticamente, si usted tiene esas inclinaciones. La educación es un proceso que no debe interrumpirse jamás. De hecho, y por desgracia para muchas personas, la educación real comienza después de pasados los treinta años.

Para un líder, el aprendizaje debería definirse más allá de la educación formal. Uno puede aprender de cualquiera. Uno puede aprender de todo. No es necesario que lo que aprendamos tenga una aplicación directa en nuestras carreras.

Llegar a comprender mejor la historia del país, visitar un museo de arte o incluso leer una revista especializada de otra rama de la industria aumentará su interacción con otras personas tanto en el plano doméstico como en el laboral. ¿Cuándo fue la última vez que visitó la biblioteca de su barrio? Un eminente abogado defensor de San Francisco se lleva prestados a su casa cuatro libros por mes y los lee todos... pero jamás mira los títulos antes de pedirlos. Eligiendo libros al azar ha desarrollado un amplio conocimiento de la filosofía, la historia, la ficción y hasta de las matemáticas superiores. Tarde o temprano, ese conocimiento le resultará útil en su trabajo. Y, lo que es más importante aún, lo ayuda a sentir que su mundo está en continua expansión en vez de tornarse más pequeño con cada año que pasa. Los chinos tienen un dicho popular que lo expresa muy bien: «Después de tres días sin leer, la conversación se torna insípida». Muchas personas brillantes podrían decir lo mismo acerca de la vida.

CULTIVE SU ESPÍRITU

Al igual que el intelecto, también el espíritu necesita ser cultivado. Esto no es sinónimo necesariamente de observar una práctica religiosa formal, aunque muchas personas optan por esa vía. La conciencia espiritual es sumamente importante. Las razones pueden ser difíciles de expresar en números o en palabras, pero la evidencia personal es indiscutible.

A fines del siglo XVIII hubo un motín en el *HMS Bounty*, un ex barco carbonero británico que había sido destinado a una expedición botánica en el Pacífico Sur. El capitán William Bligh y dieciocho miembros de la tripulación leales a él fueron abandonados a la deriva en un bote pequeño. El bote sólo pudo transportar escasas provisiones de comida y agua, pero los hombres que permanecieron en el *Bounty* quedaron totalmente abastecidos. Aunque el pequeño bote navegó a la deriva durante varias semanas, no hubo pérdidas de vidas y, milagrosamente, la moral se mantuvo alta e intacta. El capitán ordenó un estricto racionamiento de los víveres y el agua. También comenzaba y terminaba cada día con oraciones y lecturas de la Biblia. De hecho, cuando por fin fueron rescatados, tanto él como sus hombres atribuyeron su supervivencia al hecho de haber prestado atención a sus necesidades espirituales, como si la comida y el agua no fueran tan importantes. Es interesante señalar que los amotinados, que se apoderaron del barco, rápidamente degeneraron hacia la discordia y la violencia.

Quizás usted no sienta que ha sido abandonado a la deriva en un pequeño bote, o quizá se sienta a veces así. En cualquier caso, recuerde que hay en usted una dimensión espiritual que es necesario respetar y desarrollar. Los beneficios de hacerlo son muy claros para muchas personas. Tienen menos problemas de salud relacionados con el estrés, sufren menos de ansiedad y otros desórdenes psicológicos, y en líneas generales parecen ser inmunes a los sentimientos de desesperación y soledad. Éstos son los hechos. Úselos en beneficio propio. Hágase tiempo para la dimensión espiritual de su vida.

De hecho, el tiempo es el elemento clave de un estilo de vida equilibrado. En el próximo capítulo analizaremos detenidamente este tema.

PASOS QUE SEGUIR

1. Al comienzo de este capítulo debatimos el equilibrio en todos los aspectos de su vida como líder. En una escala de uno a diez (uno sería «muy infeliz» y 10 «extremadamente feliz»), califique su felicidad en las siguientes áreas de su vida:

   Familia

   1 2 3 4 5 6 7 8 9 10

   Muy infeliz Extremadamente feliz

   Amigos

   1 2 3 4 5 6 7 8 9 10

   Muy infeliz Extremadamente feliz

Pasatiempos personales

1 2 3 4 5 6 7 8 9 10

Muy infeliz Extremadamente feliz

Salud general

1 2 3 4 5 6 7 8 9 10

Muy infeliz Extremadamente feliz

Ahora relea las calificaciones y haga una lista de, al menos, tres cosas que pueda hacer para mejorar su calificación en cada categoría.

2. El equilibrio en el área del bienestar físico también es fundamental para ser un líder verdaderamente pleno. Califique su estado de salud en las siguientes áreas y luego introduzca los cambios necesarios para mejorar su calificación en cada una de ellas:

Sueño

1 2 3 4 5 6 7 8 9 10

Insuficiente Muy descansado

Ejercicio físico

1 2 3 4 5 6 7 8 9 10

Hago muy poco Lo practico regularmente

1 2 3 4 5 6 7 8 9 10

Dieta muy poco saludable Dieta excelente

3. A comienzos de este capítulo mencionamos a un eminente abogado defensor que se lleva a casa cuatro libros por mes de la biblioteca y los lee todos. El truco es que no mira los títulos antes de pedirlos. Eso le ha dado un amplio conocimiento

sobre una miríada de temas. Inténtelo usted mismo. Fije el día y la hora y por lo menos una vez pida cuatro libros al azar en la biblioteca de su barrio y léalos todos. Tome nota del conocimiento que obtenga con esas lecturas.

4. Realizar alguna clase de práctica espiritual o seguir principios de esa índole suele ser muy provechoso. Con las grandes responsabilidades que deben afrontar los maestros del liderazgo de manera constante, a menudo se sienten aliviados cuando cultivan la fe y la confianza en sus vidas. ¿Usted ya ha incorporado alguna dimensión espiritual a su vida? Escriba tres pasos que pueda dar en esa dirección.

CAPÍTULO 16
Liderazgo en equilibrio II: tiempo y familia

Sobre todo, sea constructivo.
Dale Carnegie

En el capítulo anterior hablamos acerca de la salud física. Cuidar adecuadamente el cuerpo, la mente y el espíritu es esencial para el dominio del liderazgo. Pero también debemos considerar otros dos elementos que afectan a la salud humana: el tiempo y la familia. Usted puede alimentarse bien y realizar ejercicios físicos con regularidad, pero si constantemente siente que está apurado y nunca tiene tiempo para nada, el estrés puede anular todos sus esfuerzos en ese sentido. Del mismo modo, si la plenitud espiritual no está acompañada por la dicha de las relaciones familiares, no alcanzará a cerrar el círculo del equilibrio en su vida. Hacer las paces con el tiempo y crear conexiones vitales con sus seres queridos son otros dos ingredientes esenciales para una óptima salud personal y un creciente bienestar.

EL TIEMPO: SU RECURSO MÁS VALIOSO

El tiempo es, realmente, el recurso más valioso que poseen los líderes. Es también uno de los más desafiantes y es, por cierto, el más interesante de todos. Para empezar, más allá de su renta anual o de su profesión, usted tiene exactamente la misma cantidad de tiempo que el resto de los mortales. Ni un minuto más ni un minuto menos. Manejar bien el tiempo es el arte de usar cada una de las veinticuatro horas del día lo más eficazmente posible.

Ya se trate de construir una organización eficaz, de planear unas vacaciones o de iniciar un matrimonio boyante, la prisa parece ser una condición común a todos. Ocurre a todas las edades y en todos los niveles de ingresos. Los estudiantes hacen malabares entre sus tareas y sus trabajos de mediodía. Los padres luchan con las exigencias, siempre en competencia mutua, de la carrera y la crianza de los hijos. Hoy en día muchísimas personas se sienten doblemente presionadas: necesitan tiempo para cuidar a sus padres ancianos y tiempo para fundar su propia familia. Los siguientes lineamientos, por demás simples, le servirán como punto de partida para reorganizar su tiempo... sobre todo si siente que las cosas se le están yendo de las manos. Siéntase libre de agregar sus propios métodos exitosos para aprovechar al máximo el tiempo que tiene disponible. Al final de este capítulo encontrará una serie de pasos que seguir que le resultarán sumamente útiles.

Utilice un organizador diario o una agenda

Primero, adquiera el hábito de usar alguna clase de organizador diario o agenda. Llévelo siempre consigo para poder registrar de inmediato cualquier cambio en los horarios o los compromisos agendados. Por lo menos una vez a la semana, siéntese y observe a qué dedica su tiempo. Preste particular atención a cómo invierte las horas que no dedica al trabajo.

Segundo, evite los agujeros negros que absorben energía y son una pérdida de tiempo. El ejemplo más común es, probablemente, mirar la televisión. Si bien la TV puede ser relajante o educativa, también puede robarle horas preciosas que podría dedicar a otros menesteres. Si tiene la costumbre de mirar televisión, utilice su organizador para comprobar cuánto tiempo pasa frente a la pantalla. Luego diseñe un plan para reducir ese tiempo al mínimo.

Tercero, sea realista en cuanto a lo que puede hacer en su tiempo libre. Aspirar a hacer más de lo que en realidad puede hacer lo dejará estancado. Aunque aplique todas las capacidades que aprendió en este programa, no obstante tendrá problemas para organizar diez horas de actividad en siete horas de tiempo real. Para muchas personas, el paso clave es aprender a decir «no» a las obligaciones adicionales cada vez que sea posible.

Cuarto, recuerde este importante principio: «Cuando se trata de organizarse, hasta lo más pequeño es de gran ayuda». El caos es un derroche de tiempo. El orden lo restaura. Cuando comience a implementar un programa de manejo del tiempo, empiece por lo más pequeño y aténgase a ello. Identifique tres o cuatro áreas problemáticas en el trabajo y en su casa. Luego dedique quince minutos diarios a considerar esos problemas específicos, aunque eso le lleve una semana o incluso un mes. No pase a otra cosa hasta que esos problemas no estén resueltos.

Quinto, llene las horas muertas. Todos los días hay algunos momentos de tiempo libre. Quizá no sean más que unos pocos minutos, pero puede utilizarlos para reflexionar sobre las cosas que necesita hacer. La espera en el consultorio médico o en el de lavado de coches son casos puntuales. Si usted utiliza con mayor eficacia esos diez minutos diarios, en el transcurso de la semana habrá sumado varias horas.

Nuestra última advertencia sobre el manejo del tiempo concierne al concepto de sinergia que discutimos antes. Todas sus maneras de desarrollar las cualidades de líder en su vida personal funcionan juntas.

Usted no emplea su tiempo en el vacío. Por ejemplo, si está en buenas condiciones físicas, pletórico de energía y bien dormido, le resultará mucho más fácil distribuir los tiempos. En definitiva, este capítulo sobre el equilibrio remite a un principio muy simple: usted debe controlar su propia vida y no permitir jamás que la vida lo controle.

FAMILIA

Ya hemos hablado mucho acerca de cómo fortalecer sus recursos. Ahora examinaremos los ámbitos donde esos recursos inciden en su vida personal. Para la mayoría de la gente, todo comienza con la familia. La familia suele estar integrada por el cónyuge y los hijos, aunque este modelo tradicional no es sino una pieza de un rompecabezas mucho más complejo.

Por consiguiente, cuando hablamos de la familia, tenga en cuenta que abarcamos todos los modelos de familia posibles: familias uniparentales, personas solteras, familia extendida, hijo único, muchos hijos o un grupo de amigos íntimos que funciona como un sistema de apoyo familiar. La estructura de su familia es mucho menos importante que el tiempo y la dedicación que usted invierte en ella.

La familia es nuestra unidad organizacional más importante. Y si bien los lazos de sangre son poderosos en sí mismos, uno cosecha lo que siembra. Esto vale tanto para la paternidad como para el matrimonio y todas las relaciones básicas. Así como la espiritualidad aparentemente aumenta la sensación de bienestar general de las personas, la familia también puede enriquecernos y protegernos. Las investigaciones al respecto demuestran que las familias, de cualquier clase que sean, que se reúnen regularmente para celebrar sus hitos y festividades, tienden a ser menos disfuncionales que aquellas que no lo hacen. La misma energía que usted invierte en desempeñar el papel de líder en público es necesaria en el ámbito privado. Lou Gerstner, exdirector y presidente ejecutivo de IBM, establece esa conexión. Durante un discurso clave en Carolina del Norte le dijo a su público: «Ya sea en los negocios, en el servicio público o en sus familias… busquen distinguirse del resto».

La familia es un ámbito en el que pueden tener lugar dos experiencias complementarias. En el seno familiar podemos ser quienes realmente somos y también podemos descubrir o explorar nuevas partes de nuestro ser. Si usted es padre o madre, algunos de sus más grandes y difíciles desafíos y sus mayores recompensas guardarán relación con sus hijos. Una vez más, el ex directivo de Chrysler Lee Iaccoca tiene algo que decir al respecto. Mientras trabajó en Chrysler, Iacocca dio la orden de que todas las llamadas telefónicas de sus hijos le fueran transferidas de inmediato.

Estando tan completamente a disposición de sus hijos, Iacocca les enviaba un poderoso mensaje acerca del lugar que ocupaba la familia en su lista de prioridades. Todo indica que el éxito de Iacocca en el mundo corporativo es equiparable al éxito con sus hijos en el hogar.

HACERSE VERDADERAMENTE RICO

Lo cual nos lleva a una pregunta sumamente interesante: «¿Cómo decidir que un adulto tiene éxito?». Una infancia exitosa parece fácil de definir. Es protegida, segura, saludable y estable. Superficialmente, el éxito adulto se cuantifica en términos de dinero, ¿pero esto es realmente útil o acertado? ¿Qué significa el dinero en realidad? ¿Qué debería significar y qué no podrá significar jamás? ¿Cuál es la actitud correcta que debe adoptar el líder hacia el dinero?

En la historia de los Estados Unidos, la actitud central respecto del dinero siempre ha sido obtener lo suficiente para garantizar la supervivencia. Un gran segmento de la población se preocupaba por tener un poco de comida para servir en la mesa familiar. Hoy en día, parte de la población del país permanece debajo de la línea de pobreza. Pero las presiones más comunes y difundidas respecto del dinero han cambiado. La angustia de la necesidad fue reemplazada por la angustia del deseo.

Esta angustia puede tomar muchas formas distintas. En un extremo del espectro están las personas que viven según el mantra «No te preocupes, sé feliz». Sencillamente no se preocupan por el dinero como lo hacen otras personas. No está en sus genes. No les preocupa lo que gastan ni tampoco los «qué ocurrirá si…» que tanto afectan a los jubilados. No les preocupa quedarse despiertos toda la noche. Juegan su juego. Y punto. En el otro extremo están las personas que no paran de preocuparse por el dinero y porque no tienen suficiente. De hecho, los psicólogos informan que éste es el miedo más grande que tiene la gente, y que incluso supera al miedo a la muerte o las enfermedades graves.

¿Usted se encuentra en alguna de estas posiciones extremas o en cierto modo ha quedado en medio de ambas? Está claro que la respuesta radica en encontrar el equilibrio. Un poco de cautela y planeamiento anticipado pueden prevenir la mayoría de los problemas financieros. Al mismo tiempo, saber liberarse de una preocupación interminable es igualmente importante. En este caso la verdadera posición de liderazgo está en el justo medio, en el punto de equilibrio.

EL LIDERAZGO TRIUNFANTE ES UNA PRUEBA DE EQUILIBRIO

En suma, el equilibrio y la perspectiva son fundamentales para el dominio del liderazgo personal: equilibrio entre prudencia y libertad, equilibrio entre trabajo y descanso, equilibrio entre la carrera y la familia, y equilibrio entre bienestar material y conciencia espiritual. En la vida personal, el liderazgo es equivalente a invertir en la propia felicidad. Nadie esperaría que una gran corporación se dirija sola, sin visión, sin dirección, sin lineamientos que seguir y sin liderazgo. Una corporación no es un electrodoméstico provisto de funciones automáticas. Del mismo modo, usted no puede esperar que su vida privada se dirija sola. Si usted no toma las riendas de su vida, alguna otra persona o alguna otra cosa lo harán.

TRANQUILIDAD MENTAL

La idea de aportar riqueza a su experiencia vital y de ponerse al timón de su propia vida nos conduce sin escalas a la última lección de liderazgo incluida en este capítulo. Tal vez se sorprenda un poco al descubrir que no concluye con un disparo. De hecho, el último componente no es otra cosa que paz y quietud.

La soledad y la tranquilidad mentales son claves para un liderazgo equilibrado y eficaz. El tiempo y el espacio que usted extraiga de su atareada vida para reflexionar, para volver a conectarse con la naturaleza y para desarrollar la capacidad de estar solo consigo mismo deberían ser imperativos en su lista de prioridades. A mucha gente le resulta muy difícil quedarse sentada en un lugar tranquilo. El ruido y la permanente necesidad de comunicación son adicciones que muchos de nosotros padecemos. Cuanto más electrónica se torna nuestra sociedad, más aparatos tenemos que enchufar y más nos separamos de la simple pero esencial experiencia de la contemplación silenciosa. No se confunda. No confunda soledad con tiempo muerto o aburrimiento. Con la práctica podrá restaurar su energía y apaciguará el estrés cotidiano destinando un tiempo a la meditación y el silencio.

Sobre todo recuerde que cada vez que usted pone los pies en el suelo por la mañana, al bajar de la cama, tiene el poder de hacer que sea un buen día o un mal día. Disfrutará de la vida en las siguientes veinticuatro horas... o no disfrutará. Recuerde que esas horas, una vez perdidas, no volverán jamás. Existen cientos de cosas que serían causa de irritación, preocupación o molestias. No permita que lo hagan. No permita que los detalles menores lo desalienten. Y si las cosas grandes lo desalientan, mire bien para asegurarse de que efectivamente son tan grandes como usted piensa.

Ahora que cuenta con estas estrategias para fortalecer sus recursos y aplicarlos a su vida personal, ya está en camino hacia el aspecto privado del liderazgo. A falta de una vida personal plena y feliz, el éxito profesional no es más que un trabajo. Cuando las numerosas dimensiones de la vida cotidiana están llenas de desafíos, compromiso, amor y humor... las posibilidades son infinitas.

PASOS QUE SEGUIR

1. A continuación incluimos una lista de los pasos que puede dar para organizar mejor su tiempo. También incluimos algunas acciones específicas que podría realizar. Tilde aquellos aspectos que a su entender ya domina y marque con una X aquellos otros sobre los que aún necesita trabajar. Redacte luego un plan de acción, incluyendo por lo menos tres pasos que pueda dar para dominar cada capacidad.

    - Compre un organizador diario o una agenda.
    - Empiece a usar el organizador o la agenda diariamente.
    - Evite las actividades que absorben demasiada energía o son una pérdida de tiempo.
    - Retire el televisor de su dormitorio.
    - Reduzca la cantidad de horas que pasa mirando televisión.
    - Establezca metas realistas. No se sobrecargue.
    - Evite el caos y restaure el orden en su vida.
    - Llene las horas muertas (por ejemplo, la espera en el consultorio médico o en el tren de lavado de coche) con actividades como actualizar su agenda o redactar listas de tareas pendientes.
    - Comprométase a crear más sinergia cada día (mucho descanso, dieta nutritiva y ejercicio físico).

2. Cuando uno está desorganizado, casi siempre termina por descubrir que la desorganización le resulta útil en algún aspecto. Por ejemplo, usted podría estar esquivando el momento de asumir todo su verdadero poder porque tiene miedo. La desorganización también podría impedirle desarrollar todo su potencial. Redacte una lista de modos potenciales en que la desorganización podría prestarle un gran servicio. Luego

reflexione al respecto y diseñe un plan de acción para organizar su agenda... ¡y todo el resto!

3. Un ejemplo de proactividad inteligente es el del ejecutivo que mandó instalar un gimnasio junto a su despacho. Escriba tres ideas creativas o innovadoras que pueda implementar en su organización para crear un mayor equilibrio.
4. Cultivar la intimidad y la conexión con la familia resulta esencial para el equilibrio total. *Father Forgets* es una de esas pequeñas obras que, escritas en un momento de sinceridad sentimental, tocan las fibras más íntimas de muchas personas. Lea –y aprenda de– *Father Forgets*, de W. Livingston Larned. Después de leerlo, reflexione sobre su vida. ¿Dónde puede encontrar más paciencia (no olvide incluir la paciencia consigo mismo y con sus imperfecciones)? En lugar de condenar, trate de comprender. Trate de entender por qué hacemos lo que hacemos. Esa actitud es mucho más provechosa que la crítica, y genera simpatía, tolerancia y amabilidad.

Father Forgets (Papá olvida), de W. Livingston Larned

Escucha, hijo: digo esto mientras duermes, con una manita cerrada bajo la mejilla y los rubios rizos húmedos pegados a tu frente también húmeda. He entrado a escondidas en tu cuarto, solo. Hace unos minutos, mientras leía el diario en la biblioteca, me acometió una ráfaga de remordimiento. Sintiéndome culpable, vine a verte.

Esto es lo que pensé, hijo: me enojo mucho contigo. Te regañé mientras te vestías para ir a la escuela porque, en vez de lavarte la cara, sólo te habías pasado una toalla húmeda por las mejillas. Te castigué porque no habías lustrado tus zapatos. Grité cuando se te cayeron los útiles escolares al suelo.

Durante el desayuno también encontré defectos de los que acusarte. Derramabas las cosas. Tragabas la comida demasiado rápido. Apo-

yabas los codos sobre la mesa. Ponías una capa de mantequilla demasiado gruesa en el pan. Y cuando te ibas a jugar y yo me disponía a tomar el tren, te diste la vuelta y saludaste con la mano y dijiste: «¡Hasta luego, papa!», y yo fruncí el ceño y dije por toda respuesta: «¡No camines encorvado!».

Y todo volvió a comenzar en la tarde. Cuando regresaba caminando a casa, te vi arrodillado en la calle, jugando a las canicas. Tenías los calcetines agujereados. Te humillé delante de tus amigos obligándote a volver conmigo a casa. Los calcetines costaban mucho dinero... ¡y si fueras tú quien tuviera que pagarlos seguramente serías más cuidadoso! ¡Imagínate, hijo, imagina lo que significa escuchar esas palabras de un padre!

¿Recuerdas que más tarde, mientras yo leía en la biblioteca, asomaste tímidamente la cabeza por el vano de la puerta y me miraste con ojos lastimeros? Cuando levanté la vista del diario, irritado por la interrupción, te detuviste vacilante en la puerta. «¿Qué quieres?» te increpé.

Tú no dijiste nada, pero entraste corriendo y me echaste tus brazos al cuello y me besaste, y tus brazos me estrecharon con un amor que Dios había hecho florecer en tu corazón y que ni siquiera mi rechazo podía agostar. Y luego te fuiste y el eco de tus pequeños pasos quedó resonando en la escalera.

Bueno, hijo, poco después el diario se me cayó de las manos y me abrumó un miedo terrible. ¿En qué me estaba convirtiendo la costumbre? La costumbre de encontrar defectos, de regañar: ésta era mi manera de recompensarte por ser lo que eres, un niño pequeño. No era que yo no te amara; era que esperaba demasiado de un niño. Te medía con la vara de mi propia edad.

Y había tantas cosas buenas y lindas y sinceras en tu persona. Tu corazoncito era tan grande como el cielo del amanecer sobre las montañas. Eso quedó demostrado por el impulso espontáneo de entrar co-

rriendo a darme un beso de buenas noches. Bueno, esta noche eso es lo único que importa, hijo. He venido al borde de tu cama en la oscuridad y aquí me tienes de rodillas ¡avergonzado!

Soy presa de un estupor febril. Sé que tú no comprenderías estas cosas si te las dijera cuando estás despierto. Pero mañana, mañana... ¡seré un verdadero papá! Jugaré contigo, y sufriré cuando sufras, y reiré cuando rías. Me morderé la lengua en cuanto asome la primera palabra de impaciencia. No pararé de repetir, como si fuera un mantra, «No es más que un niño... ¡un niño pequeño!».

Me temo que te he visualizado como un hombre. Pero ahora, mientras te miro, hijo mío, acurrucado y cansado en tu camita, veo que todavía eres un bebé. Apenas fue ayer cuando estabas en brazos de tu madre, con la cabeza apoyada en su hombro. He pedido demasiado, hijo, demasiado.

CAPÍTULO 17
Liderazgo en el nuevo ámbito laboral

Haga preguntas en vez de dar órdenes directas.
Dale Carnegie

Todos los que tuvieron la oportunidad de conocer a Theodore Roosevelt quedaron atónitos ante la amplitud y la diversidad de sus conocimientos. Más allá de que el invitado fuera un *cowboy* o un Rough Rider, un político de Nueva York o un diplomático, Roosevelt siempre sabía qué decir. ¿Y cómo se las ingeniaba? La respuesta es muy simple: cada vez que Roosevelt esperaba un invitado se quedaba despierto hasta tarde la noche anterior, leyendo sobre el tema que sabía que le interesaba a su futuro huésped.

Porque Roosevelt sabía, como bien lo sabe todo maestro del liderazgo, que el camino real al corazón de una persona es hablarle de las cosas que más atesora.

Hablar de los intereses del otro resulta beneficioso para ambas partes. Howard H. Herzig, líder en el campo de las comunicaciones laborales, siempre ha seguido este principio a rajatabla. Cuando le preguntaron qué tenía de bueno para él, Herzig respondió que no sólo recibía una recompensa diferente de cada interlocutor sino que la recompensa general era sentir que su vida se ampliaba cada vez que hablaba con alguien.

HONRAR LA DIVERSIDAD

Los maestros del liderazgo actuales deben llevarse bien con todos, no necesariamente como si fueran amigos, pero ciertamente de modo tal que la raza, la nacionalidad, la religión, la generación o las opciones de vida de cada uno no interfieran en la relación. El director de una gran compañía manufacturera puso este principio en perspectiva. «Entre el 80 y el 85 por ciento de las personas que ingresen en la fuerza laboral en el siglo XXI serán minorías, mujeres o inmigrantes», dice. «No estoy hablando del futuro remoto; ya estamos en él. Entonces, a menos que usted quiera restringirse sólo al 15 por ciento del talento disponible, tendrá que empezar a sentirse cómodo con la diversidad desde ahora mismo».

Históricamente, la ignorancia siempre ha sido el fundamento de la intolerancia. Pero ese hecho lamentable tiene un lado bueno: la mejor manera de llegar a respetar otra cultura o cualquier forma de diversidad es educarse al respecto. El fallecido Arthur Ashe era un jugador de tenis muy agudo e ingenioso, pero no fue su talento lo que lo llevó a elegir ese deporte como carrera. «Sabía que de ese modo haría muchos viajes», dijo Ashe alguna vez. «Eso era lo que deseaba en realidad. Quería ver todos esos lugares con mis propios ojos. Quería ver las cosas sobre las que tanto había leído en las páginas de la *National Geographic*. Quería tener la oportunidad de aprender.»

La exposición a lo nuevo puede provocar actitudes muy diferentes en distintas personas. Podemos sentirnos satisfechos con nosotros mismos, y hasta podemos sentirnos orgullosos de quienes somos como individuos y de nuestra cultura de origen. Podemos mirar con desdén a las personas que tienen otra clase de *background*. Tal vez no sean tan sofisticados técnicamente, tan cultos o tan saludables como nosotros. Ésa es una manera de verlo.

La otra es decir: «Sí, sus circunstancias actuales son distintas de las mías. Quizá provengan de una rica herencia teológica o cultural de la que puedo aprender. Quizás hayan visto cosas que yo jamás vi. Tal vez sepan algo que yo no sé».

El segundo punto de vista es el único enfoque posible para un maestro del liderazgo.

Hoy en día, las naciones geográficamente vecinas pueden tener culturas totalmente diferentes entre sí... y lo mismo puede decirse de los vecinos que viven adosados. Es necesario reconocer y respetar esas diferencias, y preciso es responder a ellas. Tras haber liderado una fuerza laboral muy diversa durante varios años, un ejecutivo de la informática ofreció un excelente consejo: «Trate de evitar las comparaciones. Trate de no decir nada que suene como "Aquí hacemos las cosas de esta manera". La gente se siente insultada si uno sugiere que su manera de hacer las cosas es inferior, o si uno habla de su hogar o de su país natal».

Póngase en el lugar del otro

En términos prácticos, el primer paso para sentirse cómodo con la diversidad es muy simple. Póngase en el lugar del otro. Más allá de las diferencias, todos somos seres humanos que respiramos el mismo aire y, en última instancia, nuestras semejanzas son mucho más pronunciadas que nuestras diferencias. Busque aquellas cosas que todos tenemos en común. Todos sufrimos presiones domésticas. Todos queremos triunfar y todos queremos que nos traten con dignidad, respeto y comprensión.

La empatía –ver el mundo a través de los ojos del otro– es algo que todo líder debe cultivar y practicar a diario. Las personas siempre han querido que las traten como individuos, pero actualmente reconocen su individualidad de muchas nuevas maneras. Ya no se trata de decir «Buen día» o «Gracias». Es necesario descartar muchos supuestos etnocéntricos y tomar conciencia de otras cosas que han venido a reemplazarlos.

En algunos lugares del mundo, y dentro de ciertas razas y religiones, mostrarse demasiado amistoso o inquisitivo es sinónimo de rudeza. Muchas personas quieren que las reuniones rutinarias de negocios sean sólo eso: nada de charlas triviales ni de hacer o responder preguntas personales. No es hostilidad: se trata, más bien, de una sensación de distancia social. Otras culturas tienen expectativas muy diferentes, por supuesto. Se considera insultante no sonreír, no saludar o pasar de largo, aunque el tiempo apremie. Si estos dos puntos de vista colisionan, y ninguno de los dos sabe mucho acerca del otro, habrá problemas. Eso es lo que ocurre cuando las personas no se autoeducan sobre la diversidad para, de ese modo, posibilitar la empatía.

Hacer que la gente se sienta importante

En vez de hacer que la gente se sienta diferente, muchos líderes triunfantes están aprendiendo a hacerla sentir importante. Eso requiere mucho más que un par de gestos o cumplidos. Es un proceso que consiste en una miríada de detalles, y que a veces puede durar mucho tiempo.

Una ejecutiva de la industria textil describe así su experiencia: «A fines de los ochenta y comienzos de los noventa realmente lo pasábamos muy mal», asegura. «Pero nuestra gente se portó maravillosamente bien y nos ayudó muchísimo. Tenemos gente de todas partes del mundo. Me gusta pensar que quizá se deba a que intentamos construir una sensación de cercanía auténtica.

Supimos reconocer nuestras diferencias. Descubrimos qué significan y qué no significan. Por cierto: no las ignoramos, pero también aprendimos a mirar más allá de ellas».

En esta empresa en particular, reconocer las diferencias significaba corregir amablemente al ejecutivo que venía de visita y decía «las chicas» para referirse a las empleadas del sexo femenino. Significaba asesorar a un joven temeroso de conducir en la autopista para que pudiera llegar puntualmente a su trabajo. Significaba aprender castellano. Significaba dejar la puerta del despacho principal abierta.

Hace unos años, una compañía de seguros se mudó a un edificio donde había otras oficinas. El primer día, el presidente de la compañía golpeó la puerta de la oficina vecina para presentarse. Cuando el joven empleado abrió la puerta, el agente de seguros sintió un fuerte aroma a incienso. Pudo ver, tras las espaldas del joven, una habitación en penumbra adornada con tapices y piezas de arte exóticas. Parecía salida de un cuento de hadas, pero en realidad era la oficina de una fábrica de joyas. El joven y su hermano eran los dueños de la fábrica. Habían llegado del Líbano no hacía mucho con la ambición de continuar su carrera en un país donde los bombardeos y la guerra civil no fueran el pan de cada día.

Aunque el agente de seguros y los fabricantes de joyas tenían ideas muy diferentes sobre cómo debe ser una oficina, fueron buenos vecinos e incluso llegaron a trabar una estrecha amistad. Aprendieron uno del otro, no sólo sobre el trabajo sino sobre otros aspectos de la vida. Aprendieron a verse como individuos, no como símbolos o estereotipos de una civilización extraña.

DELEGAR TRABAJO EN EL EXTRANJERO

Una de las tendencias más controvertidas de los negocios norteamericanos es la transferencia de trabajo de manufactura fuera de las fronteras de los Estados Unidos. La controversia radica en la posibilidad de que los trabajadores norteamericanos estén siendo privados de su fuente laboral, y en la posibilidad de que los trabajadores extranjeros estén siendo explotados y cobren salarios muy bajos. Son temas complejos, pero no hay dudas de que sobrevivir es muy difícil en algunos países del mundo. Cuando el propietario de una gran compañía manufacturera de los Estados Unidos visitó el sudeste asiático, quedó profundamente afectado por las penalidades que sufrían los obreros. Era evidente que los trabajadores necesitaban cualquier clase de trabajo que pudieran conseguir.

Por esas cosas de la vida, el ejecutivo norteamericano había estudiado el método Dale Carnegie. Recordaba haber leído una historia que Carnegie había contado más de una vez con el correr de los años. Era sobre James A. Farley, director de campaña de Franklin D. Roosevelt durante las décadas de 1920 y 1930. Farley tenía la costumbre de anotar, y casi siempre recordar de memoria, los nombres de todas las personas que iba conociendo durante sus viajes por el país en el transcurso de las campañas políticas. Eso incluía varios cientos de personas. Cuando por fin regresaba a su casa, después de haber pasado varias semanas de gira, Farley se entregaba de inmediato a una tarea que consideraba sumamente importante. Enviaba una carta personalmente firmada a todos y cada uno de los individuos que había conocido durante la campaña. Ésta es, por supuesto, una astuta maniobra política, pero también es un gesto que debe haber sido muy significativo para miles de personas que luchaban por sobrevivir durante los años de la Gran Depresión y la Segunda Guerra Mundial. Es probable que muchas de ellas hayan conservado las cartas de Jim Farley hasta el fin de sus días.

Mientras recorría la planta manufacturera en el sudeste asiático, el ejecutivo norteamericano recordó que Dale Carnegie solía contar esa historia, y antes de regresar a su hotel obtuvo una lista con los nombres y las direcciones de todos los obreros de la fábrica. Cuando regresó a su país, envió una carta personal a cada uno de ellos. La tarea le llevó varias semanas. El ejecutivo ni siquiera podía pronunciar la mayoría de los nombres, pero sabía que los obreros de la fábrica jamás olvidarían ese gesto. También sabía que era una de las cosas más positivas que había hecho en su carrera profesional... no porque hubiera ganado mucho dinero, sino, precisamente, por todo lo contrario.

Como líder, usted debe ser consciente de la sensibilidad demográfica del superpoblado ámbito laboral de hoy. Los pequeños gestos cobran más importancia que antes. Contestar una llamada telefónica, recordar un nombre y tratar con respeto a la gente son elementos fundamentales para el dominio del liderazgo. No tener en cuenta estas cosas puede ser un simple descuido, pero las personas que se sienten vulnerables y carentes de poder podrían malinterpretarlo.

Como bien dice un ejecutivo publicitario de Chicago: «Los gestos pequeños pero significativos son lo que te distinguen de la multitud. Debes cultivar el hábito de hacer sentir únicas e importantes a las personas, sobre todo si percibes que no se sienten así. Tienes que decir: "Más allá de nuestras diferencias, todos somos iguales. Vamos juntos en el mismo barco. Tus preocupaciones son las mías"».

Esto no es más que aplicar la Regla de Oro en el ámbito laboral. Trate a todos como colegas, no sea paternalista, no sea condescendiente, y, por lo que más quiera, no reprenda.

BAJA AUTOESTIMA

Dados los drásticos cambios ocurridos en la fuerza de trabajo norteamericana, ¿por qué tantos gerentes continúan sin captar el mensaje? ¿Por qué se le sigue negando igualdad de acceso a la contratación y la promoción a determinadas personas? ¿Por qué las compañías deben pagar millones de dólares en concepto de resarcimiento de daños cuando estos temas afloran a la superficie? Con frecuencia la razón es la baja autoestima. No por parte de las víctimas de esos abusos sino de las personas que ostensiblemente detentan el poder. «Los gerentes se sienten expuestos», afirma el vicepresidente de un gran banco inversor. «Creen que sus egos siempre están en la línea de fuego. Muchos de ellos son personas muy decentes. Pero cuando algunos gerentes se cruzan con alguien que no sabe cuán importantes son, supuestamente, se ponen muy tensos. Adoptan un estilo antinatural. No son realmente groseros o rudos, pero piensan que deben actuar de esa manera. Es un modo como otro cualquiera de sobrecompensar su propia sensación de incomodidad.»

¿El simulacro funciona? Rara vez. Como explica el banquero: «La gente rara vez responde a la intimidación o la manipulación, y cuando uno trata con personas de diferentes culturas u orígenes, esa clase de comportamiento se ve magnificado por la desconfianza ya imperante. En lugar de permitir que sus conductas negativas sean magnificadas, los líderes deberían hacer un esfuerzo extra para mostrar consideración y respeto hacia sus semejantes. Hoy en día no podemos presuponer ni adivinar cómo serán interpretadas nuestras palabras y nuestras acciones. Hay que dar ese paso extra».

Otro ejecutivo lo expresa así: «Mentalmente debemos estar preparados para olvidar nuestros cargos y nuestro nivel de renta.

Debemos despojarnos de todas esas cosas y concentrarnos en las aportaciones de todos, independientemente de la posición que ocupen en la empresa». Y es muy saludable hacer eso. Si usted es incapaz de tratar con la gente sin exhibir todos sus títulos y condecoraciones en el pecho, es probable que no merezca tantos honores después de todo.

Los ejecutivos ungidos por el éxito suelen ser personas que han pasado años acumulando poder y se sienten cómodas en esa posición. Son hombres y mujeres que han aprendido a autoafirmarse y a liderar la manada. Pero cada nuevo ámbito laboral exige aprender un poco de humildad. Esto es particularmente cierto para aquellas personas que han dejado su impronta hace más de una década. Si bien supone un desafío, también entraña una oportunidad.

Un ejecutivo del inmobiliario encontró una gran manera de desentenderse de su impresionante reputación en el mundo corporativo. «Yo era presidente de una compañía a mis treinta años recién cumplidos», dijo. «Me sentía muy importante a raíz de eso. Pero luego regresaba a casa y el bebé tenía los pañales mojados y yo tenía que cambiarlo y eso volvía a ponerme inmediatamente en mi lugar y me daba otra perspectiva de las cosas. Mi familia me ha ayudado a mantener el equilibrio.»

Otros líderes han conseguido alcanzar el equilibrio a través del deporte, las creencias religiosas, las asociaciones parentales y la escuela. Los maestros del liderazgo hacen lo que sea necesario para ver las cosas a través de los ojos de otra gente, sobre todo si esos ojos están acostumbrados a ver un entorno muy diferente.

PASOS QUE SEGUIR

1. Honrar y respetar la diversidad y mantener un medio ambiente laboral acorde a esos principios son actitudes clave para dominar el liderazgo. Redacte una lista de tres cosas que puede hacer para fomentar la diversidad en su organización.
2. Es importante, tanto en el plano personal como en el profesional, aceptar ponerse en el lugar del otro. La empatía es un rasgo que debe ser valorado y practicado. ¿Es usted empático? ¿Cuán empático puede llegar a ser? La próxima vez que discuta con alguien, tómese un tiempo después de la discusión para sentarse tranquilo e imaginar las cosas desde la perspectiva de la otra persona. Para poder hacerlo, tendrá que suspender durante un momento y por completo sus propias opiniones y su agenda. Luego escriba las nuevas ideas o percepciones que haya obtenido con la práctica de este ejercicio.
3. A veces podemos perdernos en los condicionamientos de nuestro ego. Es importante, más allá de quien sea usted, que pueda desembarazarse de su título o su estatus. La arrogancia no otorga auténtico poder. Sólo sirve para aislarnos de nuestros pares y subordinados. ¿Cómo puede cultivar la humildad dentro de usted? Haga una lista de tres pasos que seguir para cultivar su humildad.

CAPÍTULO 18
Diversificar y humanizar la empresa

Mantenga su mente abierta al cambio durante todo el tiempo.
Acepte de buen grado los cambios. Cortéjelos.
Dale Carnegie

Si bien la sensibilidad es crucial para cualquier líder, lo mismo puede decirse de la capacidad de desafiar a los demás con expectativas y responsabilidades. En el caso de los recién llegados a la economía norteamericana, el trabajo probablemente ocupa una parte muy importante de sus vidas. Quieren involucrarse. Necesitan comprometerse. Merecen que les presenten exigencias y desafíos. No quieren que sus cualidades y sus opiniones sean ignorados o tomados con condescendencia. Una ejecutiva de software de Silicon Valley debe tratar frecuentemente con gente de la India y Sri Lanka. «La gente quiere sentirse importante», afirma. «Quieren causar impacto. Necesitan sentir su influencia.»

¿Qué puede hacer el líder para lograr que sientan esas cosas, siendo la fuerza laboral cada vez más diversa? Las distintas personas requieren distintos enfoques, pero no obstante existen ciertos denominadores comunes. Como bien lo explica la ejecutiva de software, usted debe evaluar las cualidades de las personas y averiguar cómo califican sus propias capacidades. Luego tendrá que pedirles un poco más de lo que dan cómodamente. Pedirle a un empleado que abandone la zona donde se siente cómodo entraña ciertos floreos diplomáticos, por supuesto; pero un buen líder puede hacer que el desafío resulte halagador. Eleve sus expectativas en lo inmediato y casi todos responderán favorablemente.

INVOLUCRAR A LA COMUNIDAD

Antes hemos mencionado el caso de una gran corporación en la industria de los productos domésticos que logró obtener el apoyo de los empleados y los miembros de la comunidad para ampliar el negocio. En esa corporación, ese mismo líder continuó subiendo las expectativas hasta un plano completamente nuevo.

Les pidió a los mismos trabajadores de la comunidad local que se involucraran en áreas que requerían una gran pericia técnica. Cuando la compañía necesitó diseñar un nuevo equipo cuyo coste era multimillonario, las decisiones no quedaron exclusivamente en manos de los ingenieros y los altos directivos. Se creó una fuerza de trabajo, enteramente compuesta por obreros de la producción. Esa fuerza se ocupó de investigar todo lo necesario sobre el nuevo equipo. Los miembros de la misma visitaron empresas que podían construir la máquina y evaluaron los resultados. Por último, dicha fuerza recomendó lo que a su entender convenía comprar. Por una de esas casualidades de la vida el constructor seleccionado estaba en Europa, por lo que los miembros de la fuerza de trabajo pasaron un tiempo allí investigando y capacitándose. Luego regresaron con personal de la empresa constructora y continuaron trabajando. Finalmente el nuevo equipo fue investigado, programado y controlado en su calidad por los obreros (muchos de ellos ni siquiera hablaban el mismo idioma que el proveedor). Esta clase de emprendimiento intercultural será, inevitablemente, cada vez más común en los años venideros. Las compañías y los líderes de mayor éxito serán aquellos que sepan cómo aprovecharlo.

HUMANIZAR SU ORGANIZACIÓN

Esto conduce a un principio que puede ser expresado con meridiana claridad: los maestros del liderazgo deben humanizar sus organizaciones tanto en lo grande como en lo pequeño. Superficialmente, la palabra *humanizar* podría parecer ajena a temas como la rentabilidad y los beneficios de los accionistas. Sin embargo, si las cuestiones filosóficas no son tenidas en cuenta como corresponde, las cifras de las finanzas caerán indefectiblemente.

Los gestos simbólicos pueden desempeñar un papel importante en este caso. El gran escritorio del ejecutivo debería pasar a ser cosa del pasado, por lo menos para las reuniones o los encuentros uno a uno. La mayoría de los actuales líderes de alto rango utilizan pequeñas mesas de conferencias o varias sillas y un sofá. Eso aporta un clima más casual e informal a las reuniones con los clientes o los empleados y es una muestra de respeto por su tiempo. El propósito central de cualquier reunión es compartir ideas y puntos de vista. Un ambiente más relajado puede generar creatividad y debates vigorosos.

ASEGÚRESE DE QUE LOS EMPLEADOS NO SE PIERDAN ENTRE LA MULTITUD

El director de una gran compañía farmacéutica ha ido un poco más allá del simbolismo. Siente que humanizar una organización es tan importante que incluso ha estructurado los edificios de sus empresas teniendo eso en mente. «Creo que tener 10 000 empleados trabajando juntos en un mismo lugar es una receta para el desastre», dice. «Echa por tierra todos los esfuerzos por hacer que la gente se sienta importante y única. Si uno se baja de su coche a la mañana junto a un ejército de empleados, es natural que se sienta devaluado como ser humano. Uno piensa: "Si yo desapareciera ahora mismo ¿alguien se daría cuenta?".»

En el caso de la compañía farmacéutica, la solución fue estructurarla en treinta y dos edificios. Uno de ellos es grande y alberga a mil novecientos empleados, pero los demás van de trescientas a seiscientas personas. «Gracias a eso», dice el director, «la gente que baja de su coche en el estacionamiento conoce los nombres de sus colegas y trabaja en una atmósfera divertida y excitante. Impera una sensación de objetivos compartidos, lo cual es maravilloso de ver en cualquier fuerza laboral».

Cada vez más empresas están de acuerdo con este enfoque. Las plantas para cuatrocientas o seiscientas personas están reemplazando, poco a poco, a las plantas gigantescas. «En realidad no se trata de ahorrar dinero –dice un ejecutivo–. Creemos que es verdaderamente crucial que los empleados construyan relaciones. Cuando uno llega a tener mil empleados la comprensión y la empatía desaparecen, sobre todo en el ámbito de los supervisores. Entonces uno tiene que crear un departamento entero para que se ocupe de ciertos problemas que, en el plano individual, habrían sido resueltos espontáneamente. Y crear un departamento es muy caro. Entonces, tanto desde el punto de vista humanista como desde la perspectiva de los costes, es mejor no tener demasiadas personas trabajando en el mismo lugar.»

Esta clase de decisiones son vitalmente importantes, y no están limitadas a los altos ejecutivos. Hoy en día todos debemos conducirnos como líderes al afrontar los temas relacionados con un nuevo espacio laboral. Todos nosotros, independientemente del puesto que ocupemos, llegaremos más lejos y conseguiremos más cosas si nos entendemos y respetamos mutuamente. Aunque esto es quizá mucho más importante ahora que nunca, no podríamos decir que se trata de una idea novedosa. Hace ya muchos años Dale Carnegie la aplicó a personas de todo el mundo. «Es extraño –dijo una vez–. La gente de un país se siente superior a la gente de otro, pero los habitantes de ese otro país están convencidos de que los superiores son ellos. Es una situación en la que ambas partes no pueden tener razón, y de hecho están totalmente equivocadas. Nadie es superior a nadie en términos humanos básicos. Los líderes deben asegurarse de entender eso y de fomentar esa convicción en todos aquellos que se cruzan en su camino.»

REVISAR ALGUNOS SUPUESTOS BÁSICOS

Antes de llegar al final de esta sección, es importante comprender que algunos de estos supuestos básicos tendrán que ser revisados muy pronto. Por ejemplo, hasta el momento hemos adoptado la perspectiva de que los líderes del nuevo ámbito laboral provienen del mismo segmento demográfico del que provenían los líderes hace treinta años, y de que los únicos cambios se han producido entre los obreros o los gerentes de rango medio. Por supuesto que eso está muy lejos de ser verdad con cada día que pasa. En los últimos años han destacado líderes importantes de todas las razas, géneros, generaciones y etnias. Entre ellos podemos mencionar a Roberto Goizueta. de Coca-Cola (nacido en Cuba), la ex Secretaria de Estado Madeleine Albright (nacida en Checoslovaquia) y la inmensamente popular Oprah Winfrey (reconocida como la mujer más influyente de los Estados Unidos). Poco después de haber dejado de jugar profesionalmente al básquet, Michael Jordan compró parte de un equipo de la MBA y se hizo miembro de uno de los clubes más elitistas del país. En suma, la presencia de estos y muchos otros líderes diversos está destinada a provocar grandes cambios.

El desafío resulta más complejo y quizás incluso más difícil para los nuevos grupos que están tomando las riendas de la influencia que para sus predecesores. A menos que usted sea un caso bastante especial, sus ancestros probablemente fueron inmigrantes en algún momento de la historia. Los líderes emergentes de esos grupos minoritarios a menudo se sentían presionados a ocultar su identidad étnica para estar a tono con sus nuevas posiciones de poder. Más de una vez se describió a los Estados Unidos como un crisol de razas, en el que la verdadera expresión del americanismo se disolvía en la fundición. Pero los nuevos grupos de líderes minoritarios ya no sienten esa necesidad. Dentro del contexto de su poder y sus responsabilidades, la mayoría de ellos están determinados a conservar y celebrar sus orígenes diversos. Será interesante ver cómo esta tendencia modifica nuestras expectativas respecto de los líderes.

Usted, que está leyendo este capítulo, puede ser uno de esos nuevos líderes o quizás una de las personas que hacen posible un nuevo liderazgo en el cambiante ámbito laboral. En cualquier caso, y de un extremo a otro, abundan las oportunidades.

PASOS QUE SEGUIR

1. En uno de los ejemplos anteriores de liderazgo eficaz, el propietario de una empresa hizo que varios miembros de su equipo investigaran e implementaran sistemas en la organización. La táctica resultó ser muy provechosa para todos los involucrados. En una escala de uno a diez, califique su capacidad de delegar responsabilidades y autorizar a otros.

   1 2 3 4 5 6 7 8 9 10
   Delego muy poco — Delego a menudo

2. Investigue acerca de líderes del presente o del pasado que sean mujeres o pertenezcan a una minoría (racial, religiosa u otra). Encuentre por lo menos dos a quienes tenga en alta estima y redacte una breve lista de las razones por las cuales los respeta. Incorpore luego esos rasgos a su estilo de liderazgo.
3. Un presidente ejecutivo dividió su empresa en varias plantas pequeñas para garantizar que sus empleados no se sintieran perdidos en medio de la multitud. Si bien tal vez no sea necesario tomar medidas tan drásticas en su organización, ¿qué pasos pequeños puede usted dar para que sus empleados se sientan únicos, importantes y escuchados, y para que sientan que contribuyen al balance de la empresa? Haga una lista de por lo menos tres nuevos pasos que seguir para crear una sensación de mayor pertenencia en su empresa.

CAPÍTULO 19
Tácticas y técnicas prácticas

Bernard Shaw alguna vez afirmó: «Si le enseñas cualquier cosa a un hombre, nunca aprenderá». Shaw tenía razón. Aprender es un proceso activo. Se aprende haciendo. Por lo tanto, si usted desea dominar los principios que ha estudiado en este libro, tendrá que hacer algo al respecto. Aplique estas reglas en cuanto se presente la oportunidad de hacerlo. Si no lo hace, las habrá olvidado en un abrir y cerrar de ojos. Sólo el conocimiento que aplicamos continúa mentalmente presente.

Dale Carnegie

Los principios del liderazgo son heliografías para la vida cotidiana. Las heliografías, los planes y las teorías son necesarios, pero llega un momento en que el conejo salta de la jaula. Usted no puede obtener un permiso de conducir sólo por haber aprobado el examen escrito. Ha de sentarse al volante y poner en práctica sus capacidades en medio del tránsito. Como líder, usted vive en un mundo orientado hacia los resultados. Necesita navegarlo con destreza y velocidad.

Si las estrategias son la heliografía, las acciones son los clavos y el martillo que permiten construir el dominio del liderazgo. Si usted desea construir una organización superior y desarrollar plenamente y hasta las últimas consecuencias su potencial de líder, las tácticas y técnicas incluidas en esta sección serán invalorables. Consisten en un conjunto de herramientas de las que, a partir de ahora, jamás querrá prescindir.

DOMINAR EL PROCESO DE TOMA DE DECISIONES

Primero echaremos un vistazo a la toma de decisiones, uno de los puntos que definen el domino del liderazgo. A pesar de lo que dice la sabiduría popular sobre el tema, la clave de la eficacia en este caso no radica tanto en tomar la decisión sino en, una vez tomada, cumplirla. Todos debemos enfrentar momentos duros en nuestras carreras y nuestras vidas personales, todos debemos tomar decisiones que tienen sus pros y sus contras. Muchas veces, parece que la mejor o la única manera de tomar una decisión es arrojar una moneda al aire. Frente a situaciones como ésta, mucha gente queda petrificada. Es una especie de parálisis mental. En las grandes organizaciones, la decisión final incluso puede evitarse y ser postergada para más adelante.

El WorkOut de Jack Welch

Jack Welch, otrora presidente ejecutivo de General Electric, es uno de los líderes corporativos más admirados del mundo. Gracias a su doctorado en ingeniería, ciertamente es un pensador de largo alcance con una fuerte orientación práctica. De todas las innovaciones que Jack Welch introdujo en General Electric durante sus veinte años como presidente ejecutivo, la más importante a su entender fue el proceso de toma de decisiones conocido como WorkOut. Cuando un grupo de empleados de cualquier nivel de la compañía identifica un problema, se reúne para debatirlo y llegar a una propuesta de solución consensuada. Luego remiten una descripción del problema y del remedio sugerido a su supervisor. Éste debe darles una respuesta positiva o negativa dentro de las siguientes veinticuatro horas, respuesta que será inapelable.

Welch cree que la técnica de WorkOut ha transformado profundamente la cultura corporativa de GE. El WorkOut fortalece a la gente. La hace pensar proactivamente en lo que puede lograr. Elude la burocracia y el papeleo que obstaculizan a muchas grandes organizaciones. Después de todo, si los individuos que deben ocuparse directamente del problema han pensado exhaustivamente la solución, es improbable que el líder pueda aportar algo mejor.

Si la solución propuesta es aceptada, la moral y la eficiencia salen beneficiadas. Si es rechazada, el grupo conserva el poder de reconsiderar el problema y pensar una mejor solución. Desde el punto de vista del liderazgo, el elemento clave en el proceso de WorkOut es excluir al líder de la etapa de debate. En este punto el líder no es necesario porque todo el mundo ha aprendido a autoliderarse. Hasta hace unos pocos años esto hubiera sido inconcebible en muchas organizaciones, pero su relevancia ha quedado demostrada en una de las compañías más exitosas del planeta. Según Jack Welch, literalmente vale millones y hasta billones de dólares.

En su papel de líder, ¿qué puede aprender usted del proceso de WorkOut de GE? Más allá de que elija o no implementarlo en su propia organización, puede revelarle algo sobre los beneficios de involucrar al equipo y sobre la importancia de tomar decisiones y cumplirlas. Lo cierto es que el desafío real que entraña toda decisión precisamente comienza cuando la decisión ha sido tomada.

EXPRESE CON CLARIDAD LAS EXPECTATIVAS

Nuestra segunda táctica está relacionada con el sentido común liso y llano. Ignorarla causa problemas de comunicación, frustración en los líderes y en los miembros del equipo, y pérdida de oportunidades en todos los siguientes de la organización. ¿De qué trata esta técnica de liderazgo aparentemente obvia? Es muy simple: el líder debe comunicar a sus empleados aquello que espera de ellos y también debe ser muy claro respecto de lo que ellos pueden esperar de él.

Tomemos el ejemplo de Meg Leman, la propietaria de una pequeña cadena minorista de artículos para fiestas con sede en Florida. Hace unos años contrató a Lindsey para organizar los expositores de sus productos en las vidrieras y en el interior de los locales. La iniciativa de Lindsey impresionó a Meg inmediatamente. La convenció de despejar un espacio en la tienda más grande para colocar allí una mesa con sillas. La idea de Lindsey era cubrir la mesa con productos del inventario de la tienda para que los clientes sintieran que estaban entrando en una fiesta encantadoramente preparada.

Meg le dio luz verde a Lindsey y la idea fue un éxito apoteósico. Lindsey cambiaba el tema de la decoración todos los meses. Los clientes estaban encantados y las cifras de ventas subían. La gente salía de la tienda con muchas ideas y sus carros de compras atiborrados de productos reflejaban su entusiasmo. Cuando Meg decidió crear una página Web para su cadena minorista, pensó que Lindsey era la persona ideal para hacer ese trabajo. Meg quería que la página Web ofreciera un servicio de consultoría para fiestas totalmente interactivo. La idea era ayudar a los clientes en todas las etapas de preparación de la fiesta y hasta el último detalle. Era una gran idea y Lindsey parecía la candidata perfecta para hacerla realidad. Y allí fue donde comenzaron los problemas.

Lindsey comenzó a quedarse trabajando hasta tarde por las noches en los gráficos sumistrados por el ordenador: investigaba a la competencia y al mismo tiempo pulía las aristas del concepto. Incluso se llevaba trabajo a su casa. El proyecto le gustaba, pero las responsabilidades adicionales que Meg le había asignado la lastraban un poco. Lindsey comenzó a preguntarse, entonces, si no estarían abusando de ella. No habían contratado a nadie para que la ayudara con sus responsabilidades anteriores y ahora su carga de trabajo era mucho más pesada. La tensión entre Megan y Lindsey aumentó. Por último, aproximadamente un mes antes de que la página Web estuviera terminada (e inmediatamente después de la locura del Día de Acción de Gracias), Lindsey renunció abruptamente a su empleo. Meg se quedó haciendo malabares durante el resto de la temporada sin su empleada clave.

Lindsey regresó después de aquel incidente, obviamente renegociando las condiciones, pero todo el episodio fue una lección crucial para Meg. Sin Lindsey y sin página Web, perdió el negocio navideño adicional al que tanto había apostado. Un año excelente terminó con un sabor amargo. La lección es la siguiente: asegúrese de que sus empleados sepan exactamente qué se espera de ellos. Si las expectativas cambian, asegúrese de poder manejar los resultados. Lindsey empezó con un trabajo determinado, lo hizo bien y su trabajo aumentó. Generalmente, esto es señal de talento y esfuerzo bien empleado. El problema fue que Meg y Lindsey jamás se sentaron a considerar el significado de esos cambios en términos de horas, calificaciones y aumento de responsabilidades. Esos temas finalmente fueron tenidos en cuenta, pero sólo cuando el daño ya estaba hecho. Ya se trate de un empleado recién contratado o de un veterano en la empresa que debe asumir una nueva responsabilidad, el maestro del liderazgo tendrá que definir con meridiana claridad las responsabilidades y las expectativas. Más aún: tendrá que reevaluar y redefinir las expectativas con regularidad.

LÍMITESE A PROMETER EXCLUSIVAMENTE AQUELLO QUE PUEDA CUMPLIR

Tercero, tenga mucho cuidado a la hora de hacer promesas. Cuando prometa algo asegúrese de cumplirlo, sobre todo si atañe al salario, los bonos o algún tema relacionado con el dinero. Uno de los rasgos peculiares de la naturaleza humana es que son pocas las personas que olvidan una promesa relacionada con el dinero. Ya se trate de un préstamo de dinero o de la promesa de un aumento o de cualquier otro compromiso, puede estar seguro de que su interlocutor no lo habrá olvidado, aun cuando no lo verbalice.

Evite la ambigüedad y la confusión

Un elemento importante del cumplimiento responsable de las promesas es la capacidad de evitar la ambigüedad y la confusión. Sea muy claro al establecer la distinción entre aquello que es una promesa y aquello que no lo es.

Supongamos que un contratista general le dice al jefe de una cuadrilla que probablemente conseguirá su cheque para el próximo día laborable. Esto equivale a meterse de cabeza en esa zona gris donde las cosas suelen ser malinterpretadas. Es muy probable que el jefe de la cuadrilla cuente con el cheque y que, si el cheque no llega, imperen el cabreo y la frustración. Éste es un ejemplo de una forma muy grave de mala comunicación. Más allá de cómo reaccione el empleado, el líder es el único culpable del malentendido. Tendría que haber sido mucho más claro en cuanto a si estaba haciendo una promesa o sólo especulando con un posible resultado. Elija cuidadosamente sus palabras, tan cuidadosamente como elige sus promesas.

APELE AL HUMOR CADA VEZ QUE SEA POSIBLE

La táctica número cuatro es: utilizar el humor de una manera generosa y adecuada en las situaciones de liderazgo. La risa es, realmente, la distancia más corta entre dos personas; entonces, ¿por qué tomar el camino más largo cuando el atajo es mucho más divertido? Por supuesto que la técnica mejora si usted es una persona auténticamente divertida y graciosa, pero puede ser utilizada prácticamente por todo el mundo. Incluso las personas poco ingeniosas tienen una veta humorística que pueden desarrollar y emplear en provecho propio. La clave radica en ser usted mismo. El humor puede definirse de muchas maneras y todas ellas son igualmente eficaces.

Para un gerente podría ser postear semanalmente una tira humorística de Dilbert en la cartelera de su oficina. Para otro podría ser compartir una anécdota que viene al caso o un chiste al comienzo de una reunión de directorio. O quizás enviar un correo electrónico humorístico a todos los empleados.

Hace unos años había un editor de un periódico de Chicago que era famoso por su malicioso sentido del humor. Aproximadamente una vez al mes, con una cara muy seria, le asignaba a un periodista incauto cubrir una noticia que en realidad no existía. Dado que no quería que sus empleados perdieran demasiado tiempo siguiendo pistas falsas, más allá de lo atractivas que pudieran ser, le daba al periodista un teléfono de contacto. El periodista marcaba el número telefónico, que en realidad no correspondía a una fuente de noticias legítima. Sin que él lo supiera, del otro lado de la línea estaba un amigo del editor (que participaba de la broma). Después de unos cinco minutos de conversación extraña, el periodista inevitablemente soltaba una carcajada al darse cuenta de que lo habían embaucado. Para sorpresa de todos, el editor saludaba brevemente a su última víctima y volvía a concentrarse en su trabajo. Quince años más tarde, los periodistas que trabajaron en esa sala de noticias todavía la recuerdan como un gran lugar de trabajo.

Jamás subestime el poder de una sonrisa o del humor. En lo que atañe al humor, trabaje con lo que tiene. Su equipo valorará la atmósfera que usted sepa crear.

USTED PUEDE SER QUERIDO Y RESPETADO

El tema del humor evoca una vieja pregunta relacionada con la filosofía del liderazgo: «¿Es mejor que me quieran o que me respeten?». El hecho es que la inmensa mayoría de las personas que desarrollan funciones de liderazgo preferirían que sus liderados los respeten aun cuando no los quieran tanto. Sorprendentemente, ésa es la respuesta equivocada. Precisando un poco más: es la pregunta equivocada. Enmarcar el afecto y el respeto como un dilema «o esto o aquello» es malinterpretar el funcionamiento del liderazgo. ¿Usted puede querer realmente a alguien a quien no respeta? ¿La falta de respeto no genera innumerables desencuentros y disgustos?

Es muy probable que la distinción entre afecto y respeto sea falsa. Sin embargo, aunque la aceptemos como válida, la mayoría de los líderes que dicen querer ser respetados en realidad están diciendo que quieren ser temidos. Lo cual puede deberse a que ellos mismos tienen miedo o se sienten inseguros en cierto modo. Autoindúzcase a pensar lo contrario sobre este tema. Ser querido y respetado son dos dimensiones del dominio del liderazgo. Comprender e implementar esta preceptiva es la táctica número cinco.

UNA BUENA COMUNICACIÓN UNO A UNO ES CLAVE

La táctica número seis es tan importante para el liderazgo como para la NBA. Usted necesita dominar el juego del uno a uno. Las conversaciones privadas, cara a cara, son sumamente importantes para comunicarse y conectarse con los miembros de su equipo. Muchos líderes tienden a dedicar mucho más pensamiento y preparación a sus discursos públicos que a vincularse con sus empleados en interacciones privadas.

Usted puede tener el mismo nivel de oratoria que Winston Churchill, pero cuando está sentado a solas con un miembro de su equipo debe establecer un tipo de comunicación muy diferente, que tiene sus propios lineamientos y obstáculos.

Por la naturaleza misma del ámbito personal, lo que ocurra entre el líder y el miembro del equipo será importante. No es para el escrutinio público. Es una oportunidad de verse, uno al otro, de cerca. Si bien no estará exactamente debajo de un microscopio, por lo menos se hallará bajo una lente que magnificará tanto sus virtudes como sus debilidades. Cuanta más presión haya en el ámbito laboral, más importante será para el líder manejar estos encuentros con eficacia.

En las torres de los grandes aeropuertos, los controladores del tráfico aéreo son responsables de centenares de vuelos y de miles de vidas cada día. El desarrollo óptimo se mantiene, sobre todo, gracias a la presión de los pares y la atenta observación del supervisor. Cuando el trabajo desarrollado por un controlador aéreo comienza a dar muestras de presión, la primera respuesta del líder es una conversación uno a uno con el individuo. El propósito de la conversación no es otro que aliviar el estrés, pero también es brindarle al líder una oportunidad de decidir si el problema es pasajero o podría poner en peligro vidas humanas. Lo cual requiere un gran dominio de la interacción personal. Un error en esta situación podría conducir a un error más destructivo en otro momento.

Filtraciones son los pequeños agujeros que aparecen en la imagen que uno presenta de sí mismo. En este juego del uno a uno usted querrá, por todos los medios, evitar las filtraciones. A continuación incluimos una lista de las más evidentes. ¿Alguna de ellas le resulta familiar?

• Primero, no mire el reloj de reojo. No pasará inadvertido.

• Segundo, si alguien supuestamente más importante que usted pasa a su lado en ese momento, no lo siga con la mirada.

• Tercero, no atienda llamadas telefónicas innecesarias y no confunda el juego del uno a uno con ese otro juego: el buey solo bien se lame. Cuando alguien comparta un problema con usted, no le endilgue el relato de cómo logró resolver un problema similar pero todavía más difícil.

Los errores son asombrosamente comunes en los encuentros individuales, pero un verdadero maestro del liderazgo siempre sale ileso.

PASOS QUE SEGUIR

1. Como líder, ¿hasta qué punto es usted bueno tomando decisiones y cumpliéndolas? ¿Vacila demasiado antes de llegar a una conclusión final? ¿Duda de sí mismo y cambia de opinión con frecuencia? ¿Evita tomar decisiones hasta el último momento? ¿Qué puede aprender del proceso de WorkOut de General Electric? Redacte una lista de como mínimo dos cosas que usted pueda hacer para mejorar su capacidad de tomar decisiones.
2. La ambigüedad y la confusión, sobre todo en cuestiones relacionadas con el dinero, pueden ser nocivas tanto para usted como para su organización. ¿Está siendo claro acerca del intercambio de dinero? ¿Siempre firma un contrato antes de iniciar una obligación laboral? ¿A veces hace promesas que luego no puede cumplir? Redacte una lista que relacione los modos y maneras en que podría mejorar la claridad de sus comunicaciones. Ocúpese luego de incorporar esas capacidades a su rutina diaria.
3. Infundir humor en el ámbito laboral puede ser beneficioso para todos. En este capítulo le brindamos un par de ideas al respecto. Redacte un plan de acción humorístico o divertido para su empresa, que incluya por lo menos cinco pasos que dar. Permítase divertirse y pensar cosas alocadas. Luego ponga en práctica sus ideas dentro de la organización. Después de todo, además de levantar el espíritu, la risa fomenta el entusiasmo, la conexión y la productividad.

CAPÍTULO 20
Coherencia, competencia y comunicación telefónica

Probablemente le resultará difícil poner en práctica estas sugerencias todo el tiempo. Yo lo sé porque, si bien escribí el libro, no obstante muchas veces me resulta difícil poner en práctica todo aquello que defiendo y propongo. Por ejemplo, cuando uno está disgustado es mucho más fácil criticar y condenar que tratar de comprender el punto de vista del interlocutor. Casi siempre es más fácil encontrar defectos que aspectos encomiables. Es más natural hablar de lo que uno quiere que hablar de lo que el otro desea. Y así se van dando las cosas. Por lo tanto, mientras lea este libro, recuerde que usted no sólo está intentando obtener información útil. También está tratando de incorporar nuevos hábitos. Oh, sí: usted está intentando desarrollar una nueva forma de vida. Eso requerirá tiempo, persistencia y aplicación diaria.

Dale Carnegie

SEA COHERENTE

Nuestra séptima táctica de liderazgo se aplica a todo cuanto usted hace, ya se trate de conversaciones privadas, presentaciones públicas o hasta su manera de estampar su firma. Sea coherente.

Ésa es una de las cosas que los seres humanos más apreciamos en otras personas y sobre todo en un líder. Por supuesto que la coherencia no está necesariamente relacionada con el aburrimiento o la torpeza. Ser coherente no equivale a no ser creativo. La coherencia no es sinónimo de estar en piloto automático mental ni tampoco falta de imaginación o de nuevas ideas. De hecho, la auténtica coherencia requiere plena conciencia y esfuerzo consciente. Los maestros del liderazgo saben que la coherencia fomenta la confianza y motiva a los liderados a esforzarse, siempre, un poco más.

LAS CUATRO ETAPAS DE LA COMPETENCIA

La táctica número ocho contiene, de hecho, varias tácticas en una. Consiste en un paradigma de desarrollo extremadamente útil al que solemos llamar «las cuatro etapas de la competencia». Si bien los orígenes del modelo no están claros, lo empleamos para explicar las etapas que atraviesan las personas cuando aprenden una nueva habilidad.

Si usted utiliza este paradigma en sus interacciones de liderazgo, podrá ver dónde se encuentra realmente cada persona en su desarrollo profesional. Es un primer paso importantísimo para hacerlas pasar a un nivel más alto.

Incompetencia inconsciente

En pocas palabras, en todo emprendimiento existen cuatro etapas de competencia, ya se trate de tocar el piano o de hacer una presentación de ventas. La incompetencia inconsciente es el estadio más bajo. Sin cargar demasiado las tintas (porque todos hemos pasado por allí), podemos definir al incompetente inconsciente como alguien que no sólo no está capacitado sino que, además, no es consciente de ello.

Ted Baxter, el personaje que presentaba el noticiero en el ya viejo *El Show de Mary Tyler Moore*, metía la pata en cada emisión nocturna... pero luego cruzaba muy orondo la sala de noticias, ajeno por completo a cuanto había ocurrido. Pero lo que resulta gracioso en un programa de televisión puede ser desastroso en la vida real.

Como líder, su desafío es saber reconocer cuándo alguien se encuentra en esta etapa y ayudarlo a elevar su nivel de desarrollo. Si usted cree que las personas que se encuentran en esta etapa de la competencia son una insignificante minoría... reconsidérelo. Un estudio reciente publicado en el *New York Times* reveló que un amplio segmento de los norteamericanos sobrevaloran de forma consistente sus propias capacidades en una amplia variedad de áreas. Ya se trate de competir en un concurso de talentos o de sobrestimar sus conocimientos de gramática inglesa, deportes o aritmética, realmente no son conscientes de su propia incompetencia. Téngalo presente la próxima vez que deba evaluar el desarrollo de los miembros de su equipo.

Incompetencia consciente

En la siguiente etapa, los individuos que tienen conciencia de su incompetencia no trabajan bien, pero son conscientes de ese hecho. Éste es un importantísimo paso adelante. Estos individuos son honestos consigo mismos. Son conscientes de los desafíos que deben afrontar y eso abre una miríada de posibilidades, tanto para ellos como para la organización de la que forman parte. Ser consciente de sus limitaciones los coloca en posición de superarlas. Por supuesto que eso sólo ocurrirá si están preparados y dispuestos y son capaces de hacerlo.

Competencia consciente

La competencia consciente, a su vez, representa tener dominio de una capacidad y tener conciencia de ese dominio. El líder puede confiar en que las personas que se encuentran en esta etapa realizarán con éxito cualquier trabajo que se les encomiende. Su nivel de desarrollo las vuelve confiadas, gracias a la combinación correcta entre capacitación, dirección y buenos hábitos laborales. Podría decirse que todo el mundo puede alcanzar esta etapa. Una vez más, lo único que se necesita es un curso de acción directa, disciplina y voluntad y deseo de triunfar.

Competencia inconsciente

Sin embargo, no todos pueden llegar al último nivel de maestría intuitiva e instintiva al que denominamos «competencia inconsciente». No todos podemos ser un Michael Jordan o un Tiger Woods. Cuando el legendario maestro del ajedrez Bobby Fischer contaba solamente doce años, jugó con algunos de los más grandes ajedrecistas del mundo. Durante una partida contra un oponente mucho más experimentado, Fischer hizo un movimiento que parecía absolutamente irracional. Entregó la reina sin obtener nada a cambio desde la perspectiva de quienes observaban el juego. De hecho, el resultado final del sacrificio sólo se materializó al cabo de diez minutos. El propio Fischer admitió que no podía diagramar mentalmente el resultado de manera consciente. Sin embargo, intuitivamente había sentido –no pensado– que ese movimiento temerario era el correcto. Ningún ordenador, por mucha información que esté destinado a procesar, podría haber hecho lo que hizo Fischer. Su brillante inteligencia era tan instintiva que su juego se transformó en un proceso totalmente inconsciente.

Como líder, tenga en cuenta que todas las personas con quienes entre en contacto estarán en algún lugar del espectro de la competencia. Su tarea es evaluar adecuadamente el nivel de desarrollo de cada una. Muy pronto comprobará que este marco de evaluación es muy útil para la cotidiana toma de decisiones. Lo ayudará a determinar las clases de responsabilidades que asignar, sus propias expectativas y el nivel de entrenamiento y desarrollo que necesita la gente. Es igualmente importante que pueda aplicar estos mismos parámetros a su propia persona.

Programe reuniones semanales con los gerentes

El siguiente punto es simple. Usted ha de mantener contacto directo con todos sus gerentes o líderes por lo menos una vez por semana. Por muy seguras que se sientan las personas, y por muy saludables que sean sus egos, a nadie le gusta trabajar en el vacío. A la gente le gusta que se reconozcan sus esfuerzos. Quieren enterarse de que no pasan inadvertidos. Ponga a los dos equipos de la Super Bowl en un estadio vacío y seguirán jugando buen fútbol americano. Sin embargo, no jugarán como lo harían frente a cientos de miles de fans que los vitorean. Por lo menos una vez por semana debe darse un diálogo uno a uno entre el líder y el mayor número de gerentes que sea posible. Sin embargo, tenga en cuenta que la comunicación debe ser recíproca, de ida y vuelta. Si mantiene un diálogo de estas características obtendrá percepciones valiosas. Los miembros del equipo se beneficiarán sobremanera al enterarse de que alguien aprecia y reconoce el trabajo que han realizado.

Richard Lovett, director de CAA, la agencia de talentos más poderosa y rentable de Hollywood, ha convertido el intercambio de correos electrónicos en un auténtico arte. No sólo los empleados de su agencia encuentran un nuevo correo electrónico esperándolos cuando encienden sus ordenadores cada mañana; Lovett también se asegura de enviar regularmente mensajes personalizados a sus aliados claves.

Si el individuo que representa a las más grandes estrellas del mundo del espectáculo puede encontrar tiempo para hacer esas cosas... usted también puede.

RESPONDA SIEMPRE DENTRO DE LAS VEINTICUATRO HORAS

Existe otra táctica relacionada con la anterior que se aplica a los correos electrónicos y, muy especialmente, a las llamadas telefónicas. Responda siempre a estas comunicaciones dentro de las veinticuatro horas. La próxima vez que tenga un momento libre, mire a su alrededor. ¿Cuál es el ítem más peligroso para su negocio? Aunque tenga una trampa para osos arrumbada en el rincón, el ítem potencialmente más destructivo en cualquier oficina es el teléfono. Bien usado, es una mina de oro para conducir negocios; mal usado, sin embargo, es una bomba de relojería.

Cada día utilizamos el teléfono para una miríada de interacciones, que van desde pedir un almuerzo rápido hasta ganar un cliente importante. Sin embargo, pocos de nosotros pensamos en las muchas oportunidades que nos brinda el teléfono. Incluso durante la primera llamada telefónica entre Alexander Graham Bell y su asistente, Thomas Watson, parte de la conversación fue malentendida. El teléfono puede ser peligroso porque la interacción con el interlocutor está limitada en varias formas.

Por ejemplo, no contamos con pistas visuales. No sabemos si nuestro interlocutor del otro lado de la línea está redactando un correo electrónico, haciendo un crucigrama o escuchando atentamente y tomando nota. Lo único que tenemos para guiarnos es su voz.

En segundo lugar y a diferencia del correo electrónico, al que podemos acceder según nos convenga, nunca sabemos cuándo sonará el teléfono ni quién estará del otro lado de la línea. Existe un elemento de impredecibilidad en esto. ¿Puede haber algo más estresante que esperar una llamada que uno desea o, por el contrario, recibir una llamada que uno teme? En general hay interrupciones, otras líneas en espera e incontables interrupciones menores que convierten el teléfono en un medio de comunicación potencialmente precario.

Varias encuestas respaldan este asombroso hallazgo. Cuando se les preguntó a las empresas por qué habían perdido algún negocio, la respuesta más mencionada fue «por algo que ocurrió en el teléfono».

Por todas estas razones, usted tendrá que cultivar una impecable etiqueta telefónica. La regla cardinal que trasciende a todas las demás es la siguiente: devuelva siempre las llamadas telefónicas dentro de las veinticuatro horas. Al igual que las promesas económicas incumplidas, una llamada telefónica no devuelta no es algo fácil de olvidar. Lo reconozcan o no, la mayoría de las personas se toman muy en serio el hecho de que no les devuelvan sus llamadas telefónicas. En algunas corporaciones se considera causa de despido. Tal vez usted piense que está demasiado ocupado para devolver llamadas dentro de la jornada laboral. Cuando el fallecido George Allen era uno de los entrenadores más famosos de la National Football League, llamaba a los equipos rivales y medía su velocidad de respuesta. Así descubrió que la velocidad con que devolvían las llamadas era equiparable a la cantidad de partidos ganados y/o perdidos por los equipos.

Hemos abarcado varias tácticas y técnicas prácticas que usted podrá aplicar en su vida profesional: reconocer los esfuerzos de otros, cumplir sus promesas, apelar al sentido del humor, concentrarse en su interlocutor, mantener contacto regularmente y devolver las llamadas telefónicas en tiempo y forma.

Algunas son más fáciles de incorporar que otras, pero todas están a su alcance. Lo único que necesita es práctica y compromiso. Si transforma estas prácticas en hábitos autoperpetuados e inconscientemente competentes, habrá dado un gran paso hacia el verdadero dominio del liderazgo.

PASOS QUE SEGUIR

1. ¿En cuál de las cuatro etapas de competencia se encuentra usted en su trabajo?

    - Incompetente inconsciente
    - Incompetente consciente
    - Competente consciente
    - Competente inconsciente

2. A continuación relacionamos una lista de las tácticas prácticas analizadas en los últimos dos capítulos. Tilde aquellas que a su entender ya domina y marque con una X aquellas otras que todavía necesita cultivar. Luego desarrolle un plan de crecimiento e integración.

   - Reconocer los esfuerzos ajenos
   - Cumplir las promesas
   - Apelar al sentido del humor
   - Concentrarse en su interlocutor
   - Mantener contacto regularmente
   - Devolver las llamadas telefónicas en tiempo y forma

3. Redacte una lista de tres cosas que podría hacer para optimizar el uso del teléfono en su trabajo. Luego actúe en consecuencia.

CAPÍTULO 21
Cómo manejar una crisis: la verdadera prueba de dominio del liderazgo

Cuando deba atender una crisis, recuerde que la preocupación puede ser un gran obstáculo mental para resolver el problema. A continuación mencionaremos algunos hechos fundamentales que usted debe conocer relacionados con la preocupación. Primero: si quiere evitar la preocupación, haga lo que hizo Sir William Osler. Viva el día a día. No cavile sobre el futuro, simplemente viva cada día hasta que llegue la hora de acostarse. Segundo: la próxima vez que un problema con P mayúscula lo acorrale en un rincón, pruebe la fórmula mágica de Willis H. Carrier:

A. Pregúntese: «¿Qué es lo peor que puede suceder si no logro resolver este problema?».

B. Prepárese mentalmente para aceptar lo peor, si es necesario.

C. Sin perder la calma, trate de mejorar lo peor, cosa que usted ya había acordado aceptar mentalmente.

Tercero: recuerde el precio exorbitante que puede llegar a pagar por su preocupación en términos de salud. Los que no saben luchar contra la preocupación mueren jóvenes.

Dale Carnegie

En los años transcurridos desde que John F. Kennedy llegó a la Casa Blanca ha habido muchas revelaciones acerca de su persona y de su administración. Algunas fueron poco halagadoras, pero la inmensa mayoría de los norteamericanos continúan admirándolo mucho. Los defectos o las indiscreciones parecen insignificantes comparados con sus éxitos. En particular se destaca una ocasión sumamente dramática. En el otoño de 1962 los Estados Unidos estuvieron más cerca que nunca de una guerra nuclear con la Unión Soviética. Durante la crisis de los misiles cubanos, Kennedy dio muestras de verdadero liderazgo, coraje y pensamiento creativo en las circunstancias más estresantes que se puedan imaginar. Hoy en día, cuando la gente piensa en John Kennedy, una de las primeras cosas que recuerda es cómo se condujo durante esos trece días del mes de octubre. Fue un momento que definió a Kennedy y a su administración. Además de su muerte trágica, la mayoría de nosotros recordamos a Kennedy por eso.

LA CRISIS COMO OPORTUNIDAD DE LIDERAZGO

Teniendo esto bien presente, podremos descubrir una importante verdad sobre el liderazgo y la evaluación de los líderes. En pocas palabras, los líderes son definidos y juzgados por su manera de responder en una crisis. Cuanto peor sea la crisis, más importante será la conducta del líder. Winston Churchill era considerado un brillante fracaso hasta que se declaró la Segunda Guerra Mundial. Lee Iacocca era apenas un ejecutivo despedido de la industria automovilística hasta que Chrysler necesitó alguien que unificara la compañía. Podemos considerar que una crisis es una amenaza genuina que es necesario enfrentar, pero también podemos darnos cuenta de que es una oportunidad para practicar el dominio del liderazgo. Es la oportunidad de ponerse a prueba en las grandes ligas y el propósito de esta sección no es otro que el de ayudarlo a batear como los dioses.

En cualquier crisis, ya sea personal o profesional, existen ciertos principios que el líder debe poner en práctica. Si bien eso no puede garantizar que las cosas vuelvan a su cauce, sí puede garantizar que usted ejercerá un verdadero dominio del liderazgo. Más de una vez, su iniciativa para resolver una crisis lo ayudará a evitar problemas similares en el futuro.

MUÉSTRESE SERENO ANTE LA INMINENCIA DEL DESASTRE

A fines de los años ochenta se produjo una emergencia a bordo de un avión de línea que cruzaba el país. El avión estaba sobrevolando el estado de Iowa cuando, súbitamente y sin advertencia alguna, muchos y vitales sistemas de control fallaron. Era una catástrofe, lisa y llanamente. El daño ocurrido en el sistema interno del avión no podría haber sido peor. Pilotar la aeronave en esas condiciones era como intentar conducir un automóvil abriendo y cerrando las puertas. Se solicitó un aterrizaje de emergencia en una remota pista de un aeropuerto de Iowa y el avión inició su peligroso descenso.

Gracias a la casi increíble habilidad y a la magnífica competencia del piloto, el avión aterrizó dando tumbos con una mínima relación de daños. Aunque algunas personas perdieron la vida, fue un milagro que alguien haya sobrevivido. Los minutos transcurridos entre el comienzo de la emergencia y el aterrizaje difícilmente podrían haber sido más aterradores. Sin embargo, cuando el diálogo entre el piloto y la torre de control fue transmitido por la cadena nacional de noticias, sonaba como una conversación serena entre dos conocidos. Nadie levantaba la voz y nada indicaba estrés, grave disgusto o miedo.

Esta manera de responder a una crisis, por supuesto, es grabada a fuego lento en el personal de las aerolíneas durante el entrenamiento y a lo largo de toda su carrera. Es una marca de profesionalidad, pero también la forma más eficaz de conducirse desde un punto de vista práctico. Por lo tanto, tenga muy presente este primer principio de liderazgo en una situación de crisis. Perder los estribos casi nunca ayuda, pero mantener la calma casi siempre sí.

Resistir emocionalmente

Como líder, usted deberá entrenarse para resistir las respuestas emocionales instintivas. Oblíguese a pensar positivamente, aun cuando no crea en sus propias afirmaciones. La mayoría de las situaciones no son tan malas como parecen en el momento. Y, aunque una situación sea tan mala como parece, lo mejor es conducirse de otro modo. Actúe como si todo estuviera bajo control y será muy probable que pronto lo esté. Pregúntese en silencio: «¿Qué puedo hacer para mejorar la situación? ¿Cuán rápido puedo actuar? ¿Quién puede ayudarme? Después de hacer el primer movimiento, ¿cuál será el segundo, el tercero y el cuarto? ¿Cómo puedo medir la eficacia de los pasos que voy dando?».

Una joven mujer a la que llamaremos Patty desplegó preguntas como éstas para autoliderarse durante la crisis más intensa de su vida. Al día siguiente de un chequeo médico de rutina, el teléfono de Patty sonó. Su médico quería que volviera a verlo lo más pronto posible para realizar nuevos exámenes. Al parecer, los exámenes ya realizados durante el chequeo de rutina sugerían que Patty podía tener cáncer de útero.

Patty quedó devastada por la noticia. Un sinfín de pensamientos cruzaron su mente. Y cuando los exámenes posteriores confirmaron el diagnóstico del cáncer, hubo un momento en el que Patty se derrumbó por dentro. Pero siempre había sido una persona fuerte, una persona que comprendía la necesidad de autoliderarse en los momentos de crisis. Muy pronto comenzó a recomponerse.

Le hizo muchísimas preguntas a su médico. Empezó a investigar por su cuenta. Y, poco a poco, los hechos reales de su situación comenzaron a emerger. En esa etapa de la enfermedad tenía un 95 por ciento de posibilidades de curarse. Se concentró en la poderosa probabilidad de que, afortunadamente, las posibilidades de supervivencia se inclinaban a su favor. Dieciocho meses después, y habiendo fallado la quimioterapia, Patty volvió a concentrarse en los aspectos positivos de su situación.

Tendría que someterse a una intervención quirúrgica, pero por lo menos era posible hacerlo y probablemente sería eficaz. «Me dije que debía tener fe y que no debía dejar que el miedo me destruyera», dijo Patty. «Adopté la mentalidad de que sería capaz de afrontar cualquier cosa que me deparara la vida.» Afortunadamente para Patty, la cirugía fue un éxito. Cuatro años más tarde ya no quedaban rastros del tumor. Y, como dice Patty: «Cada día, comienzo a vivir de nuevo».

TERMINAR CON EL ESTRÉS

Existen muchas maneras de entrenarse para reaccionar con calma. Hay muchas técnicas para desactivar la bomba de relojería que toda verdadera crisis parece representar. Dale Carnegie solía hablar de imponerle una orden de *stop loss* al estrés. La orden de *stop loss* es lo que ocurre en Wall Street cuando un corredor de bolsa vende automáticamente una acción que ha caído por debajo de determinado precio. Como maestro del liderazgo, usted puede aprender a hacer lo mismo con el estrés, las presiones y la ansiedad.

Por ejemplo, en una crisis tendría que formularse esta pregunta: «¿Qué es lo peor que puede suceder?». Por suerte, la mayoría de nuestros problemas no son de vida o muerte. ¿Así que puede perder una cuenta, puede retrasarse en un pago o incluso puede perder su empleo? ¿Eso sería desagradable? Absolutamente. ¿Vale el precio del estrés? Decididamente no.

Identificar el peor resultado posible y afrontarlo no significa tener la obligación de aceptarlo. No significa quedarse acostado y esperar el fracaso, sobre todo cuando otros esperan que usted los lidere hacia el éxito. Sólo significa decirse: «Sí, supongo que podría aceptar ese resultado si no tuviera más remedio que hacerlo, pero no obstante tengo toda la intención de impedir que ocurra».

FRAGMENTE LA CRISIS EN INCREMENTOS MANEJABLES

Por definición, un desafío grave parece abrumador cuando lo afrontamos de cabeza y con todas nuestras fuerzas. Si nos paramos al pie de la montaña y alzamos la vista hacia la cima nos parecerá que está muy lejos. Incluso podría parecernos imposible llegar allí. Tal vez, en lugar de mirar hacia la cima de la montaña, tendríamos que mirar al suelo. Tendríamos que dar primero un paso y después otro y otro y otro. Ésta es en realidad la única manera de evitar la parálisis súbita que puede provocar el advenimiento repentino de una crisis. Como líder, usted tendrá que reducir las dimensiones de la crisis a un tamaño manejable. Tendrá que romperla en pedacitos por su propio bien y por el bien de aquellos que dependen de usted.

Éste es un concepto tan fundamental que merece ser enfatizado. ¿Cómo hacen los ordenadores para efectuar sus cálculos con tan increíble velocidad? Reducen hasta los problemas más complejos a una serie de ceros y unos, una secuencia de cálculos minúsculos que, sumados, pueden constituir algo muy grande. Del mismo modo, cuando los aviones cruzan el país el trayecto del vuelo es una lista de pequeños saltos: de Chicago a Des Moines, de Des Moines a Fort Dodge, y así sucesivamente hasta llegar a San Francisco.

El poeta y novelista escocés Robert Lewis Stevenson supo expresar muy poéticamente esta idea cuando escribió: «Cualquiera puede llevar su carga, por muy pesada que sea, hasta la caída de la noche. Cualquiera puede hacer su trabajo, por muy duro que sea, durante un día. Cualquiera puede vivir dulcemente, pacientemente, amorosamente, puramente hasta que baja el sol. Y esto es, en realidad, todo lo que significa la vida».

Por supuesto que es posible que, incluso después de haber desmenuzado la crisis en sus distintos componentes, usted todavía se sienta bloqueado. Eso puede ocurrir y, llegado a ese punto, quizá tendrá que reconocer algo que mucha gente no quiere admitir. No todos los problemas tienen una solución completa y radical. Por mucho que deseemos lo contrario, las estacas cuadradas no encajan en los agujeros redondos.

RESOLVER LOS PROBLEMAS DE UNO EN UNO CADA VEZ

A pesar de los grandes esfuerzos de algunas de las mentes más brillantes de la historia, no hay manera de transformar la arcilla en oro. La cuadratura del círculo es un imposible. No hay manera de inventar una máquina en movimiento perpetuo.

La cuestión es: si usted no puede encontrar una manera de resolver un problema, ¿por lo menos puede encontrar alguna forma de resolver parte del problema? Hasta en las crisis más profundas, casi siempre se puede hacer algo proactivo. Concentre toda su atención en encontrar ese «algo» y luego hágalo, cueste lo que cueste. No olvide que los resultados son imposibles de imaginar.

El fallecido Peter Drucker, famoso autor y filósofo de la teoría del control de dirección, hizo una observación muy interesante al respecto. «Los buenos gerentes y los buenos líderes –dijo Dricker– no son personas orientadas a los problemas. Por naturaleza están orientados hacia las oportunidades y no hacia los problemas. Incluso cuando las cosas parecen realmente adversas, se concentran en lo que pueden hacer y no en lo que no pueden.»

Para esta clase de líderes, una crisis es como un crucigrama. Puede haber muchas palabras que no conozcan, pero incluso aunque conozcan una sola siempre pensarán que es un primer paso en la dirección correcta. Por lo tanto dé ese primer paso, cueste lo que cueste.

Las investigaciones realizadas sobre la toma de decisiones han demostrado que la mayoría de las personas tienen en cuenta muy pocas opciones, sobre todo cuando la apuesta es muy alta. Recuerde que siempre hay cosas positivas que hacer, pero para verlas es necesario focalizar debidamente la atención.

Ésta es una regla básica que seguir: cuando atraviese una crisis, oblíguese a redactar una lista de por lo menos cincuenta cosas proactivas que usted pueda hacer al respecto. No se equivoque: serán mucho más de cincuenta si bien lo piensa. Pregúntese: «¿Qué pequeños cambios puedo realizar para mejorar la situación? ¿A quiénes puedo llamar para que me ayuden? ¿Cómo puedo minimizar el daño? ¿Qué puedo hacer para ver el rayito de luz en medio de la negra tormenta?».

PASOS QUE SEGUIR

1. Al responder a una crisis, es aconsejable resistir emocionalmente. Considere una situación de crisis en la que podría encontrarse (o una que tenga miedo de que llegue a ocurrir). Califique su nivel de ansiedad ante la situación en una escala de uno a diez.

   1 2 3 4 5 6 7 8 9 10
   Nada preocupado — Muy preocupado

2. A continuación formúlese las siguientes preguntas en respuesta a la situación que consideró en el ítem n.º 1: «¿Qué puedo hacer para que mejore la situación? ¿Con cuánta rapidez debo actuar? ¿Quién podría ayudarme? Una vez que yo haga el primer movimiento ¿cuáles deberían ser el segundo y el tercero y el cuarto? ¿Cómo puedo medir la eficacia de los pasos que voy dando?». Una vez aplicadas las cinco preguntas anteriores a la situación de crisis, redacte un plan de acción.
3. Cada vez que usted ha de manejar una crisis, también tiene la oportunidad de ser proactivo y ponerse a prueba. En una cri-

sis es ideal redactar una lista de, como mínimo, cincuenta cosas proactivas que usted pueda hacer. Redacte la lista con relación a la crisis antes mencionada.

4. Ahora que ha trabajado proactivamente sobre la crisis (ítems 1, 2 y 3), advierta cómo se siente respecto de ese proceso. Vuelva a calificarse según una escala de uno a diez. ¿Su ansiedad ha disminuido desde que hizo los ejercicios antes indicados?

1	2	3	4	5	6	7	8	9	10
Nada preocupado						Muy preocupado			

CAPÍTULO 22
La dirección en la gestión de crisis

Éstas son algunas técnicas básicas para analizar la preocupación. Uno: conozca los hechos. Recuerde que la mitad de las preocupaciones que existen en el mundo son obra de personas que intentan tomar decisiones antes de saber fehacientemente en qué deben basarlas. Dos: después de haber sopesado cuidadosamente los hechos, llegue a una decisión. Tres: una vez que haya llegado a una decisión, actúe en consecuencia. Ocúpese de hacer realidad su decisión y no se ponga ansioso por los resultados. Cuarto: cuando usted o alguno de sus socios sientan la tentación de preocuparse por un posible problema, escriba y responda las siguientes preguntas: A. ¿Cuál es el problema? B. ¿Cuál es la causa del problema? C. ¿Cuáles son las posibles soluciones? y D. ¿Cuál es la mejor solución?

Dale Carnegie

En este capítulo continuaremos explorando las iniciativas proactivas que toman los maestros del liderazgo cuando deben responder a una crisis. La capacidad de manejar una crisis de manera serena y metódica suele ser lo que distingue a los líderes de los liderados.

LOS TRES PRINCIPIOS DEL MANEJO DE LAS CRISIS

Los primeros tres principios del manejo de las crisis son en realidad tres postulados instructivos que hemos analizado en el capítulo anterior. Primero: mantenga la calma. Segundo: desmembre la crisis en componentes manejables. Tercero: vea si puede resolver aunque sea una pequeña parte del problema. Asegúrese de analizar cuidadosamente el asunto y reflexione sobre la existencia de opciones que quizás usted aún no haya considerado. Poner en práctica estos tres principios es fundamental para profundizar luego en la situación, teniendo la seguridad de que su marco mental de la situación es óptimo.

REFLEXIONE SOBRE EL PASADO SOLAMENTE SI ESO PUEDE AYUDARLE EN EL FUTURO

La siguiente técnica viene en forma de pregunta y lo llevará, momentáneamente, de regreso al pasado. Cuando deba afrontar una crisis, pregúntese si alguna vez tuvo que afrontar algo parecido antes. Es probable que sí. ¿Qué aprendió sobre los vaivenes hasta resolver el problema, y qué aprendió al atravesar las turbulencias emocionales que lo acompañaban? Aunque en aquella ocasión el resultado no haya sido el que usted esperaba, hoy es un nuevo día. Aquello fue antes, y esto es ahora. Cuando aprendemos del pasado ya no necesitamos revivirlo, a menos que sea necesario para nuestros propósitos. Esto quería decir Dale Carnegie cuando postulaba que debíamos vivir la vida en el día a día.

Mucha gente pierde demasiada energía pensando en lo que ocurrió ayer o en lo que podría ocurrir mañana. En una crisis, usted no está en condiciones de derrochar tanta energía. «Usted, yo –escribió Dale Carnegie–, estamos parados en este mismo instante en el punto de encuentro de dos eternidades: el pasado que perdurará para siempre y el futuro que espera en el final del tiempo. No obstante, no podemos vivir en ninguna de esas dos eternidades, ni siquiera por una décima de segundo».

Las implicaciones para la resolución de las crisis deberían ser muy claras: utilice su experiencia para orientarse en una dirección positiva, pero no olvide que está viviendo en el aquí y ahora. El pasado es un recurso al que podemos apelar, no un fantasma que nos acosa.

CONSIGA APOYO

La sensación de aislamiento que suele producirse es algo muy difícil de manejar para cualquier líder en situación de crisis. Por su naturaleza misma, los líderes asumen las responsabilidades. A resultas de ello, a veces son renuentes a pedir apoyo, sobre todo en circunstancias difíciles.

Si usted siente que pedir ayuda en cierto modo puede perjudicar su liderazgo, por favor aprenda a resistir esa tendencia. Salir a pedir apoyo es sumamente importante en una crisis, no sólo para tomar decisiones sino también para afrontar el inevitable estrés emocional. Si usted está afrontando tiempos difíciles, hable con alguien de su entera confianza sobre sus pensamientos y emociones.

Si encierra sus emociones bajo llave, las emociones obstaculizarán sus decisiones y su capacidad de liderar con eficacia. Si se concentra exclusivamente en el problema que tiene entre manos, usted quedará exhausto y dejará exhaustas a las personas que lo rodean. Busque a una persona de su absoluta confianza y pídale apoyo. Sólo así regresará a trabajar con la cabeza despejada y el corazón sosegado.

TÓMESE TIEMPO PARA DESCANSAR Y RELAJARSE

Antes nos hemos referido al ejemplar manejo de la crisis de los misiles cubanos que protagonizó el presidente John F. Kennedy. En los últimos años se publicaron varios libros sobre ese episodio. Ofrecen una clara perspectiva de los esfuerzos de Kennedy por mantener la calma, aun cuando la situación se tornaba más sombría con cada minuto que pasaba. Después de pasar horas en la mesa de conferencias con sus principales asesores, horas que literalmente decidieron el destino del mundo, el presidente Kennedy miraba una película, jugaba con sus hijos o dormía la siesta.

Si bien esa experiencia requería más autodisciplina que cualquier otra cosa que pudiera haber hecho en aquellos momentos, Kennedy conocía la importancia del descanso y la relajación. En cualquier crisis, oblíguese a tomar distancia regularmente. Lo cual no quiere decir, bajo ningún concepto, que intente eludir sus responsabilidades. De hecho, es una de las mejores maneras de prepararse para cumplirlas.

EVITE LA CULPA Y ASUMA LA RESPONSABILIDAD

Nuestra última observación sobre el dominio del liderazgo en una crisis tiene que ver con dos temas: la culpa y la responsabilidad. A decir verdad, el concepto de culpa es muy fácil de tratar. Simplemente: destierre todos los pensamientos de culpa de su mente, de una vez y para siempre. La culpa no es más que energía malgastada, así que déjela ir.

En cuanto a la responsabilidad, usted es el líder. No asigne la responsabilidad: asúmala. Lo que ocurre bajo su égida depende, en última instancia, de usted. Si la gente comete errores, la conclusión es que tendría que haber estado mejor preparada; y ésa es la responsabilidad del líder. Si alguien demuestra ser incompetente, nunca debería haber sido contratado en primer lugar; y ésa es la responsabilidad del líder. Si usted no está preparado para aceptar literalmente la responsabilidad por todo lo que ocurra bajo su liderazgo, en verdad no está preparado para ser líder.

Comience por aceptar esa responsabilidad ahora mismo. Así se ganará el respeto de su equipo. Y además se respetará a sí mismo. Los verdaderos líderes no se excusan.

Ahora analizaremos cómo funciona este principio en una situación de liderazgo en el mundo real. Tal vez usted recuerde los incidentes de la historia que presentaremos a continuación. Es un gran ejemplo de cómo deberían comportarse bajo estrés los maestros del liderazgo y, asimismo, permite vislumbrar cómo no deberían comportarse.

En la primavera de 1985 tuvo lugar una de las decisiones de dirección gerente más audaces en la historia de los negocios norteamericanos. La Coca-Cola Company decidió cambiar la fórmula de su bebida mundialmente famosa. No fue una decisión tomada a la ligera, por supuesto. Las numerosas investigaciones de mercado realizadas hasta el momento mostraban que la gente quería una gaseosa de sabor más dulce, exactamente la clase de sabor que brindaba la archirrival de la Coca-Cola: la Pepsi-Cola.

La así llamada «campaña publicitaria de desafío» de Pepsi, en la que un desfile constante de consumidores con los ojos vendados elegía siempre Pepsi y no Coca, estaba resultando sumamente eficaz. Finalmente, los altos ejecutivos de Coca-Cola decidieron que había que hacer algo al respecto... y lo hicieron. Los dos ejecutivos que tomaron la decisión fueron Roberto C. Goizueta, presidente ejecutivo de Coca-Cola, y Donald R. Keough, presidente y director de operaciones de la compañía.

Ambos eran líderes muy respetados en el mundo de los negocios y con muchísima experiencia. Frente a la crisis de *marketing* que estaban afrontando, Goizueta y Keough llegaron a la conclusión de que no tenían más alternativa que crear una nueva Coca-Cola. El producto fue presentado al mundo, pero los ejecutivos no se dieron cuenta (u olvidaron pasajeramente) que la Coca-Cola era mucho más que un producto para el público norteamericano. Era mucho más que la justa combinación entre cafeína, azúcar y agua efervescente.

La innovación fue un desastre. El público respondió como si hubieran traicionado su sagrada confianza. Miles de cartas inundaron los cuarteles generales de Coca-Cola en Atlanta. La gente decía que jamás volvería a comprar una botella de Coca-Cola. Muchos decían estar totalmente confundidos por el cambio en su bebida favorita. Otros sospechaban que existía alguna clase de conspiración. El tono de las cartas iba de triste a negativo a abiertamente hostil.

En el transcurso de dos o tres semanas, el nuevo producto se había transformado en el hazmerreír de los monólogos televisivos y las historietas de los periódicos. Se habían gastado millones de dólares en desarrollar la nueva Coca-Cola... y hasta el momento no les había hecho ganar ni un mísero centavo. «Duermo como un bebé –comentó el presidente ejecutivo Goizueta–. Me despierto cada dos horas y lloro.» A medida que la presión aumentaba, los gerentes de la compañía comprendieron que debían hacer algo.

Finalmente, menos de tres meses después del lanzamiento del nuevo y fallido producto, los gerentes de Coca-Cola dieron una conferencia de prensa donde anunciaron que sería retirado del mercado. La antigua gaseosa volvería al ruedo para satisfacer la demanda popular. En la conferencia de prensa, Donald Keough habló elocuentemente sobre la nueva maniobra comercial. «Estamos encantados de dar un paso atrás, si eso nos lleva a devolverles a nuestros mejores clientes la bebida que más aman –dijo–. Algunos dirán que Coca-Cola cometió un incomprensible error de *marketing*. Otros dirán que lo planeamos todo desde un principio –dijo Goizueta–. Lo cierto es que no somos tan inteligentes ni tampoco tan tontos».

He ahí un ejemplo de auténtico dominio del liderazgo. En vez de presentar excusas o distribuir culpas, los ejecutivos de Coca-Cola hablaron de su amor por los clientes incluso reconociendo una humillante derrota. De hecho, utilizaron la palabra *amor*. Encontraron una manera de retratar la experiencia como algo gratificante y pleno. Los gerentes de Coca-Cola no culparon a nadie y nadie los culpó a ellos. Poco tiempo después, la popular gaseosa conoció el mayor éxito del mundo.

En los años transcurridos desde el fiasco de la nueva Coca-Cola, los costes a corto plazo del episodio se borraron de la memoria. Pero el dominio del liderazgo de los altos ejecutivos de la empresa para resolver su error sigue vigente.

UN POBRE EJEMPLO DE DOMINIO DEL LIDERAZGO

Desgraciadamente para Coca-Cola Company aquella lección no dejó huella en un líder más reciente, quien debió enfrentar otra crisis gerencial en el verano de 1999. Douglas Ivester era presidente y ejecutivo de operaciones de Coca-Cola desde mediados de la década de 1990. Poco después de asumir el liderazgo, Ivester se paró detrás del podio en el marco de una exposición del ramo y dio un discurso que lo presentó ante el mundo. No quedaron dudas al respecto. Quería que lo vieran como un gerente agresivo, al que no le temblaría la mano a la hora de cortar cabezas. Y el título de su discurso fue *Be Different or Be Damned*. Esa era la patente general del negocio de las bebidas gaseosas. Eso era Vince Lombardi. Durante su discurso, Ivester incluso se comparó con un lobo: voraz, feroz y autosuficiente.

«Yo quiero sus clientes –afirmó–. Yo quiero su espacio en los estantes de los supermercados. Yo quiero para mí hasta el más ínfimo adelanto que se produzca en el mundo de las bebidas gaseosas.» Por favor, tenga en cuenta que la palabra *amor* o sus derivados no aparece ni una sola vez en este discurso. No hay referencia alguna al amor por los clientes o la alegría de brindarles la bebida que aman. En cambio prevalece el pronombre de la primera persona del singular, la pequeña palabra «yo».

No es una palabra que los maestros del liderazgo tiendan a enfatizar, y de hecho no aparece en ningún momento en la cita de Donald Keough. De hecho, Keough parece preferir el pronombre «nosotros» (una palabra, por lo demás, mucho más compatible con el dominio del liderazgo). Como bien sabemos, los últimos años de la década de 1990 no fueron particularmente prósperos para Coca-Cola Company bajo el liderazgo de Douglas Ivester.

En Bélgica, una partida de Coca-Cola contaminada hizo que enfermaran varios niños en edad escolar. En términos humanos fue una situación mucho más grave que la controversia por la nueva Coca-Cola. Pero Ivester no respondió concentrando su atención en los clientes, como en su momento lo hicieran los líderes de la compañía en 1985. En cambio decidió que era un problema menor relacionado con el dióxido de carbono. Podría haber tenido razón si el problema hubiera sido una simple cuestión de química, pero Ivester estaba muy confundido en cuanto a la necesidad de verdadero liderazgo y comunicación. No respondió públicamente a la crisis de la partida de Coca-Cola contaminada sino hasta que el episodio fue recibido con comentarios intensamente negativos en todo el mundo. Más allá de lo que haya ocurrido en Bélgica, la percepción de los hechos se vio empañada porque el líder no supo comunicarlos adecuadamente.

Por si esto fuera poco, un traspié ocurrido poco después en el sector de *marketing* pareció sellar el destino de Douglas Ivester como presidente ejecutivo de Coca-Cola. Ivester tuvo la idea de instalar máquinas expendedoras equipadas con termostatos que aumentaran el precio de las bebidas a medida que aumentara la temperatura ambiente. Si bien el concepto suscitó un buen *sketch* en *Saturday Night Live,* ciertamente fue una de las ideas comerciales menos atractivas de los tiempos modernos. Cuando una idea de esa índole surge del líder de una institución norteamericana *bona fides*, está condenada a atraer la atención de los medios. No es para sorprenderse que, pocos meses después, los miembros de la junta directiva de Coca-Cola hayan despedido a Douglas Ivester de su puesto.

Si Dale Carnegie hubiera estado presente durante las discusiones relacionadas con la máquina expendedora de gaseosas equipada con termostato, no caben dudas de lo que habría dicho. Por supuesto que no habría criticado la idea, porque Carnegie rara vez era negativo y no creía que la crítica fuera productiva. Incluso podría haber reconocido que era una idea interesante. Pero toda la filosofía de Dale Carnegie nos dice que habría preferido una máquina expendedora que bajara los precios en lugar de aumentarlos. Es una lástima para Coca-Cola que Carnegie no haya estado presente en esas reuniones, porque su idea le hubiera hecho ganar millones de dólares a la empresa.

PASOS QUE SEGUIR

1. Como lo especificamos al comienzo de este capítulo, los tres primeros principios para el manejo de una crisis son los siguientes postulados instructivos:

    - Mantenga la calma.
    - Fragmente la crisis en partes manejables.
    - Vea si puede resolver una pequeña parte del problema y si existen opciones que hasta el momento no ha tenido en cuenta. Describa por escrito una situación difícil que deba enfrentar actualmente en algún área de su vida (cuanto más difícil sea la situación, mejor). Luego describa de qué manera intenta resolver el problema. Después de revisar los tres principios antes mencionados, redacte una lista de por lo menos otras tres opciones que pueda aplicar para resolver el problema (tal vez pueda incluir aquellas opciones que en algún momento consideró viables y luego rechazó).

2. Dale Carnegie sugirió los siguientes pasos para desmantelar el hábito de la precupación antes de que el hábito lo desmantele a usted. Tilde aquellas sugerencias que, a su entender, ya domina claramente, y marque con una X aquellas que todavía necesita trabajar. La próxima vez que la preocupación amenace con abrumarlo, ponga en práctica lo siguiente:

- Elimine las preocupaciones manteniéndose ocupado. La acción es una de las mejores terapias para curar la preocupación.
- No se detenga en cosas triviales. No permita que las cosas insignificantes, las termitas de la vida, arruinen su felicidad.
- Use la ley de las probabilidades para desterrar las preocupaciones. Pregúntese: «¿Qué probabilidades reales hay de que esto ocurra?».
- Coopere con lo inevitable. Si sabe que ciertas circunstancias están más allá de su poder y que por lo tanto no podrá modificarlas ni revisarlas, diga para sus adentros: «Las cosas son así... no pueden ser de otra manera».
- Póngale coto a sus preocupaciones. Decida hasta dónde angustiarse con cada problema y niéguese a angustiarse más de lo que considera justo.
- Deje que el pasado entierre al pasado.
- Reflexione sobre su vida y repare en cuánto tiempo invierte en preocuparse y en qué cosas le preocupan. Redacte una lista de esas cosas y luego imagine que ocurre lo peor en cada caso. Utilice las numerosas herramientas que le hemos dado para afrontar la preocupación. Continúe trabajando hasta que la angustia desaparezca. Recuerde que lo más importante es actuar. No existe nada más extenuante que la inacción y la parálisis.

CAPÍTULO 23
Construya cimientos firmes para un futuro impredecible

Recuerde que las demás personas pueden estar totalmente equivocadas, pero ellas no creen estarlo. No las condene. Cualquier tonto puede condenar al prójimo. Trate de comprenderlos. Sólo las personas sabias, tolerantes y excepcionales intentan comprender al prójimo. Existe una razón para que los demás piensen y actúen como lo hacen. Descubra esa razón y tendrá la clave de sus acciones, y quizás incluso de sus personalidades. Intente sinceramente ponerse en el lugar del otro. Si usted se dice a sí mismo: «¿Cómo me sentiría yo, cómo reaccionaría si estuviera en su lugar?», ahorrará tiempo y disgustos. Cuando nos interesamos en la causa, es menos probable que nos disguste el efecto. Además, de este modo aumentará nuestra capacidad para las relaciones humanas.

Dale Carnegie

En este capítulo revisaremos algunos de los conceptos ya analizados y también los principios Dale Carnegie que los fundamentan. Luego veremos cómo hacer para utilizar esos conceptos en la vida diaria, no sólo en la teoría sino también para responder a los desafíos del liderazgo en el mundo real.

LA EVOLUCIÓN DEL LIDERAZGO EN UN MUNDO CAMBIANTE

Comenzaremos por volcar nuestra atención sobre los cambios inmensos que han tenido lugar en el transcurso de los años. Hasta no hace mucho, los Estados Unidos disfrutaban de prosperidad económica. Los buenos tiempos que acompañaron los albores del nuevo milenio fueron comparados más de una vez con el *boom* de posguerra de los años cincuenta, pero existe por lo menos una diferencia sumamente significativa. En los años cincuenta los norteamericanos realmente creían que los buenos tiempos jamás llegarían a su fin. Éramos los conquistadores del mundo. Lo teníamos todo planeado. No sólo creíamos ser diferentes de todos los demás, sino muchísimo mejores.

No es necesario decir, como hoy, que el destino nos tenía reservadas algunas sorpresas. Finalmente el *boom* de la posguerra y la economía norteamericana cayeron en picado. La crisis del petróleo de los años setenta fue quizá la primera señal del derrumbe, seguida por la percepción generalizada de que los Estados Unidos ya no podrían competir en el expansivo mercado global. De la noche a la mañana, Japón parecía ser el único dueño del futuro. En todos los campos de producción –desde los automóviles hasta los televisores– los japoneses copiaron nuestros productos, los mejoraron y volvieron a vendérnoslos.

Luego vivimos otros episodios inesperados. La alta tecnología norteamericana se mudó de los garajes de California al mercado global. La punta de lanza de la revolución económica más profunda desde la invención de la locomotora a vapor estaba firme y exclusivamente centrada en los Estados Unidos. Más aún: el medio ambiente geopolítico de la Guerra Fría, que había dominado el mundo durante cuarenta años, desapareció de la noche a la mañana. Esto también parecía surgido de la nada y, de pronto, el sentido del liderazgo como tal se vio esencialmente alterado. La imagen del líder como comandante militar de rostro severo repentinamente pasó de moda. Ya no necesitábamos que alguien nos liderara en la batalla. Necesitábamos líderes capaces de afrontar el cambio, de trabajar eficazmente con una población y una fuerza laboral diversas, y de encarnar las cualidades éticas, emocionales y espirituales que se esperaban de ellos.

Todos estos son cambios enormes, ¿pero qué podemos aprender de ellos? ¿Cómo entenderlos de una manera conjunta? ¿Cuál es el hilo que vincula el súbito ascenso económico de un país con la súbita caída de otro y la todavía más súbita desaparición de muchos otros? En un mundo con cambios de escena tan rápidos, ¿cómo podemos hacer para entender la trama?

TRATAR CON UN FUTURO IMPREDECIBLE

A decir verdad, existe un vínculo entre los cambios impredecibles de las últimas décadas: su impredecibilidad. Durante los años del *boom* de la economía norteamericana en la década de 1950 se tenía la sensación de que las cosas continuarían mejorando cada vez más. El futuro parecía una línea recta hacia un mundo dominado por la cultura y el estilo de vida norteamericanos, con automóviless de la GM en el garaje, frigoríficos GE en la cocina y televisores RCA en el cuarto de estar.

A una escala mucho mayor, los futurólogos de los años cincuenta predijeron los viajes espaciales y la construcción de ciudades bajo el mar, donde los nuevos pioneros se alimentarían de algas cultivadas en inmensas parcelas submarinas. Los barcos-cohetes serían la innovación máxima. En la época del *Sputnik* ya existían los ordenadores, pero eran considerados una rareza. En el mejor de los casos, un descendiente del robot haría todo el trabajo que hoy hacemos nosotros. Nadie supo prever lo que realmente habría de ocurrir. Las mentes más brillantes del mundo estaban cegadas por la revolución de la información. También estaban sorprendidas por la guerra de Vietnam, la inflación fugitiva, la escasez de combustibles en los años setenta, la toma de rehenes norteamericanos en Irán, la caída del comunismo y el derrumbe de las bolsas de valores del sudeste asiático.

LOS MAESTROS DEL LIDERAZGO SON FLEXIBLES Y FIELES A SUS PRINCIPIOS

La clave, en este caso, no radica en despreciar la capacidad que pueda tener alguien para anticipar lo que va a ocurrir. Nadie sabe qué le deparará el futuro. Sea cual sea el resultado, seguramente será muy distinto de lo esperado. Por lo tanto, como líder usted deberá ser flexible y al mismo tiempo fiel a sus principios. Debe estar preparado para adaptarse a los cambios repentinos; pero en el fondo de su corazón ciertos valores, creencias y conductas deben mantenerse firmes más allá de la dirección en que soplen los vientos y de la intensidad de sus embates.

LOS PRINCIPIOS DE DALE CARNEGIE SON UNIVERSALES

Dale Carnegie parece haber sido esta clase de líder, tanto en su vida personal como en su trabajo. ¿Acaso el señor Carnegie anticipó todos los cambios que ocurrieron mientras vivió? No, por supuesto que no. Sin embargo, hizo algo mucho más importante. Creó un conjunto de principios de carácter permanente que siempre son verdaderos, más allá de las exigencias de cada momento. Tal como se han dado las cosas, resultan muy útiles para conducir en el estresante, veloz e incierto mundo de hoy.

Primero y principal, Dale Carnegie nos aconseja mirar la vida desde una perspectiva ajena. Ésta es una cualidad absolutamente esencial para cualquier líder, y no obstante resulta cada vez más difícil de encontrar a medida que la autoridad del líder aumenta.

En la antigua Roma, cuando un comandante militar regresaba victorioso y era recibido con todos los honores, se asignaba un esclavo para que lo escoltara mientras el carruaje del general desfilaba por las calles. El esclavo tenía una misión muy importante que cumplir. Cada pocos segundos debía susurrar suavemente en el oído del héroe: «Recuerda que eres mortal»... igual que cualquier otro. Hoy por hoy, seguramente existen personas en puestos de liderazgo perfectamente capaces de implementar esa estrategia. Pero los maestros del liderazgo trabajan cada día para ver la vida –y verse a sí mismos– a través de otros ojos.

Ver las cosas desde el punto de vista ajeno

El fallecido Sam Walton contrataba empleados de tiempo completo cuya única función era pararse cerca de la puerta principal de una tienda Wal-Mart, saludar a los clientes y orientarlos en la dirección correcta. De hecho, el propio Sam Walton solía realizar ese trabajo durante sus frecuentes visitas a las tiendas de todo el país. ¿Por qué lo hacía? ¿Por qué les pagaba a otras personas para que lo hicieran? No era solamente por hospitalidad. Walton era astuto y sabía ver su negocio tal como lo veían los clientes. Sabía que entraban en una tienda inmensa y muy iluminada, quizá por primera vez. Sabía que necesitaban orientación. Sabía que apreciarían que una tienda se la brindaran y que probablemente regresarían.

Mirar las cosas desde el punto de vista del otro no es soplar y hacer botellas. Es una cualidad del dominio del liderazgo que la mayoría de nosotros debemos desarrollar. Conlleva hacer muchas preguntas y prestar mucha atención a las respuestas. Las preguntas no son complicadas, pero es necesario reiterarlas una y otra vez: en el trabajo, en su casa, y con sus amigos y conocidos. ¿Qué experiencias vitales ponen en juego los otros al interactuar con usted? ¿Qué tratan de conseguir? ¿Qué pretenden evitar? ¿Qué se necesitaría para que consideraran que este encuentro ha sido un éxito?

Las respuestas a estas preguntas serán diferentes cada vez, pero todas son parte del deseo de aprender a ver las cosas desde la perspectiva ajena. Muestran que usted está esforzándose sinceramente por saber qué anhelan los otros y que, como líder, usted está dispuesto a ayudarlos en todo cuanto pueda para conseguirlo. Como bien dijera Dale Carnegie: «Si usted sabe cuáles son los problemas de los otros y los ayuda a resolverlos, el mundo será suyo».

La valoración genuina y el interés son claves

Si entrar en contacto con la perspectiva de otras personas es principalmente cuestión de escuchar, motivarlas a la acción positiva es una cuestión estrechamente relacionada con lo que el líder dice y con su forma de comportarse. Aquí es donde los maestros del liderazgo comprenden la importancia de la valoración, el reconocimiento y el elogio genuinos.

Más allá de que usted esté tratando con el presidente de una compañía Fortune 500 o con el cajero de un supermercado, todos quieren escuchar que hacen bien su trabajo. Todos queremos que nos digan que somos inteligentes y capaces, y queremos que reconozcan nuestros esfuerzos. Un poco de justa valoración en el momento justo suele ser lo único que se necesita para transformar a un empleado indiferente en un empleado estrella.

Dale Carnegie preguntó en cierta ocasión: «¿Por qué tendemos más a manifestar críticas que a expresar elogios? Tendríamos que elogiar al prójimo ante la más leve señal de progreso o mejoría. Eso lo inspiraría a continuar mejorando». No es nada complicado y sin embargo, por alguna misteriosa razón, a muchas personas les resulta difícil elogiar a otras, aun cuando lo merezcan. Un ejecutivo de seguros de la Costa Este representa el perfecto caso testigo de esta actitud. Él mismo admite que siempre le resultó difícil hacer un *feedback* positivo. En sus propias palabras: «Nunca pude decirle a nadie "Realmente te valoro, ¿sabes?". Nunca pude decir "Gracias por todo lo que has hecho, gracias por todo el tiempo extra que has dedicado a la tarea. Gracias por haber hecho las cosas tan pero tan bien".»

Después de muchos años de retener los comentarios elogiosos, el ejecutivo de seguros finalmente reconoció que todo líder tiene la responsabilidad de hacer elogios cuando así corresponde. En parte, lo aprendió de su propio jefe. «Es una persona notable», dice el ejecutivo. «Siempre te dice lo que no anda bien, pero al mismo tiempo encuentra la manera de incluir algún comentario positivo. Resulta muy tranquilizador escuchar eso».

PASOS QUE SEGUIR

1. No podemos saber qué nos deparará el futuro. El maestro del liderazgo es flexible y rápido en sus respuestas, sea cual fuere la situación. En una escala de uno a diez, califique su flexibilidad (uno equivaldría a inflexible y diez equivaldría a muy maleable y flexible).

1	2	3	4	5	6	7	8	9	10
Inflexible									Muy flexible

2. Cuando uno trabaja con otras personas, es importante estar abierto a las capacidades que aportan al emprendimiento común. Concéntrese en algo que habitualmente requiera iniciativa dentro de su organización. Concentre su atención en todos aquellos que están comprometidos y hágase las siguientes preguntas: ¿qué experiencias de vida traen los otros a esta interacción? ¿Qué tratan de lograr? ¿Qué tratan de evitar? ¿Qué se necesitaría para que sintieran que este encuentro ha sido un éxito?
3. Haga una lista de los miembros del equipo con quienes trabaja en su organización. Escriba tres cualidades que posea cada uno de ellos. Deben ser rasgos positivos, valiosos para el proceso de toma de decisiones. Incluya evidencia específica de cada rasgo mencionado. Comparta sus observaciones con cada uno de ellos para estimularlos y manifestar su confianza.

CAPÍTULO 24
A manera de conclusión

En su libro How to Turn People into Gold, *dice Kenneth Goode: «Deténgase un minuto a contrastar su interés en sus propios asuntos con su mediana preocupación por todo lo demás. ¡Sólo así se dará cuenta de que todo el mundo siente exactamente lo mismo que usted! De este modo, al igual que Lincoln y Roosevelt, usted llegará a comprender el único fundamento sólido de las relaciones interpersonales; vale decir, que el éxito al tratar con las personas depende de poder simpatizar con el punto de vista del otro».*

Dale Carnegie

Demasiados líderes utilizan el dinero como expresión primordial de su aprecio en el ámbito laboral de hoy. La mayoría de las personas que ocupan cargos importantes piensan que el salario, las bonificaciones y los beneficios son las únicas recompensas posibles. No pretendemos negar la importancia del dinero. Pero lo cierto es que el dinero es sólo una de las cosas que impulsan a las personas a ir a trabajar todas las mañanas. Se den cuenta o no, el respeto por sí mismas y el respeto hacia los demás es igualmente importante.

UN POCO DE RECONOCIMIENTO SIGNIFICA MUCHO

El presidente ejecutivo de una gran fábrica de cristalería encontró una manera de satisfacer la necesidad de reconocimiento y valoración que no implica ninguna clase de recompensa financiera. Se trata, en cambio, de tomar en serio todas las sugerencias de los empleados. Este presidente ejecutivo recuerda que en otros tiempos tenía por costumbre manifestar poco interés al solicitar el *feedback* de los empleados. Se limitaba a instalar unas pocas cajas para que dejaran sus sugerencias en los rincones de la fábrica y de las oficinas. La mayoría de las cajas sólo servían para acumular polvo. De vez en cuando otorgaba una pequeña recompensa en efectivo a alguien que había tenido una buena idea, pero la recompensa podía tardar seis meses en llegar a las manos del interesado. Todo el asunto provocaba más resentimiento que valoración, porque los que no recibían la recompensa se disgustaban con el recompensado.

Hoy los buzones de sugerencias han desaparecido, junto con el enfoque general que representaban. Todavía existe un programa de sugerencias para los empleados, pero no ofrece ninguna clase de recompensa monetaria. En cambio, implica recibir el premio de «empleado de la semana» durante una ceremonia de reconocimiento público, con foto incluida. Ese reconocimiento hace que el programa funcione. El nuevo sistema de sugerencias es todo un éxito. Si los empleados añoran la recompensa económica, el presidente ejecutivo todavía no se ha enterado.

Los miembros del equipo participan por diversas razones. Claramente desean mejorar la calidad de su vida laboral y compartir sus ideas equivale a dar un paso en esa dirección. Sin embargo, también es cierto que participan porque desean el reconocimiento público y la autoestima que genera el hecho de haber dado una buena idea. El propio presidente ejecutivo se sintió al principio muy sorprendido por la fuerza de esta motivación, pero ya no lo está. «Los empleados quieren mejorar las cosas y quieren saber que me importa lo que hacen para lograrlo. La gente trabaja para ganar dinero, pero se esfuerza un poco más en busca de reconocimiento, elogio y otros estímulos intangibles. Lo único que uno tiene que hacer es decir "gracias" y se llevará una enorme y gratísima sorpresa».

En su papel de líder, el aprecio que muestra por sus empleados es mucho menos importante que mostrarlo una y otra y otra vez. Recompense siempre la excelencia, e incluso el sincero intento de alcanzar la excelencia. Estimule la participación motivada allí donde la encuentre, ya sea en la presentación de un empleado o en el juego desarrollado por su hija en la cancha de hockey. Recompense el esfuerzo, no sólo los resultados.

APROVECHE EL ENTUSIASMO

También se trata de aprovechar el increíble poder del entusiasmo, otro elemento clave del liderazgo que Dale Carnegie supo identificar con celeridad. Como vendedor, y más tarde como maestro de técnicas de venta, Carnegie cautivaba las mentes y los corazones con el poder del entusiasmo. Es contagioso y la gente responde. Esto vale tanto para el aula como para la sala de reuniones de la junta directiva y la campaña publicitaria. Como líder de negocios, si usted no muestra entusiasmo hacia el rumbo de la empresa, no espere que sus colegas sientan otra cosa. Como padre, si usted no muestra entusiasmo por los progresos de su hija en la escuela, no se sorprenda si esos progresos se interrumpen. Como individuo, si usted no es profundamente entusiasta respecto del rumbo que ha tomado su vida, tendría que pensar seriamente en cambiar de rumbo hasta encontrar algo que lo haga sentirse entusiasmado.

Pero debemos dejar algo perfectamente claro con respecto al entusiasmo: hablar a gritos no es sinónimo de entusiasmo, ni tampoco golpear la mesa o andar dando saltos y actuar como un niño. Eso es actuar el entusiasmo, no ser entusiasta. Y la gente se dará cuenta enseguida de la actuación... porque es obvia. ¡Es falso entusiasmo! No engaña a nadie. De hecho, casi siempre hace más daño que otra cosa. El entusiasmo debe provenir de adentro. Ningún líder que se precie confunde el verdadero entusiasmo con la exaltación maníaca.

Cuando Neil Armstrong pisó la superficie de la luna en 1969, el mundo entero contuvo el aliento hasta ver qué diría. Se había especulado durante meses sobre aquellas palabras que seguramente pasarían a la historia. Finalmente su voz sonó serena y compuesta, pero no obstante dejaba traslucir un gran entusiasmo. No tuvo necesidad de gritar ni de dar saltitos. «Un pequeño paso para el hombre, un gran paso para la humanidad.» Eso bastó para decirlo todo. Las palabras de Neil Armstrong fueron pocas, pero plenas de entusiasmo.

AFÁN Y SEGURIDAD

El verdadero entusiasmo está compuesto por dos elementos: seguridad y afán. Ninguno de estos elementos debe ser estridente o superar al otro. Los líderes saben cómo expresar entusiasmo y al mismo tiempo transmitir una sensación de autocontrol. Si usted logra expresar afán y seguridad en su voz, su entusiasmo cruzará fronteras.

Dale Carnegie le preguntó en cierta ocasión al presidente del New York Central Railroad cómo elegía a sus socios, a las personas de quienes dependería el ascenso o el derrumbe de la empresa. Su respuesta quizá sorprenda a muchos. «La diferencia en términos de capacidades entre los que triunfan y los que fracasan no es grande ni mucho menos asombrosa –dijo–. Pero entre dos personas con exactamente las mismas capacidades, la más entusiasta inclinará la balanza a su favor. Más aún: una persona entusiasta de mediano talento casi siempre superará a otras más ingeniosas pero carentes de entusiasmo.»

En suma, el entusiasmo es tan importante como la capacidad y el trabajo arduo. Todos conocemos personas brillantes que no han llegado a nada. Todos conocemos personas trabajadoras que no llegan a buen puerto. Pero los que trabajan duro, aman su trabajo, observan una actitud positiva y expresan entusiasmo siempre conocen un buen destino.

LLENE SU VIDA DE ENTUSIASMO

Como aspirante a maestro del liderazgo, ¿qué puede hacer usted para incorporar esta cualidad a su propia vida? Dale Carnegie lo explicó de la siguiente manera: «Para entuasiasmarse es necesario creer en usted mismo y en aquello que hace. Cuando sienta eso, comuníqueselo a alguien. Comparta con los demás las cosas que le interesa y que lo mantienen tan entusiasmado».

Tenga presente, también, que resulta más fácil entusiasmarse cuando uno siente placer por la vida misma. Sin duda hay cosas que genuinamente lo cautivan y atraen. Cuando despierte por la mañana, proyecte algo bueno para que ocurra ese día. Tal vez usted disfrute de algún aspecto de su trabajo. Tal vez anticipe un encuentro con un amigo después de la jornada laboral, una hora en la cancha de *squash* o una tarde de búsqueda en la librería.

Sea cual fuere el acontecimiento placentero que evoque, lo que en realidad importa es esto: la vida debe parecerle interesante y digna de ser disfrutada. Incorpore esa convicción a todo cuanto haga. Una vez incorporada, observe el impacto sobre las personas que lo rodean. Se volverán más productivas y estarán más dispuestas a responder a su liderazgo. La pasión siempre es más poderosa que las ideas frías, y el auténtico entusiasmo es irresistible y contagioso.

CÓMO TRATAR CON PERSONAS NEGATIVAS

Hemos hablado de la voluntad de elogiar al prójimo y del poder del entusiasmo en el líder. Sin embargo, es innegable que muchas veces el líder tropezará con personas que carecen de estas cualidades. Así como resulta sumamente importante ser positivos, también debemos saber cómo tratar con las personas negativas. A veces su negatividad puede estar justificada. Los líderes cometen errores. Los líderes pueden ser criticados. Los líderes, después de todo, son seres humanos.

Existen dos aspectos fundamentales en los errores. Primero: todo el mundo los comete. Segundo: a nadie le gusta admitirlos. Todos reaccionamos cuando el dedo acusador de la responsabilidad apunta hacia nosotros. Nadie quiere ser el receptor de las quejas, sobre todo si están justificadas. Sin embargo, los líderes equilibran el hecho de que nadie es perfecto con el hecho de que a nadie le agradan las críticas. No siempre es fácil hacer juegos malabares y mantener el equilibrio pero tampoco es imposible. Con un poco de práctica, cualquiera puede llegar a dominar este raro arte.

Admita sus errores

El primer paso es crear un ámbito laboral donde nadie esté por encima de la crítica constructiva. Los líderes que se suben a una peana tarde o temprano son derribados. Por consiguiente, haga correr la voz de que los defectos, aun los suyos propios, son parte natural de la vida humana. En otras palabras, admita sus errores. Dar el ejemplo es muy importante para un líder, sobre todo en este caso. Usted no puede esperar que otros hagan lo que usted no hace. Si realmente marcó un gol en contra, asúmalo. Esté preparado para decir: «Ha sido culpa mía. Asumo toda la responsabilidad y haré todo cuanto esté a mi alcance para que no vuelva a ocurrir».

También es muy importante que el líder haga estas declaraciones lo más rápido posible. Admita sus errores antes de que otro tenga la oportunidad de señalarlos. Está bien reírse de los propios errores, pero no con la intención de minimizar el impacto. Sea muy claro al respecto. Si logra dominar el arte de admitir sus errores, verá que comienzan a ocurrir cosas sorprendentes. La gente se apresurará a reafirmarlo. Todos intentarán ayudarlo a sentirse mejor. Superiores y subordinados por igual correrán a quitarle el peso de los hombros. Así funciona la psicología humana.

Un ejemplo muy dramático de esta situación ocurrió en el Derby de Kentucky en 1957. Willie Shoemaker, uno de los más grandes *jockeys* de todos los tiempos, estaba montando su caballo favorito. Cuando faltaba poco más de un cuarto de milla para la llegada, Shoemaker lideraba la carrera... pero cometió un error casi increíble. Calculó mal la línea de llegada y se paró sobre los estribos unas yardas antes. Era un error que ni siquiera un principiante habría cometido en su primera carrera, mucho menos un profesional experimentado a lomo de un caballo de primera categoría.

Es innecesario decir que Shoemaker perdió la carrera. Poco después, el dueño del caballo habló con Willie Shoemaker al lado de la pista. «¿Qué ha ocurrido?» preguntó el dueño. Shoemaker lo miró a los ojos. «Me equivoqué –dijo–. No puedo decir nada más». Años más tarde, el dueño del caballo perdedor incluso se reía cuando recordaba el incidente. «Cuando admitió su error, le puse el brazo sobre el hombro y le dije que lo olvidara. Pero les diré una cosa… si hubiera intentado excusarse, le habría pegado un buen puñetazo en la nariz.»

En términos prácticos, la lección es muy clara. Los líderes siempre se comportan como líderes, ganen la carrera o la pierdan a causa de sus errores. El dominio del liderazgo está más relacionado con lo que uno *es* que con lo que uno hace. Lo que usted hace puede variar día tras día, pero lo que usted es permanece inmutable.

Dale Carnegie fue muy claro al respecto. «La paciencia, la perseverancia y la coherencia obtienen más resultados en este mundo que el momento pasajero más brillante. Recuérdelo cuando las cosas vayan mal. Por supuesto que muchas veces se sentirá desalentado, pero lo importante es superarlo. Si consigue hacer eso, el mundo será suyo.»

Las reglas aquí postuladas no son meras teorías o supuestos. Son fórmulas probadas y comprobadas que lo conducirán hacia la plenitud personal y profesional y hacia la verdadera fortaleza. No requieren años de pensamiento o autoindagación. Lo único que requieren de usted es honestidad y el deseo genuino de desarrollar su propio estilo de liderazgo. Otórguese permiso necesario para ser creativo. Piense más allá de lo convencionalmente permitido y, sobre todo, honre su diferencia y su compromiso de mejorar. Dale Carnegie dijo en cierta ocasión: «Estas técnicas obran auténticos prodigios. Por increíble que parezca, las he visto revolucionar literalmente las vidas de muchos miles de personas. Y a usted podría ocurrirle lo mismo».

PASOS QUE SEGUIR

1. ¿Tiene usted actualmente algún programa de reconocimiento del trabajo de los empleados en su organización? De ser así, ¿cómo puede mejorarlo? De no ser así, dé los pasos necesarios para crear uno.
2. Todos debemos tratar con personas negativas en nuestra vida personal y profesional. Los líderes eficaces pueden señalar los errores de manera positiva y proactiva y ser, al mismo tiempo, claros y constructivos en sus críticas. ¿Qué podría hacer usted para mejorar la interacción con las personas negativas de su empresa? Como líder y como ejemplo, ¿qué podría hacer usted para mejorar su reacción ante los errores que comete?
3. Plan de acción para el dominio del liderazgo. A manera de revisión del trabajo realizado en los segmentos anteriores del libro, y como un ejercicio para aumentar su capacidad de percepción, responda por escrito a las preguntas incluidas a continuación y ponga en práctica sus respuestas lo más pronto posible. ¡Usted tiene las llaves de su futuro como líder poderoso y prolífico!

   a) ¿Quiénes son los individuos con quienes necesita comunicarse más eficazmente?
   b) ¿Cómo pueden la motivación y la enseñanza aumentar su eficacia en el liderazgo? ¿Cómo puede ayudar a otros a dar lo mejor de sí… y cómo puede ayudarse a dar lo mejor de sí mismo? ¿Hay algún área de su vida que pueda benefi-

ciarse con un mentor? ¿Conoce a alguien para quien usted podría ser un buen mentor?

c) ¿Cómo podría desarrollar las cualidades de quienes buscan su liderazgo? ¿Cómo podría maximizar su propio talento mediante el trabajo arduo… y fortalecer aquellas áreas en las que carece de ingenio natural?

4. ¿Se siente cómodo con el riesgo en su propia vida? ¿Hasta que punto? ¿Existen áreas en las que un enfoque más aventurero podría ser beneficioso tanto para usted como para la organización? O pensándolo bien, ¿quizás está demasiado dispuesto a forzar al máximo los límites de la prudencia?
5. En este libro hemos analizado dos clases de liderazgo: inspirador y organizacional. ¿En cuál de los dos estilos de liderazgo se siente usted más fuerte? ¿Cómo puede mejorar ambos?
6. Identifique las áreas de dificultad que pueda tener para equilibrar los logros profesionales con sus responsabilidades y su plenitud personal.
7. ¿Dónde puede utilizar ahora mismo las herramientas para dominar el liderazgo que acaba de conocer? ¿Qué relaciones podrían beneficiarse con el uso de esas herramientas? ¿Qué proyectos podrían ampliar? ¿A quién podría ayudar utilizando estas herramientas?
8. ¿Está satisfecho con su manera de sortear las crisis en el pasado? ¿Qué habría hecho de otro modo? ¿Qué lecciones aprendidas podrían ayudarle a descubrir la oportunidad oculta incluso en las situaciones más difíciles?

FIN